켄 윌버,
진실 없는 진실의 시대

TRUMP AND A POST-TRUTH WORLD
by Ken Wilber

Copyright ⓒ 2017 by Ken Wilber

Korean translation copyright ⓒ 2017 by Gimm-Young Publishers, Inc.
All rights reserved.

This translation is published by arrangement with Shambhala Publications, Inc., Boulder through
Sibylle Books Literary Agency, Seoul.

켄 윌버, 진실 없는 진실의 시대

1판 1쇄 인쇄 2017. 12. 11.
1판 1쇄 발행 2017. 12. 12.

지은이 켄 윌버
옮긴이 김훈

발행인 고세규
편집 고정용 | 디자인 조명이
발행처 김영사
등록 1979년 5월 17일(제406-2003-036호)
주소 경기도 파주시 문발로 197(문발동) 우편번호 10881
전화 마케팅부 031)955-3100, 편집부 031)955-3250 | 팩스 031)955-3111

이 책의 한국어판 저작권은 시빌에이전시를 통한 미국 Shambhala사와 독점 계약으로 김영사에 있습니다.
저작권법에 의해 한국 내에서 보호를 받는 저작물이므로 무단전재 및 무단복제를 금합니다.

값은 뒤표지에 있습니다.
ISBN 978-89-349-7953-1 03100

독자 의견 전화 031)955-3200
홈페이지 www.gimmyoung.com   블로그 blog.naver.com/gybook
페이스북 facebook.com/gybooks   이메일 bestbook@gimmyoung.com

좋은 독자가 좋은 책을 만듭니다.
김영사는 독자 여러분의 의견에 항상 귀 기울이고 있습니다.

이 도서의 국립중앙도서관 출판시도서목록(CIP)은 서지정보유통지원시스템 홈페이지 (http://seoji.nl.go.kr)와
국가자료공동목록시스템(http://www.nl.go.kr/kolisnet)에서 이용하실 수 있습니다.(CIP제어번호 : 2017029467)

켄 윌버, 진실 없는
세계의 시대

가 짜 뉴 스 시 대 의
미 래 를 묻 는 다

TRUMP and a POST-TRUTH
WORLD

김영사

차례

3부 가까운 미래

김철수(《무경계》역자, 前 계명대학교 심리학과 교수)

켄 윌버 사상의 개요

켄 윌버는 21세기를 살고 있는 우리에게 절실하게 필요한 통합적 비전과 통합에 필수적인 방법론을 명확하게 제시해준 미국의 현존하는 가장 저명한 철학자이자 매우 영향력 있는 사상가로 알려져 있다. 윌버는 장구한 세월에 걸쳐 인류가 쌓아 놓은 보편적 지혜와 첨단 과학지식을 하나의 모델로 통합시킨 탁월한 사상가이자 이론가로서, 정치·경제·사회·문화·교육·의료 등 실로 생활 곳곳에서 자신의 통합모델이 어떻게 적용될 수 있는지, 적용할 경우 어떤 이점에 있는지를 상세하게 보여주고 있다.

20대 초반에 쓴《의식의 스펙트럼》을 필두로 지금까지 20여 권의 저서가 나와 있는데, 윌버와 그의 저서에 대한 평론을 보면 그가 지난 40여 년 동안 얼마나 대단한 작업을 해왔는지 쉽게 짐작할 수 있다. "윌버는 국보적인 존재다. 지금까지 어느 누구도 윌버 만큼 동서양의 지혜를 그토록 깊고 넓게 통합시킨 사람은 없었다"라는 평론에서부터 "21세기는 셋 중 한 명을 택해야 할 것이다. 아리스토텔레스냐, 니체냐, 아니면 윌버냐" "켄 윌버는 플라톤 이래 가장 위대한 사상가 중 한 사람" "프로이트, 마르크스, 아인슈타인이 우리의 세계관을 크게 바꾸어놓은 것 이상으로 켄 윌버 역시 머지않아 새로운 세계관의 창시자로 인식될 것"이라는 논평에 이르기까지 다양한 찬사들이 줄을 잇는다. 이런 찬사와 칭송이 그저 상업적인 공치사가 아니라는 것은 그의 책을 읽은 독자라면 대부분 수긍하리라 생각되는데, 이에 걸맞게 윌버의 저서를 읽은 후에는 자신을 포함해서 인간과 세계를 더 이상 이전 방식으로 볼 수 없을 만큼 그의 사상이 갖고 있는 호소력과 영향력은 대단하기 때문이다.

윌버는 물리학과 생물학, 다양한 생태과학, 카오스이론과 시스템이론, 의학, 생물학, 생화학, 미술, 문학, 미학, 심리학과 심리치료 이론 및 실제, 현상학, 해석학, 동서양의 신비주의 등 거의 모든 분야에서 주장된 진실을 깔끔하게 직조하여 응집되고 일관성 있는 통찰을 제시한다. 따라서 윌버의 통합모델을 공부하는 것은 윌버라는 한 개인의 사상에 국한된 것이 아니라 인류가 구축해온 거의 모든 지식과 그런 지식을 가능케 한 거의 모든 방법론을 연구하는 것과 크게 다르지 않아 보인다. 그 이유는 윌버의 통합모델은 지금까지 나온 수많은 개별 모델 중 또 하나의 모델이 아니라 기존의 수많은 모델을 하나로 통합시키는 일종의 메타-이론이자 메타-패러다임이기 때문일 것이다.

월버의 사상은 그의 이론과 모델에서 획기적인 전환점을 맞았던 시기를 기준으로 편의상 다섯 시기로 나눈다.

- 제1기(1973~1977): 인간 의식의 발달을 스펙트럼의 전개과정으로 보고 이전의 다른 어떤 발달이론보다 훨씬 확장시켜 모든 발달과정을 통합적으로 다룬 시기이다. 하지만 성장과정에서 소실되었던 최상의 잠재력을 다시 회복한다는 퇴행적 낭만주의 관점을 취했던 시기이기도 하다.
- 제2기(1978~1983): 낭만주의적인 오류에서 벗어나 의식의 스펙트럼이 발달 단계에 따라 점차 심화되고 확장되어간다는 진화적 관점으로 전환하고 이를 확고하게 다진 시기이다.
- 제3기(1983~1994): 의식 스펙트럼상의 여러 수준을 통과해가면서 비교적 독립적인 방식으로 성장, 발달, 진화하는 20여 개의 발달 라인을 추가한 시기이다.
- 제4기(1995~2000): 켄 월버의 이론 전개과정에서 가장 큰 획을 그은 시기로, 개인의 의식과 인류의 집합적 의식의 발달이라는 이전의 비교적 제한된 내면 지향적 관점에서 의식의 주관적 차원과 객관적 차원, 상호 주관적 차원과 상호 객관적 차원을 총망라하는 사분면(four quadrants)이라는 개념을 도입하여 역사상 가장 포괄적이고 포용적인 통합이론

(AQAL 메타이론)을 제시한 시기이다.

- 제5기(2000~현재): 통합적 접근을 확고하게 다지면서 지속적으로 보다 구체적인 통합 패러다임을 제시할 뿐 아니라, 자신의 이론과 방법론을 기업, 정치, 의료, 교육, 과학, 영성 등 다양한 분야에 적용하여 문제를 진단하고 적절한 통합적 대안을 제시하면서 실질적인 성과를 거두고 있는 시기이다.

이 책은 제4기에 완성된 '통합이론'을 중심으로 트럼프 현상, 탈진실post-truth의 문화 풍토, 가짜뉴스 등 현재 미국이 겪고 있는 다양한 문제를 진단, 분석하고 해결방안을 제시하는 제5기의 최신 저술에 해당한다.

단조로운 멜로디를 풍성한 하모니로 되돌리려고 기울인 윌버의 노력을 한마디로 요약하면 "통합Integration"이라 할 수 있다. 여기서 통합이란 뿔뿔이 흩어져 있는 단편적인 조각들을 함께 끌어모으고, 포용하고, 연결한다는 의미이다. 그렇다면 윌버는 무엇을 통합하려고 한 것일까? 그것은 바로 지금까지 인류가 지구상에 살면서 발견하고 이룩한 동서고금의 모든 지식과 지혜의 통합이라고 할 수 있다. 주관과 객관, 종교와 과학, 전근대pre-modern와 근대modern 및 탈근대post-modern, 동양과 서양, 자연과 문명 등 이전에는 별개의 것, 이질적인 것, 상호 양립할 수 없는 것으로 다뤘던 것들을 하나의 큰 틀 안에 통합시키는 것, 이것이 윌버가 제시하고 있는 통합 비전의 핵심이다.

윌버의 통합모델 또는 통합 메타이론을 "AQAL 이론"이라고도 부르는데, AQAL('아퀄ah-qwul'이라고 발음)이란 그의 이론을 구성하는 다섯 개 주요 요소, 즉 "온 사분면All Quadrants, 온 수준All Levels, 온 라인All Lines, 온 상태All States, 온 유형All Types"을 간략하게 줄인 것이다. 온 사분면이란 의식의 주관적 차원과 객관적 차원, 상호 주관적 차원과 상호 객관적 차원을 총망라한 것으로 다섯 개 요인 중 하나이지만, 나머지 요인들을 담을 수 있는 큰 그릇의 역할을 담당하는 매우 중요한 개념이다. 온 수준이란 자아중심에서 민족중심, 세계중심, 우주중심, 신성중심으로 성장, 발달, 진화해가는 모든 주요 단계를 말한다. 온 라인은 인지, 정서, 자기, 도덕성, 관계 등 각기 준 독립적으로 발달해가는 일종의 다중지능multiple intelligences 같은 것이고, 온 상태는 깨어있는 각성상태, 꿈꾸는 상태, 깊은 수면상태와 같은 의식의 각기 다른 상태를 말하며, 온 유형이란 남성적·여성적, 내성적·외향적 등의 성격 특징을 말한다.

　이렇듯 다섯 개 요인을 기반으로 한 윌버의 통합적 접근은 결코 이것저것 취사선택한 절충주의가 아니다. 그는 물리학과 생물학, 다양한 생태과학, 혼동이론과 체계이론, 의학·신경생물학·생화학, 미술·시·미학, 발달심리학과 심리치료 기법들, 동서고금의 대사슬 이론, 관념론, 해석학, 사회체계 이론, 동서양의 위대한 명상 전통을 간직한 신비주의 등 거의 모든 분야에서 견지해온 진실을 깔끔하게 직조하여 응집되고 일관성 있는 통찰을 제시해준다. 윌버식 통합은 광범위한 분야의 지식들을 요약해서 이들을 단순히 재배열하거나, 자신이 제시한 원리나 모델에 따라 이 지식들을 재해석하고 그 틀에 맞지 않는 것은 배제해버리는 환원주의와는 전혀 다르다. 그의 모델은 '누구나 옳다'라는 전제하에 모든 것을 관통하면서 포괄·포섭·포용하는 거대한 통합 비전^{integral vision}을 제시하고자 40여 년 세월의 땀과 노력을 바친 천재적 시도이다. 인간 존재와 지식에 관한 각 분야 안에서 또는 각 분야 사이에 발생하는 엄청난 차이점에도 불구하고 이들의 근저에 흐르는 공통성을 찾아내어 온갖 분야를 한꺼번에 조망할 수 있는 실로 보편적인 다원주의적 접근을 제시하고 있는 것이다.

AQAL 모델을 어떤 활동을 조직하거나 이해하는데 도움이 되는 안내 도구로 쓸 경우에는 통합운영체계^{IOS: Integral Operating System}라고 부르는데, 이는 마치 컴퓨터의 기본 운영체계인 DOS나 Windows처럼 작동하는 마음의 통합운영시스템을 말한다. 일단 AQAL 모델을 숙지해서 이것이 심적 기능의 운영체계로 안착되면, 언제든 자신이 인간과 세계에 대해 실질적인 통합을 실천하고 있는지, 즉 모든 사분면과 접점을 유지하고 있고 모든 수준을 빠짐없이 추구하고 있는지 아닌지를 알 수 있도록 해주기 때문에 붙여진 이름이다.

이 책은 전문적인 학술서적이 아니다. 그렇긴 해도 곳곳에서 '통합이론'이니 '통합 메타이론', 'AQAL', '우하 사분면' 등과 같은 독특한 전문 용어들이 등장하곤 하는데, 이런 것을 처음 접하는 독자에게는 생소한 것일 수 있을 것 같다. 전문적인 부분에 관심이 없는 독자는 이런 용어를 몰라도 저자가 전달하고자 하는 전체적인 의미 파악에 그다지 어려움이 없겠지만, 혹시 관심 있는 독자들을 위해 그의 통합 비전의 근간이 되는 사분면^{All Quadrants}과 온 수준^{All Levels}을 설명하기 위해 도입한 '스파이럴 다이내믹스' 모델에 대해 간략하게 설명하고자 한다.

사분면의 구조와 각 분면의 특징

월버는 고대로부터 현대에 이르기까지 위계와 계층구조를 언급하는 수많은 자료를 철저하게 분석한 뒤, 여러 방식으로 분류하고 집단으로 묶어 본 끝에 마침내 그들 모두가 예외 없이 네 유형 중 하나에 잘 들어맞는다는 점을 발견했다. 이 네 개의 위계유형을 월버는 온 우주의 네 얼굴, 즉 존재의 4사분면^{four quadrants}이라고 부른다. 이 사분면은 동서고금에서 인류가 누적해온 다양한 지적 분야에 대한 철저한 분석과 검토 후에 작성된 것이기 때문에, 선험적 가정과 추론에 의해 만들어진 것이 아니라 실로 방대한 연구결과를 토대로 사후에 내린 결론이라는 특징을 갖고 있다.

　사분면이란 두 개의 직선을 90도로 교차시켰을 때 만들어지는 네 개의 면을 말하는데, 이들 네 영역은 개인/개체^{individual}와 집단/집합체^{collective}의 내면^{interior}과 외면^{exterior} 모두를 통합적으로 다루는 기본모형이자 통합이론의 근간을 이루는 중요한 개념이다. 월버는 수준^{level}이 다른 모든 존재(물질, 신체, 마음, 혼, 영)는 적어도 네 개의 주요 차원을 갖고 있다고 보는데, 각 존재는 내면과 외면 차원에서 그리고 개별적이거나 집합적인 형태로 볼 수 있다는 것이 골자이다. 예컨대, 의식은 각자가 경험하는 내적 측면(사고, 감정, 욕구 등)에서 볼 수도 있지만, 객관적, 경험적, 과학적인 외적 측면(뇌 신경계, 신경전달물질 등)으로도 연구할 수 있다는 것이다. 뿐만 아니라 집합적 형태로도 존재하는데, 이것 역시 문화적 가치의 내적 공유와 구체적인 외적 사회형태를 갖고 있다. 달리 말하면 사분면의 위쪽 두 면은 개인/개별 영역이고 아래쪽 두 면은 집단/집합 영역이며, 우측 두 면은 외면, 좌측 두 면은 내면 영역에 해당한다. 이를 편의상 우상, 좌상, 우하, 좌하 사분면이라고 부르기로 한다.

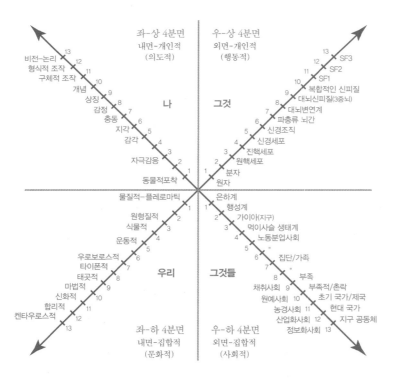

우상 사분면은 우주에 존재하는 모든 개별적 성분들(원자, 분자, 단일세포, 다세포 유기체 등)로서 과학에서 다루는 대표적인 관심영역이다. '그것(그 또는 그녀)'이라는 3인칭 주어로 서술되는 객관적 진실을 다룬다. 이 영역을 대표하는 것으로는 경험주의, 실증주의, 행동주의 등을 들 수 있다.

좌상 사분면은 내면의 각성수준(의식의 폭과 깊이)이 자리 잡고 있는 영역이다. 이 영역은 객관적으로 관찰할 수 없기 때문에, 일반적으로 과학적 유물론, 행동주의, 실증주의에 의해 부정되거나 거부되었던 영역이지만, 전근대의 모든 지혜전통과 주요 종교 및 인본주의/실존주의 심리학 등에서는 이 영역에 초점을 맞춘다. '나'라는 1인칭 주어로 서술되는 주관적 진실성을 다룬다.

우하 사분면은 홀론들의 외면적 집합체, 즉 사회를 나타낸다. 개별 홀론은 언제나 유사한 홀론들과의 공동체로 존재하는데, 이러한 공동체/사회적 영역의 위계도 실증적 과학연구에 의해 지지되고 있다. 시스템 이론이 대표적이며, 3인칭 복수 '그것들'을 주어로 서술된다.

좌하 사분면에는 특정한 문화나 하위문화 '내부'에 있는 사람들과 공유하는 모든 의식 패턴이 포함된다. 서로를 이해하려면 최소한 어떤 언어적 의미와 다양한 인식, 어느 정도는 중첩되는 세계관을 공유해야만 하는데, 이 공유된 가치, 인식, 의미 및 의미의 소재지, 관습, 윤리 등 상호 주관적 패턴, 즉 문화가 자리 잡고 있는 영역이다. 문화적 배경이 다른 사분면에 미치는 엄청난 영향력에 대해서는 특히 탈근대 학자들이 강조한다. 2인칭 또는 1인칭 복수인 '당신/우리'를 주어로 한다.

우상 사분면에 있는 모든 존재/홀론은 단순 위치를 갖고 있다. 여기에 있는 것들은 우리의 감각기관과 감각 확장장치를 통해서 그것들이 어디에 있는지 그 위치를 특정할 수 있다. 그러나 좌상 사분면에 있는 모든 홀론은 단순 위치를 갖고 있지 않다. 감정, 개념, 욕구, 가치 같은 것은 감각기관으로는 감지되지 않으며, 그것이 존재하는 위치도 특정할 수 없다. 이것들은 객관적이고 물리적인 세계에 그 대응물을 갖고 있긴 하지만 그런 대응물로 환원시킬 수는 없다. 의식을 신경전달물질로 환원시키면 모든 가치와 의미는 완전히 상실되고 만다. 좌측 영역의 실재는 외적 대상을 주의 깊게 살펴봄으로써가 아니라 내적 영역 자체를 탐구함으로써만 발견된다.

월버는 사분면을 우리에게 보다 익숙한 셋으로 줄여 설명하기도 하는데, 가장 대표적인 것이 '나'(좌상, 1인칭), '너/우리'(좌하, 2인칭), '그것'(우상+우하, 3인칭)으로 축소해서 '빅3'라고 부르는 것이다. 나, 우리, 그것이라는 세 영역의 몇 가지 주 성분은 다음과 같다.

- 나(좌상): 의식, 주관성, 자기, 자기표현, 진실성, 성실성.
- 우리(좌하): 윤리와 도덕, 세계관, 공통 맥락, 문화, 상호 주관적 의미, 상호 이해, 적절성, 공정성.
- 그것(우측 상하): 과학과 기술, 객관적 자연, 경험적 형태, 명제적 진리.

	진眞	선善	미美
켄 윌버	3인칭(그것)	2인칭(너, 우리)	1인칭(나)
	과학	도덕, 종교	예술
	자연	문화	자기, 자기표현, 보는 자의 눈
칼 포퍼	객관적 세계	문화적 세계	주관적 세계
하버마스	객관적 진실	상호 주관적 공동성	주관적 성실성
칸트	순수이성	실천이성	판단력
불교	불佛	법法	승僧

이렇게 셋으로 축소시켜 놓을 경우, 근대정신의 핵심이었던 과학·종교·예술이라는 세 영역의 분화와 일치하게 되며, 흔히 말하는 진眞·선善·미美 모두를 포함할 수 있게 된다. 진·선·미는 세계의 모든 주요 언어에 존재하는 3·2·1인칭의 다른 표현으로서, 이런 단어가 거의 모든 언어에 존재하는 것은 그 언어를 사용하는 사람들에게 진·선·미가 실제로 존재하는 차원이기 때문일 것이다. 이것은 칼 포퍼Karl Popper가 말하는 '객관적(그것) 세계·문화적(우리) 세계·주관적(나) 세계'와도 일치하며, 하버마스Habermas가 말하는 '객관적 진실(그것)·상호 주관적 공동성(우리)·주관적 성실성(나)'이라는 세 가지 타당성 주장과도 합치된다. 뿐만 아니라 칸트Kant의 "순수이성 비판(객관적 과학, 그것)·실천이성 비판(도덕, 우리)·판단력 비판(미적 가치, 나)"과도 잘 맞아떨어진다. 이들 세 영역은 불

교의 삼보, 즉 불(나)·법(그것)·승(우리)과도 일치한다. 만일 윌버의 통합모델이 정확하다면, 사실상 모든 분야의 인간 지식에 대한 조리 있고 응집된 통합모형, 어떤 영역도 다른 영역으로 환원될 수 없는 온 우주의 네 얼굴 모두를 보여주는 최상의 지도地圖라고 할 수 있을 것이다.

윌버는 이러한 실재에 대한 통합모델을 통해 과거뿐만 아니라 오늘날 지적 공동체가 안고 있는 난제들을 풀어내는 수단으로 사용한다. 그는 다수준 위계구조 속에 위치한 홀론의 한 수준만 보고 나머지를 무시하거나, 사분면 중 어느 한 분면만을 고집하는 학자들을 환원론자라고 비판한다. 또한 과학발달 과정에서 지나치게 측정 가능하고 계량화할 수 있는 외적 측면에만 초점을 맞춘 결과 사분면의 절반인 좌측(내면)을 잃어버렸다고 비판하기도 한다. 한편 윌버의 통합이론에 대한 비판이나 비난은 거의 예외 없이 자신들의 분야만이 유일하게 진실한 분야라고 믿고 있는 학자들, 자신들의 방법만이 유일하게 타당하다고 생각하는 학자들에서 나오는데, 이는 한 그루의 나무가 숲 전체를 비판하는 것에 비유할 수 있을 것 같다.

AQAL 모델에서는 사분면 모두가 동일하게 근본적이다. 즉, 어떤 분면도 다른 분면보다 더 실제적이거나 근본적이지 않다. 모든 사분면은 서로가 서로를 창조하고 떠받쳐주면서 자신의 모습을 드러낸다. 사분면 중 어느 하나라도 제외되면 총체적인 이해는 불가능해진다. 어느 한 분면이 다른 분면을 대신하거나 설명할 수 없기 때문이다. AQAL 모델 자체는 지도일 뿐 그 자체가 실제 땅은 아니지만, 지금 현재 우리가 가질 수 있는 가장 포괄적인, 가장 정확하고 완전한 지도라고 해도 그다지 지나친 말은 아닐 것이다.

스파이럴 다이내믹스 모델의 색깔별 의미와 속성

이 모델의 근간이 되는 이론을 최초로 제시한 학자는 클레어 그레이브스^{Clare Graves}이다. 그는 인간의 발달과정을 설명하는 기존의 이론과는 달리, 인지나 도덕성, 욕구보다 포괄적인 개념인 '가치^{values} 시스템'을 기초로 발달과정과 발달 단계별 차이점을 설명한 심리학자이다. 그레이브스가 생각한 '가치 시스템'이라는 개념은 흔히 생각하는 피상적인 개별 가치의 집합체가 아니라, 다양한 가치들을 끌어모아 담고 있는 그릇으로서의 심층가치를 의미하는 것이다. 그레이브스의 연구를 기초로 여러 문화권에서 연인원 5만 명 이상의 사람들을 대상으로 한 체계적인 실증 연구에 기초하여 "스파이럴 다이내믹스^{Spiral Dynamics}"라는 명칭으로 구체화시킨 사람은 돈 벡^{Don Beck}과 크리스토퍼 코원^{Christopher Cowan}이다. 그레이브스 이론체계에 충실한 벡과 코원은 자기의 존재수준을 "가치 밈^{vMeme}"이라고 불렀는데, 가치 밈이란 "개별 가치들을 끌어당기는 초밈^{values-attracting meta-meme}"을 줄인 것으로 다양한 방식으로 자신을 드러내는 심층적 심리구조, 가치체계, 적응양식을 가리킨다.

　지금까지 밝혀진 8~9개의 자기체계 수준을 보다 쉽게 설명하기 위해

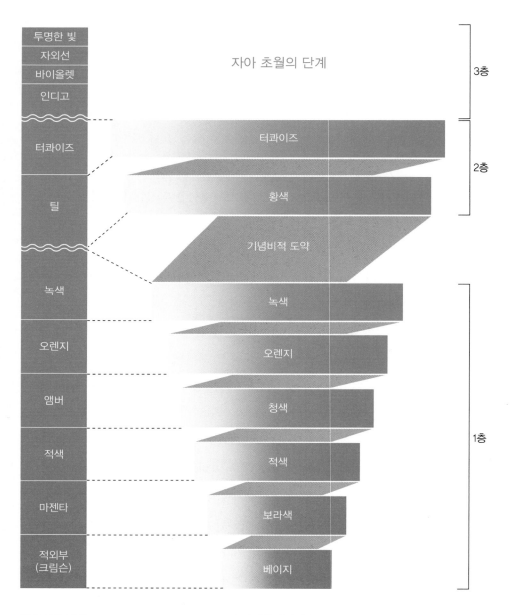

투명한 빛
자외선
바이올렛
인디고
3층

자아 초월의 단계

터콰이즈

터콰이즈

틸

황색
2층

기념비적 도약

녹색

녹색

오렌지

오렌지

앰버

청색

적색

적색
1층

마젠타

보라색

적외부
(크림슨)

베이지

켄 윌버의 체계

스파이럴 다이내믹스

백과 코원은 다양한 색깔을 각 수준의 밈에 사용하였다. '색깔론'이라고 하면 서양의 흑백 인종론이나 우리나라의 빨갱이, 좌파, 종북세력 같은 이념론이 먼저 떠오르지만, 이 모델에서의 색깔은 사람들의 생각, 가치, 믿음, 동기 등에서 차이를 만드는 심층구조에 붙인 편의상의 것으로 존재의 수준이라는 발달구조를 쉽게 설명하려는 의도 이외에 별다른 뜻은 없다. 다만 색깔 중 난색 계열(적색, 오렌지색, 황색)과 한색 계열(청색, 녹색, 터콰이즈색)을 교차해서 사용하는데 이는 자기의 발달이 '나' 중심에서 '우리' 중심으로, 즉 나-우리-나-우리 계열로 발달한다는 점을 보여주기 위한 것이다.

세계 어느 곳이든 무지개색의 배열이 동일하듯, 스파이럴 전체의 색깔 배열 역시 보편적인 구조로 구성되어 있는데, 다만 개인과 사회의 발달수준과 생활조건에 따라 구조 전체에서 각 색깔이 차지하는 크기/비율은 다를 수 있다(색깔별 특징 설명 끝에 제시한 백분율은 그 색에 해당하는 세계 성인 인구비율과 그 색이 해당 사회에서 차지하는 힘과 영향력의 비율이다).

1. 베이지색: 원형적-본능적. 음식, 물, 온기, 성, 안전을 최우선시하는 기본적인 생존 수준으로서 습관과 본능에 의존한다. 환경에서 분리된 자아가 막 깨어난 상태라서 오직 생명 유지기능에 머물러 있다.

이들은 최초의 원시 인간사회, 신생아, 기력이 다한 노인, 최종 단계의 알츠하이머 환자, 굶주린 군중, 기억상실증에 걸린 사람들에서 볼 수 있는 특징과 유사하다. 세계 성인 인구의 0.1퍼센트를 차지한다.

2. **자주색**purple: **마술적-물활론적.** 사고는 물활론적이다. 좋거나 나쁜 마술적 영들이 축복이나 저주로 사건을 결정한다고 믿는다. 조상의 영혼과 함께 살아가는데 이것이 종족을 결속시킨다. 혈통과 혈족관계가 정치적 연속성을 형성한다. 이 수준의 사고체계를 마치 '전체론적"인 것처럼 묘사하는 경우도 있지만 실은 원자론적인 사고에 불과하다.

저주에 대한 믿음, 피로 맺은 맹세, 불운과 행운을 가져오는 주술, 가족 의식, 마술적인 인종적 신념, 다양한 미신, 제3세계의 분리된 소수 '종족'에서 강하다. 인구의 10퍼센트가 이 수준에 속해 있으며, 사회적 영향력/힘은 1퍼센트 내외이다.

3. **적색**red: **권능의 신들.** 종족과 동일시하는 자기에서 떨어져 나온 자기가 최초로 출현한다. 강력하고 충동적이며 에고 중심적이고 영웅적이다. 신화에서 용, 괴물, 강력한 인물과 맞서 싸우는 영웅의 모습과 유사하다. 복종과 노동의 대가로 신하를 보호하는 봉건왕국의 근거가 되며 권력과 영광이 지배한다. 세상을 위협과 약탈자로 가득 찬 정글로 본다. 수단과 방법을 가리지 않고 정복하고 지배한다. 후회나 양심의 가책 없이 최대한 즉각적으로 즐긴다.

반항적인 젊은이, 개척자 정신, 서사적 영웅, 영화 〈007〉 시리즈의 악당들, 모험적인 군인과 소방관 등에서 볼 수 있다. 인구의 20퍼센트를 차지하며, 차지하는 힘은 5퍼센트 정도이다.

4. **청색**blue: **순응주의적 규칙.** 삶에는 의미, 방향, 목적이 있다고 믿는다. 절대적이고 불변하는 옳고 그름의 원리에 근거를 둔 질서가 행동을 결정한

다. 이 규약이나 규칙을 따르면 보상을 얻지만, 위반할 경우 영구적인 심각한 처벌을 받는다고 믿는다. 매우 가부장적이고 법과 질서를 강조하며, 죄책감을 통해 충동을 통제한다. 문자 그대로를 곧이곧대로 믿는 근본주의적인 신념을 가질 가능성이 크다. 종교적 신념인 경우가 많지만, 때로는 세속적이고 무신론적인 질서나 사명에 대한 신념일 수도 있다.

청교도적 미국, 유교적 중국, 디킨슨 식 영국, 싱가포르 식 규제, 기사도 규약과 명예, 자선적인 선행, 이슬람식 근본주의, 보이스카우트와 걸스카우트, 애국심 등에서 볼 수 있다. 인구의 40퍼센트로 가장 큰 비율을 차지하고 있으며, 30퍼센트의 힘을 갖고 있다..

5. **오렌지색**orange : **과학적 성취**. 이 수준의 자기는 가설 귀납적, 실험적, 객관적인 방법, 즉 '과학적'인 진리와 의미를 추구한다. 세상을 자연법칙에 따라 운용되는 합리적 기계로, 승리자가 패배자에게 거드름을 피우는 게임이 진행되는 장소로 본다. 매우 성취 지향적이며, 물질적 이득을 중요시한다. 과학적 법칙이 정치, 경제 및 모든 인간사를 지배한다. 개인과 사회의 이득을 위해 개발과 효율성을 강조하며 지구의 자원을 최대한 이용한다.

계몽주의, 월 스트리트, 전 세계의 중산층, 식민주의, 냉전, 패션 및 화장품 산업, 물질주의 등에서 볼 수 있다. 인구의 30퍼센트, 50퍼센트의 힘을 갖고 있다.

6. **녹색**green : **민감한 자기**. 인간적 유대, 생태적 민감성, 네트워크 형성을 중시하며, 인간의 영혼은 탐욕과 독단에서 해방되어야 한다고 믿는다. 차가운 합리성 대신 감성과 배려를 중시하고 지구, 가이아, 생명 등 환경을 소중

히 여긴다. 계층구조에 대항하며 수평적 유대와 연결을 중요시한다. 관계적 자기, 집단의 상호 관계망, 대화와 관계, 화해와 의견일치를 통한 결론 도달을 강조한다. 인간의 잠재력을 실현하고 풍요롭게 하는 것에 관심이 크다. 강력한 평등주의자이자 위계 반대자이다. 다원적 가치, 사회적 구성체로서의 진실, 다양성, 다문화주의, 주관적이고 비선형적인 사고에 가치를 둔다. 지구와 지구의 모든 생명에게 감성적 따뜻함을 보이며, 감수성과 배려를 주요 덕목으로 여긴다.

심층생태학, 칼 로저스의 상담이론과 실제, 인본주의 심리학, 자유 신학, 그린피스, 동물권리운동, 페미니스트생태주의, 탈식민주의, 푸코와 데리다의 탈근대 철학 등에서 볼 수 있다. 인구의 10퍼센트, 15퍼센트의 힘을 차지하고 있다.

앞의 여섯 수준을 묶어 '1층 사고'라고 부르는데, 1층에 속한 밈들은 자신의 세계관이 유일하게 진실한 최선의 관점이라고 생각하는 특징이 있기 때문에 어떤 밈도 다른 밈의 존재를 인정하려 하지 않는다. 도전받거나 위협을 받으면 부정적으로 반응하거나 맹렬히 공격한다. 청색 질서는 적색 충동성과 오렌지색 개인주의를 매우 싫어한다. 오렌지색 성취는 청색 질서를 애송이라고 생각하고, 녹색 유대를 나약함으로 여긴다. 녹색 평등주의는 탁월성, 가치 서열, 큰 그림, 그 밖의 위계적으로 보이는 모든 것을 싫어한다. 따라서 청색, 오렌지색은 물론 녹색 이후에 등장하는 전체론(황색)이나 통합론(터콰이즈색)에 대해 강하게 부정적으로 반응한다.

1층의 밈은 일반적으로 2층 밈의 출현에 저항한다. 과학적 유물론(오 렌지색)은 내적인 단계 전부를 객관적 뉴런이 일으키는 소동으로 환원시 키며, 2층 구조에 대해서도 부정적인 입장을 취한다. 신화적 근본주의(청 색)는 자신의 주어진 질서를 빼앗으려는 시도로 보이는 것에 대해 분노 하는 경우가 많다. 자기중심주의(적색)는 1층의 다른 색은 물론 2층 전부 를 무시한다. 녹색은 2층 의식을 권위적이고 엄격하게 계층적이며, 압제 적이고 인종주의적이고 성차별적이라고 비난한다.

녹색 밈이 건강하고 조화롭게 완성된 사람은 '2층 사고'로 비약을 할 태세를 갖춘다. 그레이브스는 이를 "의미의 심연을 통과하는 기념비적 인 도약"이라고 표현했다. 2층 의식을 이용하는 사람은 본질적으로 수 직적 계층구조와 수평적 관계구조를 모두 사용해서 수직적인 동시에 수 평적으로 사고할 수 있다. 따라서 이 수준의 사람은 내면 발달의 전 스 펙트럼을 생생하게 포착할 수 있으며, 모든 밈이 스파이럴 구조 전반에 대단히 중요하다는 사실도 알게 된다.

2층 사고의 등장은 모든 것을 변화시킨다. 2층 의식은 내적 발달 단계 를 충분히 의식하고 있기 때문에 뒤로 물러서서 큰 그림을 포착할 뿐만 아니라 다양한 밈이 담당하고 있는 필요한 역할도 충분히 이해한다.

2층 사고에는 두 개의 수준이 있다.

7. 황색yellow: 통합적. 삶을 자연발생적인 계층구조로 이루어진 만화경으

로 본다. 융통성, 자발성, 기능성을 우선시한다. 차이와 다원성은 상호 의존적인 자연스러운 흐름으로 통합시킨다. 평등주의의 약점을 탁월성으로 보완한다. 계급, 권력, 지위보다 지식과 능력을 중시한다.

8. **터콰이즈**^{turquoise} : 전체적. 지식과 감정을 통합한다. 다원론적 수준이 하나의 의식체계로 혼합된다. 외적 질서(청색)나 집단 유대(녹색)에 기초하지 않은, 보편적인 질서의 웅장한 통합이 이론적으로 뿐만 아니라 실제적으로 가능하다고 생각한다. 터콰이즈 사고는 스파이럴 전체를 이용하며 여러 수준 간의 상호작용과 모든 조직에 스며 있는 조화, 사방에 퍼져 있는 흐름 상태를 탐지한다.

2층 사고는 인구의 1퍼센트 정도이며, 5퍼센트의 힘을 갖고 있다. 2층 사고에 있는 인구가 1퍼센트(터콰이즈 수준은 고작 0.1퍼센트)에 지나지 않는 것은, 이것이 인류의 집합적 진화의 최첨단이기 때문이다. 앞으로는 이 수준의 출현빈도가 점점 더 증가할 것이고 머지않아 이보다 더 높은 층의 밈도 나타날 것으로 예상해 볼 수 있다. 만일 2층 사고가 출현하지 않는다면 인간은 1층의 다양한 밈이 서로 우위를 차지하기 위해 서로가 서로를 공격하는 '자가 면역'의 희생자가 될지도 모른다. 그러므로 건전한 녹색 밈(때로는 오렌지색 밈)이 안정적으로 축적되어 있을 때 2층 사고의 출현이 가능해지고, 2층 사고에 도달했을 때 비로소 통합적이고 전체적인 사고와 네트워크 형성이 가능해진다는 점을 인식할 필요가 있다.

윌버는 의식의 기본수준을 설명하기 위해 한동안 스파이럴 다이내믹스 모델의 색깔 이름을 사용하다가, 2006년부터는 무지개색 순서로 된 독자적인 색깔 이름을 사용하고 있다. 이 책에 나오는 색깔 이름도 윌버 자신의 것이다. 적색, 오렌지색, 녹색, 터콰이즈색은 스파이럴 다이내믹스 모델과 명칭과 순서가 같지만, 베이지색은 적외부infrared(크림슨), 자주색은 마젠타magenta, 청색은 앰버amber, 황색은 틸teal로 바꿔 부른다. 여기서 의식의 스펙트럼을 색의 스펙트럼으로 표현할 수 있다는 것이 포인트이므로 무지개색에 들어 있지 않은 마젠타, 앰버, 틸 같은 중간색에 신경쓸 필요는 없다. 참고로 스파이럴 다이내믹스 모델은 1층에 여섯 단계, 2층에 두 단계로 이루어진 데 비해, 윌버의 통합 모델은 여기에 네 단계(인디고indigo, 바이올렛violet, 자외선ultraviolet, 투명한 빛clear light)로 이루어진 3층이 추가되어 모두 열두 단계로 이루어져 있다. 3층 의식에 관한 자세한 내용은 윌버의 다른 저서에서 볼 수 있다.

밈 meme

영국의 생물학자 리처드 도킨스^Richard Dawkins가《이기적인 유전자》(을유문화사, 2010)라는 책의 '제11장 밈-새로운 복제자'라는 항목에서 처음 사용한 용어이다. 도킨스는 문화의 전파도 진화의 형태를 취하기 때문에 유전자 전파에 비유될 수 있다고 보았다. 다만 언어, 옷, 의식, 관행, 예술, 건축 등은 유전과는 다른 방법을 통해 다음 세대에 전달되므로 복제를 통해 다음 세대에 전달되는 진(gene, 유전자)에 빗대어서 문화 전달의 기본 복제단위를 모방이라는 뜻의 그리스어 'mimene'를 단음으로 줄여 밈^meme이라고 명명했다. 이 밈은 전염성 있는 바이러스처럼 대화나 대중매체, 사이버 공간, 행위 등을 통해 사고를 전염시키면서 인간의 마음을 숙주 삼아 마음에서 마음으로 확산된다. 스파이럴 다이내믹스에서 밝혀 낸 8개 수준의 밈은 한 인간의 발달을 이해하는 데뿐만 아니라 집단이나 조직, 사회, 국가의 변천(성장, 발달)과정을 이해하는 데도 똑같이 적용될 수 있기 때문에 다른 발달이론에 비해 활용도가 매우 크다.

반 녹색^{anti-green}

녹색은 현재 인류의 발달 진화에서 첨단에 해당된다. 하지만 극단적인 형태를 취해(자기애, 허무주의) 더 이상의 발달 진화가 불가능하게 되자 진화 자체가 앞으로 나아가기 위한 자기 교정^{self correction} 과정(녹색 이전 단계로 돌아가 진로를 바로잡는)에 들어갔고, 그 일환으로 반 녹색이 등장 하고 있다는 것이 윌버의 해석이다. 반 녹색은 그 이전 세 단계, 즉 오렌 지색 세계중심, 황색 민족중심, 적색 자기중심 상태 중 어느 하나를 활 성화시킬 수 있는데, 민족중심 내지는 자기중심 수준의 반응이 대부분 이며 트럼프를 지지하는 층도 대체로 이 수준에 속한다. 반 녹색 형태 장^{anti-green morphic field}이란 선도적인 녹색 첨단이 만들어낸 사조와 경향성 (역기능적인 건강하지 못한 녹색이 물들인 "진실은 없다"라는 탈진실의 문화)에 깊이 실망한 다른 수준(적색, 청색, 오렌지색)의 적대적 반응이 누적되면서 형성되고 있는 장을 말한다.

부머 boomer

2차 세계대전이 끝난 후 출산율이 급격히 증가하던 시기(1946~1959)에 태어난 세대를 말한다. "베이비붐 세대(또는 부머)"라는 용어는 특히 문화적 맥락에서 전통 가치를 부정하거나 재정의한 60년대의 반문화 세대를 가리키는데 이들 자신도 이전과는 아주 다른 특별한 세대라고 생각하는 경향이 강해서 '나' 세대의 나르시시즘이라는 특징과 연결되기도 한다. 베이비붐 세대의 강점으로는 놀라운 활력과 창의력, 이상주의 그리고 전통적 가치를 넘어 새로운 아이디어를 기꺼이 실험해보고자 하는 마음, 생태적 감수성과 시민권 등을 들 수 있으며, 약점으로는 과도한 자기 몰입과 자아도취를 들 수 있다. 윌버는 이 세대를 특히 의식발달과 진화의 첨단이라 할 수 있는 녹색 단계와 연관 짓는다. 역설적이게도 트럼프를 지지한 상당수의 유권자도 (베이비) 부머 출신이라고 한다.

분별지혜 discriminating wisdom

불교에서는 무선택적 각성을 절대진리 또는 공空이라 부르고, 가치의 서열화를 포함하는 계층적 판단을 상대진리 또는 자비라고 하는데, 참된 자비는 올바른 판단을 위해 분별지혜를 쓰는 것이다. 상대적 현상세계 속에 사는 우리는 지혜와 자비에 근거하여 판단해야 하는데, 분별지혜란 질적인 구별과 가치의 서열화 및 깊이에 기초해서 판단하는 것을 의미한다. 윌버는 "서양은 서양 나름대로의 상대진리를 갖고 있고, 동양은 동양 나름의 상대진리를 갖고 있다. 나의 관심은 동서양의 상대적 진리를 공이라는 근원적 맥락(절대진리) 안에 적절하게 통합하는 일이고, 이러한 작업은 단편화된 지식을 통합하는 데 있어서 뿐만 아니라 우리가 당면한 위기를 극복하는 데도 바람직한 일이 될 것"이라고 말하면서 분별지혜의 중요성을 강조한다.

전후 오류 pre/post fallacy

인간 의식의 진화에서 전X, X, 초X 영역의 차이점을 명백하게 규정하고 설명한 전후 오류는 윌버가 지금까지 자신의 사상을 전개해오면서 보여준 이론적 급선회 중 가장 큰 변화이며, 가장 심오하고 독창적인 아이디어이기도 하다. 초^超이성과 전^前이성은 둘 다 이성적이지 않으며, 전인습 단계와 후인습 단계는 둘 다 인습적이지 않다. 그렇다보니 훈련되지 않은 눈에는 그 둘이 구분되지 않을 뿐만 아니라 심지어 똑같은 것으로 보고 혼동하는 경향이 있다. 이런 식의 혼동은 여러 곳에서 볼 수 있는데, 이런 혼동을 전후(또는 전초) 오류라고 한다. 이런 오류에 빠지면 두 가지 큰 실수를 범하게 된다. 프로이트가 그랬던 것처럼 초이성적인 심오한 비이원적 신비상태를 원초적이고 자기도취적이며 전이성적인 유치한 헛소리로 환원시키던가, 아니면 융처럼 전이성적인 유아적인 이미지와 신화를 초이성적인 영광으로 격상시키게 된다.

형태형성장^{morphogenetic field}

루퍼트 셸드레이크^{Rupert Sheldrake}의 형태형성장 이론은 매우 혁신적이고 대담한 기억이론이다. 셸드레이크는 기억은 뇌에 저장되는 것이 아니라, 형태형성장에 새겨질 가능성이 있다고 주장하면서, 과거에 조직되었던 우리의 경험, 행동, 정신작용은 형태 공진^{resonance}에 의해 현재화된다, 즉 과거를 기억할 수 있게 된다고 말한다. 형태형성장(지금은 단순히 형태장이라고 부름) 이론을 적용할 경우, 유물론적 환원론에서는 설명할 수 없던 많은 목적론적 발달 현상을 설명할 수 있다는 장점이 있다. 윌버는 이 개념을 반 녹색 장과 같이 전에 없던 새로운 문화현상이 형성되는 과정을 설명하거나 우리가 사는 세상이 이미 주어진 것이라는 "소여의 신화^{myth of given}"를 비판하는 용도로 사용하기도 한다.

홀론^{holon}과 홀라키^{holrarchy}

홀론은 그리스어로 전체를 뜻하는 홀로스^{holos}와 부분을 뜻하는 접미사

온^{on}의 합성어로서 그 자체로 전체이면서 또한 더 큰 전체의 일부를 이루는 것, 즉 전체인 동시에 부분인 "전체/부분"을 일컫는 용어이다. 윌버의 통합모델에서는 원자에서 유기체에 이르기까지, 개인에서 사회, 문화에 이르기까지, 모든 실체를 홀론이라고 부른다. 물질적 우주와 생물권에서의 홀론, 마음, 심리구조, 정신권에서의 홀론, 사회, 문화적 홀론 등 우주는 위아래로 모두 전체성의 크기가 다른 홀론으로 구성되어 있다는 것이다.

이런 홀론들의 자연적인 위계적 계층구조를 홀라키라고 부른다. 온 우주는 무한히 겹쳐지면서 점점 더 큰 전체적 포용을 나타내는 수직적 계층구조, 즉 완전성, 포괄성, 포용성, 배려 정도가 점증하는 서열구조인 홀라키로 되어 있다는 것이다.

도널드 트럼프가 미국 제 45대 대통령으로 선출된 것은 대단히 놀라운 일로 여겨졌다. 많은 이들이 엄청난 충격을 받았다. 이같이 충격적인 사건에 대해 다양한 색깔의 정치적 스펙트럼을 가진 사람들이 하나같이 극단적이고 소란스럽고 격렬한 반응을 보였다.

진보진영은 놀라움에 휩싸였다가 곧 노여움과 통렬한 자책에 빠져든 것 같았고, 심지어는 격렬한 증오심을 드러내기까지 했다. 미국 전역에서 거의 매일 시위가 일어났고, 이제껏 수백 건에 이르며 아직까지도 계속되고 있다.

보수진영은 흐뭇하게 웃으며, "모든 게 완전히 변할 거야!"라거나 "이제는 우리가 앙갚음을 해줄 차례지!"라고 노골적으로 위협하며 느긋하게 의자 등에 기대앉았다. 실제로 트럼프는 대통령직에 오른 첫날 이후로 줄곧 이런 협박을 실천에 옮겨온 듯하다.

이 모든 소란 속에서 나는 양측의 견해를 귀담아들었다. 하지만 어째서 이런 일이 일어났는지, 그것이 참으로 어떤 의미를 지닌 것이고 우리가 무엇을 해야 하는가를 말해주려는 취지로 쏟아져 나온 여러 진영의 수많은 기사, 에세이, 인터넷 게시물, 출판물을 읽으면 읽을수록 점점 더 찜찜한 기분이 되었다.

나는 양 진영이 제기한 많은 논점에 공감하기는 했지만, 어떤 일이 왜 일어났고 그것이 무슨 의미를 지닌 것인가를 제대로 이해하는 데 가장 핵심적인 한 가지 쟁점이자 결정적인 항목에 해당되는 것을 사실상 모든 사람이 다 놓치고 있는 것만 같았다. 그 핵심적인 쟁점은 모든 사람의 머리 위로 그저 스쳐지나간 것만 같다.

설상가상으로, 해설자들은 이 주요한 쟁점뿐만 아니라 문제를 바로잡는 데 필요한 결정적인 행동 유형들, 즉 가장 적절한 반응으로 보이는 것들도 아울러 놓쳤다. 하지만 한 가지는 분명했다. 인구의 50퍼센트가 나머지 50퍼센트를 노골적으로 미워하는 나라는 품위와 긍지와 고결함을 갖고서 앞으로 나아갈 수 있는 나라가 되지 못하리라는 것. 그리고 지금 당장 미국이 처한 현주소가 바로 그것이다.

따라서 나는 여러분이 지금 읽고 있는 긴 에세이이자 얇은 책 한 권 분량에 해당하는 글을 썼다. 나는 온라인에 글을 올렸고, 소문이 널리 퍼지면서 즉각 센세이션을 불러일으켰다. 나는 저자이자 교사[1]라는 직업을 갖고 있는 사람이고, 따라서 상당히 많은 이가 이 글을 책으로 펴내라고 권했을 때 내 담당 편집자와 상의했다.

우리는 이 글을 즉각 책으로 펴내자는 데 합의를 봤다. 그리고 이 책이 제시하는 논점들의 역사적 위치를 정확하게 파악하는 데 도움을 주기 위해, 나는 대통령 취임 후 세 달쯤 되었을 때 원고의 집필을 최종적으로 마무리했다. 이제 이 책에 관해 몇 가지만 간략하게 언급하고 넘어가기로 하자.

첫째, 이 책은 도널드 트럼프가 대통령직에 오르는 데 도움을 준 모든 요소에 대한 종합적 분석을 제공하지 않는다. 비록 그 사건과 관련된 요소들의 상당수(아니 어쩌면 대다수)에 관해 언급하고 있기는 하지만, 이 책은 그런 결과를 빚어내는 원인이 되어준 단 하나의, 그리고 가장 타당하다고 믿는 논점에 일부러 초점을 맞췄다.

앞에서 얘기한 것처럼 모든 진영의 거의 모든 해설자들이 이런 논점을 완전히 간과하고 넘어간 것처럼 보이기에 특히 더 그렇게 했다. 트럼프의 당선을 제대로 설명하려면 그와 관련된 모든 요인에 대한 포괄적인 분석 속에 이 요인을 반드시 포함시켜야 하지만, 사실은 이 요인이야말로 핵심적인 것이다(당선의 주요 원인을 밝히는 데서나 그의 당선 후 그것에 대응하는 가장 적절한 행동방침을 찾는 데서도 말이다).

---

1 많은 이들에게 가르침을 주는 역할을 한다는 의미에서의 '교사'.

둘째, 비록 학문에 업을 두고 있으나(23권의 책을 썼고, 그 책들이 25개 나라 언어로 번역되었다), 나는 이 짧은 책을 학술논문으로 내놓은 것이 아니다. 이것은 일간지의 논평기사에 훨씬 더 가깝다. 나는 남의 말이나 글, 자료, 팩트를 인용한 경우에도 학술논문을 쓸 때처럼 일일이 출처를 밝히지 않았는데 그것은 부러 그렇게 한 것이다. 나는 이 책이 묵직하고 장황한 학술적 장치들의 방해를 받지 않은 채 편하게 술술 읽을 수 있는 책이 되기를 바란다.

구체적인 내용에 관심이 있는 독자라면 이런 자료들을 구글 검색을 통해서 언제나 쉽게 찾아볼 수 있다. 그리고 그런 식의 검색을 할 때는 그런 과정이 실제로 뭘 의미하는지 염두에 두었으면 한다. 정확히 말하자면, 여러분이 일일이 자료를 찾아보지 않아도 이 책을 계속 읽다보면 자료의 의미가 저절로 아주 선명하게 드러나게 될 것이라는 뜻이다.

셋째, 여러분은 이 글 전체에 걸쳐서 이따금 내가 "통합이론"이나 "통합적 메타이론" "AQAL" "우하 사분면"[2]과 같은 용어들을 언급하는 경우를 보게 될 것이다. 이것들은 그저 "통합적integral"이라고 하는 총괄적인 철학적 관점에서 나온 전문 용어들이지만, 나는 그 통합적 관점이 많은 장점을 갖고 있다고 믿는다. 사실, 이 글의 기본적 관점이 바로 통합적 관점이다.

하지만 만일 이런 유형의 용어들에 별 관심이 없다면, 혹은 적어도 지

---

2 4사분면.

금 당장은 전혀 알고 싶지 않다면, 간간히 그것들이 나타날 때 부디 그냥 무시하고 넘어가주길 바란다. 내가 그것들을 포함시킨 것은 대체로 학생들 때문이다. 혹여나 그것들에 흥미가 있다면, 내가 쓴 책들 중에서 아무 것이나 골라서(아마도 《모든 것의 역사A Brief History of Everything》나 《통합비전The Integral Vision》으로 시작될 공산이 클 것이다) 통합이론에 관해서 좀 더 자세히 알아보기를 바란다.

지금 꼭 얘기해야 할 것은 그저 이 관점이 전근대적, 근대적, 탈근대적postmodern 접근법들을 망라하고 있는, 인간 지식의 다양한 분야들 대다수를 통합하려는 의도를 지닌 하나의 지향성이라는 점 정도다. 따라서 적어도 이 관점이 대단히 포괄적인 성향을 띠고 있다는 것만은 분명하다. 요컨대, 여러분은 다음에 이어지는 논의가 대단히 개방적인 것이 되리라는 점을 알게 될 것이다. 하지만 그런 점 말고는, 가끔씩 등장하는 이런 전문 용어들에 신경을 쓰거나 구애받을 이유는 전혀 없다. 그러니 그저 그것들을 간단히 무시하고 넘어가주시길 바란다.

끝으로, 이 책은 '개관' '영역Territory' '가까운 미래'라고 하는 3부로 구성되어 있다. 개관의 두 번째 장은 극도로 중요하지만 거의 알려져 있지 않은 인간지식의 장場 또는 분야에 대한 아주 짧고 간단한 안내문이다. 그 장場에는 인간 성장과 발달의 가장 근본적이고도 참으로 심오한 측면들 중의 하나가 포함되어 있다. 하지만 우리가 오늘날의 인류가 직면하고 있는 주요한 문제들과 쟁점들에 접근할 때마다 이런 측면은 거의 항상 무시되거나 간과되고 있으며, 나는 우리가 이런 무지에 대해 장차 혹심한 대가를 치를 것이라고 믿고 있다.

　동료들과 나는 통합적 메타이론을 통해서 더없이 중요한 지식 분야들을 전 세계를 대상으로 해서 조사하는 동안 이 대단한 보물과 맞닥뜨렸다. 그것이 지닌 엄청난 중요성은 즉각 모두의 미간을 강하게 때렸고, 우리는 이전까지 그것과 접하지 못했다는 사실에 충격을 받았다. 그 분야에 관한 내용은 아주 상세히 기록되어 있지만 세상에는 거의 알려져 있지 않다. 여러분은 이것이 어떤 것인지 정확히 알게 될 것이고 그에 관해 아주 쉽고 간단하게 소개해주는 내용을 접하게 될 것이다. 그러고 나서는 어째서 그것이 트럼프 현상 전체를 이해하는 데 그토록 중요한 것인가를 알게 될 것이다.

　나는 여러분이 그 내용을 무척이나 즐길 것이고, 그것이 자기 삶의 거의 모든 영역과 문제들에 접근하는 데 더없이 유용한 툴을 제공해준다는 사실을 알게 될 것이라고 생각한다. 증거를 기반으로 한 이 연구 결과에 관해 배우는 대다수 사람들은 그것이 자기네가 세계를 바라보는 방식을 완전히 변화시킨다거나, 그것이 인간 존재의 더없이 깊은 한 영역을 다루고 있기에 그런 변화를 가져다준다고 이야기한다. 나는 앞으로 여러분도 그런 말에 공감해주기를 희망한다. 모쪼록 즐겨주길!

　우리 시대의 가장 의미심장한 역사적 사건들 중의 하나요, 앞으로 이 나라뿐만 아니라 온 세상에 엄청난 반향을 미칠 것이 분명한 이 사건을 답사하는 과정에 동참해주신 것에 감사드린다. 이러한 답사는 또 '모험'이기도 하다. 왜냐하면 거기에는 지금 당장 여러분의 내면에서도 역시 작동하는 인간 존재의 핵심적인 과정을 들여다보는 것도 포함되기이다. 여러분은 다음에 이어질 페이지들에서 그 내면적인 과정과 맞닥뜨리게 될 것이다. 이것은 정치적 분석임과 동시에 자기 발견정이기도 하다. 부디 여러분이 이 책을 통해서 그 놀라운 가능성과 기회를 가지기 바란다.

1부

개관

1

탈진실의 시대

모든 상황을 종합해볼 때, 최근 도널드 트럼프가 미국 대통령으로 선출된 것에 대한 모든 진영의 반응은 극단적이고 노골적이고 대단히 시끌벅적했다. 트럼프 지지자들은 종종 의기양양해하며 역겹고 야비한 태도를 보였다. 그들은 뜻밖의, 그러나 전적으로 당연하고도 정당하게 여겨지는 승리에 흡족해하면서 "내가 이렇게 될 거라고 했지!"라든가 "너희는 당해도 싸!"라고 내뱉었다.

반反 트럼프 진영은 기회가 있을 때마다 더 요란하게 떠들어댔다. 사람들은 눈물을 글썽이면서 자기가 구토를 하거나 비명을 질렀고 잠을 못 이루는 날이 나날이 늘어간다고 했다. 그들은 트럼프 당선이 증오, 인종차별주의, 성차별주의, 외국인 혐오증을 비롯한 전반적인 저질 취향을 가진 인간들의 승리라는 것을 깨닫고 민주주의와 모든 종류의 이상주의를 거의 포기하다시피 했다(선거 전에 많은 사람들이 트럼프가 당선된다면 이 나라를 떠나겠다고 단언했다)고 말했다. 그러고 나서 그들은 대체로 '투쟁'을 계속하겠다고 맹세했고, 동료 미국인들에게 자기네와 함께 싸우자, 결코 포기하지 말자고 촉구했다.

내가 보기에는 양측 다 너무 좁은 관점에 사로잡혀 있다. 이 현상 뒤에 작동하는 더 큰 톱니바퀴가 있고, 나는 그것이 어떤 것이 될 수 있을지에 관해 대략적인 윤곽을 그리고 싶다. 내가 서술하려고 하는 이 특별한 관점을 다른 누군가가 밝혔다는 얘기를 결코 들어본 적이 없다. 하지만 그것이 더 크고 더 통합적인 견해를 표현하고 있으며, 그 자체가 아주 계몽적이고 사람들의 의식을 해방시켜주는 것이 될 수 있으리라 믿는다. 양 진영이 느끼는 아픔과 괴로움은, 그들이 너무나 협소한 관점을 가졌기 때문에 생겨난 것이라고 본다. 따라서 더 폭넓은 마음가짐이야말로 진정한 해방을 불러오면서도 양 진영의 어느 누구든 간에 본인이 바라는 바에 따라 앞으로 나아갈 수 있게 해줄 것이라고 믿는다.

이따금 진화 그 자체는 자신의 길이 어떻게 펼쳐지고 있느냐 하는 의문과 관련된 새로운 정보에 비추어서 그 진로를 조정해야 하며, 그러한 조정은 요컨대 자기 교정을 통한 진화상의 재정렬에 해당하는 다양한 조치를 취하는 것으로 시작된다. 즉, 얼핏 자연발생적인 것으로 보이지만 사실은 더 깊은 형태장morphic field 1의 작동과 더불어 시작된다. 오늘날

---

1 모든 사물이 그 고유한 형태와 행태를 갖도록 형성시켜주는 공간상의 에너지 장을 뜻하며, 원자도 사람도 모두 이 형태장에 의해서 그러한 꼴shape을 갖추고 작용을 하게 된다.

문화적 진화의 첨단[2]은 녹색 파동green wave이며, 지난 사오십 년 동안에도 그런 상태는 줄곧 지속되어 왔다.

여기서 '녹색'은 다양한 발달 모델들에서 '다원론적' '탈근대적postmodern' '상대주의적' '개인주의적' '자기실현' '다양성' '포용성' '연대' '다문화적' 등으로 알려진 인간 성장과 발달의 기본단계를 말하는 것으로, 일반적으로는 녹색을 그냥 '탈근대적' 단계라고만 이야기하기도 한다.

이 영역에 관해서는 다음 장에서 분명하고도 간단하게 요약해서 설명할 것이다. 지금은 내가 방금 전에 그것에 대해서 열거한 서로 다른 많은 이름이 그것과 연관된 전문적인 견해가 얼마나 다양한가를 알려주는 한 가지 증거라는 점만 언급하고 넘어가기로 하자. 우선 당장은 그것을 그저 '탈근대적'이라는 명칭으로 기억해두도록 하자. 그것은 '근대적modern'과 '전통적traditional[3]'과 결합해서 이 나라에서 가장 많은 사람과 연관된 세 가지 가치 체계를 이루고 있다. 그것들 간의 대립적이고 아주 열띤 투쟁은 '문화전쟁'으로 널리 알려져 있는데, 이에 관한 내용은 앞으로도 이 책에서 계속 만나게 될 것이다.

진화의 첨단(오늘날의 경우에는 녹색의 탈근대적 파동)이 지향하는 첫째가는 목표는 그저 그것이 되는 것이다. 발달 전개의 첨단이 되는 것. 매

---

2 '첨단'은 'leading-edge'를 번역한 것으로 스파이럴 다이내믹스에서 현재 인류가 이르러 있는 가장 앞선 단계 또는 그 단계의 사람들을 가리킨다. 문맥상 '선구자' '선도자' 등으로 옮기는 것이 자연스러울 수 있으나, 본래 뜻을 가리지 않기 위해 '첨단'으로 직역하였다.

3 뒤에 '단계'가 생략되어 있다.

슬로우^{Maslow} **4**가 "성장하는 끝머리$^{growing tip}$"라고 부른 그 첨단은 미래가 펼쳐져 나갈 만한 참신하고 기발하고 독창적이고 적응성 강한 영역들을 겨냥하면서 진화의 그 특정한 시점과 단계에서 가능한, 가장 적절하고 복잡하고 포괄적이고 의식적인 형태들을 찾는다.

녹색은 1960년대 초, 역사상 처음으로 주요한 문화적 힘으로 등장하기 시작했고, 얼마 지나지 않아 오렌지색을 추월하면서 새로운 지배적 첨단이 되었다. 그 전의 첨단 단계에 해당하는 오렌지색은 다양한 발달 모델들에서 '합리적' '이성' '형식 조작적' '성취' '양심적' '완성' '장점' '이익' '자부심' '자기 통제' '빼어남^{excellence}' '진보'로 알려진 단계로, 요컨대 녹색이 '탈근대적' 단계인데 비해 '근대적' 단계에 해당된다.

녹색은 대체로 건강하고 아주 적절하며, 진화상으로 긍정적인 일련의 형태들로 출발했다. 즉, 대규모 민권운동, 범세계적인 환경운동, 기업경영에서의 지속가능성 추구, 개인적 페미니즘과 직업적 페미니즘의 성장, 증오범죄에 반대하는 법률 제정, 거의 모든 소수자에 대한 모든 형태의 사회적 억압에 대한 고도의 민감성, 그리고 (핵심적인 것들로) 갖가지 지식의 주장 속에 내포된 '맥락'의 결정적인 역할에 대한 이해와 가급적 '포용적인' 자세를 유지하고자 하는 바람의 형태들로서 출발했다.

60년대의 모든 혁명**5**은 녹색 단계가 주도했다. 1959년에는 인구의 3

---

4 욕구 단계설을 주장한 미국의 심리학자.
5 1968년 프랑스 5월 혁명으로 대표되는 일련의 전 세계적 저항운동들.

퍼센트가 녹색 단계에 이르렀고, 1979년에는 인구의 20퍼센트에 가까운 이들이 이 단계에 이르렀으며, 이런 결과는 세상을 돌이킬 수 없을 정도로 크게 변화시켰다. 내 견해로는 신성불가침의 존재였던 비틀스는 그 모든 움직임과 운동을 자기네 노래들 중의 하나로 요약해서 말했다.

"당신에게 필요한 것은 오직 사랑뿐All You Need Is Love"(완전한 포용의 규칙!)

그러나 그로부터 몇 십 년이 경과하면서 녹색은 점차 극단적이고 치졸하고 역기능적인 형태로 변모하기 시작했고 심지어는 아주 불건강한 형태로 변모하기도 했다. 모든 진리는 맥락[6]에 따라 좌우되거나 그 문화적 맥락으로부터 의미를 얻는다는 개념이 보편적인 참된 진리 같은 것은 전혀 존재하지 않으며 그저 끊임없이 변하는 문화적 해석들만 존재한다(그것은 결국 널리 만연된 나르시시즘으로 귀결되었다)는 개념으로 바뀌면서 녹색이 표상하는 너그러운 다원주의는 과격하고 고삐 풀린 상대주의로 빠져 들어가고, 니힐리즘으로 전락해버렸다.

녹색의 주요 개념들은 '참되지만 부분적인' 중요 개념들로 시작되었지만 결국은 극단적이고 대단히 자기모순적인 견해들로 전락해버렸다. 그 주요 개념들에 포함된 견해들로는 다음과 같은 것들이 있다. 즉, 모든 지식은 어느 정도의 사회적 구성물들이라는 것, 모든 지식은 맥락의 구속을 받는다는 것, 특권이 있는 관점 같은 것은 전혀 존재하지 않는다는 것, '진리'로 통용되는 것은 한낱 문화적 유행에 불과하며 거의 항상 이

---

6 포스트모더니즘이 논리실증주의의 일상언어 분석을 주요 토대로 삼고 있기에 '문맥'이 더 타당할 수 있으나, '문맥'보다는 '맥락'의 범위가 더 넓어서 앞으로 '맥락'으로 통일한다.

런저런 억압적인 힘들(인종차별주의, 성차별주의, 유럽중심주의, 가부장제, 자본주의, 소비자 중심주의, 탐욕, 환경착취 같은)이 주장하는 것이라는 것, 모든 인간(때로는 동물까지도 포함하는)은 절대적으로 유일무이한 존재들이며, 절대적으로 평등한 가치를 지닌 존재들(평등주의)이라는 것 등의 견해다.

자크 데리다, 미셸 푸코, 장 프랑수아 리오타르, 피에르 부르디외, 자크 라캉, 폴 드 만, 스탠리 피시 등과 같은 대단히 저명한 포스트모더니즘 저자들 거의 모두의 메시지를 한 구절로 요약한다면, 그것은 바로 "진리는 없다"이다. 진리는 사회적 구성물에 가까우며, 누군가가 실제로 '진리'라고 불렀던 것은 그저 어딘가에 있는 어떤 문화가 그 구성원들을 납득시키기 위해 진리라고 주장했던 것에 지나지 않는다는 것이다. 의상 디자이너가 찾아내야 하는 보편적으로 정확한 하나의 천 가장자리 길이가 존재하지 않는 것과 마찬가지로, 누군가가 발견해주기를 기다리며 하릴없이 빈둥거리는 '진리'라는 이름의 실재하는 참된 것은 어디에도 없었다.

과학 그 자체조차도 시詩보다 참된 것으로 여겨지지 않았다.(진짜로 그랬다) 사실과 허구, 뉴스와 소설, 자료와 몽상 간에 아무 차이가 없었다. 요컨대 이 세상 어디에도 '진리'는 존재하지 않았다.

그러므로 일반적인 포스모더니즘적인 관점에서 볼 때 모든 지식은 문화적인 구속을 받는 것으로 귀결되고 말았다. 보편적으로 정당한 관점 같은 것은 없으며, 그러므로 모든 지식은 특권적인 관점(따라서 억압적인)이 고지해주는 단순한 해석을 기반으로 하고 있다. 지식은 주어지는 것이 아니라 구성되고 고안되고 축조되고 조작되는 것이다. 오로지 역사만 존재할 뿐이며, 따라서 오늘 어떤 문화가 '참'이라고 여기는 것이 내일은 극적으로 바뀔 것이다. 오늘날 기독교의 '일곱 가지 대죄[7]'에는 어떤 일이 일어났을까? 그중의 반은 아직도 미덕임이 분명하겠지만 말이다.

보편적인 도덕의 틀 같은 것은 존재하지 않는다. 네게 참인 것은 네게 참이며, 내게 참인 것은 내게 참이다. 그러므로 억압적인 어떤 구실을 동원하지 않는 한 그런 도덕적 틀을 내세우는 어떤 주장에도 이의를 제기할 수 없다. 가치의 경우에도 사정은 마찬가지다. 어떤 가치도 다른 가치에 비해 더 우월하지 않으며, 이것은 평등주의의 또 다른 버전이다. 만일 누군가가 어떤 진리나 가치가 보편적인 것이라거나 모두에게 참되고 소중한 것이라고 주장한다면, 그런 주장은 위장된 권력에 지나지 않는다. 왜냐하면 그런 주장은 그런 주장을 하는 이가 예속과 억압이라는 궁극적인 목적을 갖고서 이 세상 곳곳의 모든 사람에게 본인의 진리와 가치를 받아들이라고 강요하려는 시도에 불과하기 때문이다.

그러므로 모든 개인이 할 일은 과거로부터 그들에게 이월된 모든 권위주의적 진리와 싸우고, 완전하고도 철저하게 자주적인 자세를 가지는 것이다. 다른 이들에게 강요하거나 강요할 수 있는 어떤 진리도 받아들이지 않고, 자기네의 철저한 자주성을 모든 사람에게 허용해준다. 요컨

---

7 교만, 질투, 분노, 나태, 탐욕, 정욕, 탐식.

대, '진리'라고 하는 그 어떤 것도 받아들이지 않는 것이다. 이제 '진리'란 항상 권력장악으로 간주되었다.

솔직히 말해, 과거로부터 우리에게 넘겨진 모든 것은 참되고 지속적인 진리가 아니라 조작된 유형의 역사에 불과하기에 우리는 그런 어떤 것도 받아들이지 말고, 그저 자기 창조적이고 자기 주도적인 완전한 자주성을 확보하기 위해 애써야 한다. 그리고 그런 자주성은 이내 "누구도 내 나르시시즘에 참견하지 마!"와 구별할 수 없는 것이 되었다.

우리는 그저 자신이 그 어떤 진리와 가치를 만나든 간에 그것들을 모조리 해체해버린다. 그리고 이것은 참으로 신속하게 니힐리즘으로, 그리고 탈근대적인 지옥에서 나온 그것의 태그팀[8] 멤버인 나르시시즘으로 또다시 미끄러져 들어가는 접근법이었다. 요컨대, "진리는 없다"는 식의 무無관점적인 광기는 동기부여적인 힘들로 니힐리즘과 나르시시즘 외에는 그 어떤 것도 남겨놓지 않았다.

여기서 부조리한 것은 포스트모더니즘 자체가 그런 견해들 가운데 한 가지만은 믿지 않았다는 점이다. 포스트모더니스트들은 본인들의 글이나 책에서 자기네의 신조들을 지속적으로 어겼다. 그들은 너무나 자주, 끊임없이 그러했다. 위르겐 하버마스에서 칼 오토-아펠과 찰스 테일러에 이르는 비평가들은 이른바 "수행 모순performative contradiction[9]"을 저질렀

---

8 프로레슬링에서 서로 교대하며 플레이하는 2인조.
9 비판을 제기하려는 사람이 가지는 의도와 그의 비판이 제시하고 있는 내용이 서로 상충하는 것을 의미한다.

다고 해서 그들을 나무랐다. 그 비평가들은 포스트모더니스트들이 자기네가 할 수 없다거나 해서는 안 된다고 말하는 것을 스스로 저지르고 있기 때문에 그것은 크나큰 자기모순이라고 비판했다.

포스트모더니스트들이 볼 때 모든 지식은 비보편적이고, 맥락에 따라 좌우되고, 해석을 통해서 나온 것이며, 어떤 문화, 어떤 역사적 시기, 특정한 지정학적인 지역에서만 발견되는 것들일 뿐이다. 불행히도 포스트모더니스트들은 앞에서 요약된 자기네의 진술 하나하나가 모든 시대, 모든 장소, 모든 사람에게 한 치의 예외도 없이 죄다 진실이라고 과감하게 주장했다. 그들의 전반적인 이론 자체가 어째서 모든 큰 그림^{big piture}이 오류인가에 관한 대단히 큰 그림이요, 어째서 모든 거대담론^{metanarrative}이 억압적인 것인가에 관한 대단히 광범위한 거대담론이다.

그들은 보편적인 진리는 존재하지 않는다는 것이 보편적인 진실이라고 단호하고도 굳건히 믿었다. 그들은 모든 지식이 맥락의 구속을 받지만 바로 그런 지식만은 예외라고, 그런 지식은 항상 어디에서나 맥락을 초월한 진실이라고 믿었다. 그들은 모든 지식이 해석을 통해서 나왔지만 자기네의 지식만은 예외라고, 그것은 견실한 근거를 가진 것이고, 모든 곳의 모든 상태를 정확하게 설명해주는 것이라고 믿었다. 그들은 이 세상에서 다른 것들보다 더 우월한 것은 절대로 없다고 믿었으면서도 자기네의 견해 자체는 대단히 우월하다고 믿었다. 오, 이런.

이십여 년 전, 나는 《성, 생태, 영성^{Sex, Ecology, Spirituality}》이란 책에서 "무無관점적 광기^{aperspectival madness}"라는 용어로 이 탈근대적 재앙에 관해 간단

히 요약한 적이 있었다. 어떤 진리도 존재하지 않으며 어떤 관점도 보편적인 정당성을 갖고 있지 않다('무관점적' 부분)는 믿음은 포스트모더니즘이 하려고 했던 것처럼 이것을 극단적으로 밀고 나갈 경우 엄청난 자기모순과 근본적인 불일치를 빚어내기('광기' 부분) 때문이다. 그리고 "어떤 진리도 존재하지 않는다"는 무관점적 광기가 진화의 첨단을 감염시킬 때, 진화의 자주적 방향 설정과 자기 조직화 능력은 붕괴되고 말 것이다.

철학으로서의 포스트모더니즘은 이제 죽었다는 것이 폭넓게 인정되고 있으며, "다음에는 어떤 것이 올 것인가?"에 관해서 쓴 책들이 곳곳에서 나타나기 시작하고 있다. 분명한 승자는 아직 없지만, 그런 트렌드는 더 진화되고 더 체계적이고 더 통합적인 견해들을 지향하고 있다. 그러나 학계와 대학들에서 포스트모더니즘은 아직도 그 질긴 명맥을 유지하고 있다. 인문학 분야 교수들 대부분은 스스로 많은 회의에 빠져 있으면서도 여전히 어떤 버전의 포스트모더니즘과 그것의 무관점적 광기를 가르치고 있다.

현존하는 거의 모든 주요한 발달 모델들은 일반적으로 '다원론적' 혹은 '탈근대적' 단계로 알려진 단계를 넘어 '통합적' '체계적' 등과 같은 다양한 이름을 지닌, 최소한 한두 단계를 포함하고 있다고 한다. 이 한두 단계는 더 높은 수준의 전체성과 통일성을 통해서 붕괴된 다원론의 한계를 극복함으로써 '혼돈으로부터의 참된 질서'로 회귀한다. 현재, 인구의 단 5퍼센트 정도만이 발달의 이 통합적 단계들 중의 어느 하나에 도달해 있다. 하지만 분명한 증거에 의하면 이 단계들이야말로 내일의 진화가 궁극적으로 나아갈 곳임이 분명하다. 내일의 진화가 현재의 전환기를 무사히 넘어설 수만 있다면 말이다.

그렇게 해서 폭넓은 첨단적 관점인 포스트모더니즘은 극단적인 형태들로 빠져 들어갔다. 예컨대, 모든 지식은 맥락의 구속을 받을 뿐만 아니라 일시적인 맥락들에 지나지 않는 것들이기도 하다, 혹은 모든 지식은 아는 자 knower 10와 알려진 것 known 11의 고유하고 지속적인 다양한 특징들이 어우러져 공동 창조되는 것일 뿐만 아니라 오로지 권력의 조종에 의해서만 만들어지는 사회적 구성물에 지나지 않는 것이기도 하다는 식의 형태들로 빠져 들어갔다는 뜻이다.

모든 개인이 각자 자신의 가치들(그것들이 남에게 해를 끼치지 않는 한)을 선택할 권리를 갖고 있을 뿐만 아니라 그 당연한 귀결로 그 어떤 가치에도 보편적인 요소가 존재하지 않거나 공감할 만한 것이 존재하지 않을 때, 그런 상황은 이 세상 어디에도 믿을 만한 참된 가치는 존재하지 않는다는 식의 가치론적 니힐리즘으로 곧장 이어진다.

모든 진리가 문화적인 허구일 때에는 어떤 진리도 존재하지 않게 되며, 이것은 곧 인식론적이고 존재론적인 니힐리즘이다. 이 세상 어디에도 구속력 있는 도덕규범들이 존재하지 않을 때는 규범의 니힐리즘만 존재할 뿐이다. 그저 니힐리즘, 니힐리즘, 니힐리즘뿐이다. "이 세상 어

---

10 인식주체.
11 인식대상.

디에도 깊이라고는 하나도 없고, 있는 것이라고는 오직 표피, 표피, 표피 뿐이었다." 그리고 마지막으로, 개인적 행위의 기준이 되어줄 만한 구속력 있는 어떤 지침도 없을 때, 개인은 오로지 스스로가 불러일으키는 욕구와 욕망만을 갖게 된다. 요컨대 나르시시즘에 빠져들게 된다는 얘기다.

가장 영향력 있는 포스트모더니즘의 엘리트들이 결국 명시적으로나 암묵적으로 탈근대적 지옥에서 온 태그팀, 곧 니힐리즘과 나르시시즘(요컨대 무관점적 광기)을 끌어안게 된 것은 바로 그 때문이다. 그렇게 해서 탈진리의 문화가 번성하게 되었다.

이런 무관점적 광기에 대한 많은 반응이 있었다. 사회에서 포괄적이고 눈에 띄지 않으며 형태형성적morphogenetic12 첨단의 장으로서 기능하는 그 광기의 영향을 직접적으로 받지 않은 영역은 거의 없었다. 우리는 제1부에 해당하는 이 개관에서 그런 영역들의 상당수를 답사하고 조사해볼 것이다. 하지만 그 모든 영역의 배후에 도사린 주요 원인, 결정적인 병원체는 진화 그 자체의 첨단leading-edge이 심각하게, 명백하게, 그리고 자주 실패하기 시작했다는 점이었다. 그 첨단이 어디로 가야 할지 전혀 감 잡지 못할 때 자신이 어디로 가고 있는지도 모르리라는 것은 지극히 당연한 일이다. 어떤 진리truth도 존재하지 않으므로 어떤 방향도 참되지true 않다면 선호하는 방향도, 선택하는 방향도 있을 수 없으며, 진화의 과정은 그저 급정거하고 만다. 그 과정은 꼼짝달싹하지 못하게 되고, 무

---

12 책머리의 용어/개념 해설

너져 내린다.

니힐리즘과 나르시시즘은 첨단이 실질적으로 작동할 수 있게 해주는 특성들이 아니다. 따라서 만일 어떤 첨단이 그것들로 감염된다면 제 기능을 발휘하지 못하게 될 것이다. 그 첨단이 무관점적 광기에 빠져든다면, 제자리에 멈춰선 뒤 원래 그것이 참된 첨단으로서 제대로 작동하던 때와 형태로 거슬러 올라가면서 일련의 퇴행을 시작하게 된다.

이런 퇴행이야말로 우리가 현재 전 세계적으로 작동되는 것을 목격하고 있는 첫째가는 요소들 중의 하나며, 이 모든 것의 핵심적이고 으뜸가는 원인은 녹색 첨단이 선도하는 역할을 전혀 할 수 없다는 데 있다. 니힐리즘과 나르시시즘은 진화과정을 마비와 정지 상태로 빠져들게 만든다. 진화의 흐름 자체가 재평가하고 재구성하기 위해 뒤로 물러설 때 이런 정지 상태는 흔히 꼭 필요한 자기제어적 움직임이요, 붕괴가 시작된 지점을 찾아낸 뒤 그 지점에서 재구성하기 위한 다양한 정도의 일시적 퇴행이자 제 발자국들을 되밟아나가는 과정을 포함하는 움직임이다.

진화생물학자들은 대체로 진화와 관련된 모든 것을 일련의 무작위적인 사건들이나 맹목적인 자연선택이라고 보고 있기에 어떤 종류의 진화 지향성이나 합목적적인 경향성도 다 부정하는 면이 있다. 그러나 그런 견해는 19세기 환원주의적 과학적 유물론의 잔재에 불과하다. 그런 견해는 지각과 생명이 없는 물질 시스템들조차도 고유한 자기조직화 충동을 갖고 있다는, 노벨상 수상자 일리아 프리고진Ilya Prigogine의 발견들로 시작되는 좀 더 현대적인 과학 개념들을 간과하고 있다.

물리적 시스템들이 '평형상태에서 멀리' 밀려날 때, 그것들은 더 높은 수준의 조직화된 질서 상태로 도약하는 것으로 이런 혼돈상태에서 벗어난다. 배수관을 따라 무질서하게 쏟아져 내리는 물이 갑자기 완전한 소용돌이 형상을 이루는 것도 그 같은 경우에 해당되는데, 우리는 이를 일러 그냥 '혼돈으로부터의 질서'라고 부른다. 무생물이 자기 조직화와 혼돈으로부터의 질서를 지향하는 이런 충동을 본래부터 갖고 있다고 한다면, 생명체계들의 경우에는 더 말할 나위도 없다. 그리고 그런 체계는 분명 진화를, 철학자들이 종종 '에로스'라고 부르는 충동을, 점점 더 큰 전체성과 통일성과 복잡성과 의식을 지향하는 동력을 포함하는 것임이 분명하다.

그런데 '혼돈으로부터의 이런 질서'야말로 녹색 첨단이 이루어내지 못하기 시작한 바로 그것이다. 녹색 첨단은 그렇게 하기는커녕 '혼돈으로부터 더 큰 혼돈'을 불러일으키고 있었다. 그것은 참된 질서가 어떤 것으로 시작되어야 하는지 알지 못했고, 그런 모든 '거대담론'은 과감하고도 완전하게 해체되었다. 어떤 것도 참되지 않으므로 어떤 참된 질서도 있을 수 없었고, 따라서 앞으로 지향해나갈 만한 바람직한 어떤 방향도 있을 수 없었다. 그리하여 진화의 첨단이 하나의 수행 모순[13] 속에서 붕괴되고 무관점적인 광기 속에서 길을 잃었을 때 진화 자체가 나아갈 길은 일시적으로 완전히 닫혀 버렸다. 그리고 그 첨단은 얼마간 뒤로

---

13 이를테면 "진리는 없다"라는 자기네 말만은 진리라는 식의 모순.

물러나 참된 자기 조직화 과정이 또 다시 작동될 수 있는 견실한 지점을 찾는 것을 포함한 다양한 움직임을 보이기 시작했다.

이런 퇴행상태에서 벗어나는 데 쓸모 있는 그 이전 단계들로 어떤 것들이 있을까? 이런 의문에 답하려면 지금까지에 이르는 발달의 스펙트럼 전체를 간략하게 요약해주는 내용이 필요하다. 다음에 나오는 개관은 각기 다른 백여 가지의 발달모델에 대한 메타분석[14]의 결과로, 그 모든 모델에서 가장 공통된 특징들만을 제공해준다(켄 윌버의《통합심리학 Integral Psychology》참조).

통합적 메타이론에 친숙한 분들은 이 부분을 대충 훑고 지나갈 수도 있고 복습하는 기분으로 찬찬히 읽어볼 수도 있다. 그런 개념에 낯선 분들은 이 부분을 20세기의 가장 깊이 있고 지속성 있는 발견들 중의 하나요, 이 개념을 뒷받침해주는 엄청나게 많은 증거를 제대로 연구해온 세계 전역의 전문가들이 받아들이는 연구결과에 대한 짧은 서문 정도로 생각할 수도 있다.

이 부분을 읽다보면, 발달의 이런 단계들이 여러분 자신에게도 도움이 되고, 지금 당장 여러분의 내면에서 작동하고 있다는 사실을 알아차릴 수도 있다. 이것은 단지 학문적인 탐구에서만 그치는 것이 아니라 자기 발견의 참된 과정이기도 하다.

자, 그럼 본격적으로 이야기를 시작해보자.

---

14 기존 문헌을 분석하는 방식.

2

끝없이 확장되는
계단

—

—

인간 발달의 첫 단계들은 '자기중심적 단계들'로 알려져 있다. 그 단계들은 아직 타인의 역할을 수행하거나 다른 사람들의 시선을 통해서 세상을 명확히 보거나 '입장 바꿔 생각해볼' 수 없기 때문이다. 최초의 인간 사회는 40명 가량의 생태적 수용력을 지닌 부족사회였다. 여기서 우리는 50만 년 전 무렵에 살았던 사실상의 토착 원주민들이요 부족 중심적이었던 사람들에 관해서 이야기하고 있다. 오늘날의 토착 원주민들은 그동안 줄곧 진화해왔기에 과거의 그들은 오늘의 세계에 존재하는 어떤 토착 원주민들과도 다른 사람들이었다.

그들의 생각은 대체로 판타지 혹은 "전前조작적[1] 인식"에 젖어 있었

---

1 전조작기는 스위스의 심리학자 피아제piaget가 주창한 인지발달의 두 번째 단계로, 만 2세에서 6, 7세 사이의 기간에 속한다. 이 시기의 유아는 자기중심적 사고에 의지한다.

고, 학자들은 장 겝서^{Jean Gebser} [2]가 주창한 학설에 따라 그런 생각을 흔히 '마법적^{magic}'(누군가가 진짜 사람을 닮은 인형을 만들어 거기다 바늘을 찌르면 그 사람이 '마법적인 방식에 의해' 아픔을 느끼고, 비를 부르는 춤을 추면 자연이 어쩔 수 없이 비를 내려준다고 하는 부두교에서처럼)이라고 부른다.

많은 지역에서 부족들이 서로 만나는 경우는 극히 드물었지만, 일단 만났을 때 그들이 어떤 식으로 상호작용했는지는 분명하지 않았다. 그들이 분명하게 이해한 주요 관계 형태는 혈족 관계였고, 타 부족들과는 당연히 관계를 맺지 않았기 때문이다. 그 대신 부족들 사이에서는 종종 전쟁이 벌어지거나, 한 부족이 타 부족 사람들을 노예로 삼는 일이 있었다. 원주민 부족들의 15퍼센트 정도가 노예제도를 갖고 있었다. 그리고 최근의 연구 결과가 그동안 인기를 끌었던 대단히 낭만적인 견해들의 허구성을 드러내면서 입증해준 바와 같이 그 부족들 사이에서는 전쟁이 아주 잦았다.

우리가 이 진화 발달의 일반적인 단계들을 서술할 때, 이것이 대단히 간결하게 요약된 내용이라는 점을 염두에 두었으면 한다. 이 각 단계들이 등장한 데는 수백, 수천에 이르는 많은 요인들이 끼어들어 있다. 각 단계마다 그 나름의 한계와 약점들을 갖고 있었다. 하지만 그 단계들은 또 스스로와 세계에 대한 인류의 전반적인 이해에 대단히 긍정적인 기여를 하기도 했으며, 다음 단계에 출현한 사람들은 그 전 단계 사람들의

---

2 스위스의 문화철학자로 인류의 의식과 문화발달을 4단계로 나눠서 설명했다.

지혜를 망각함으로써 큰 대가를 치렀다. 많은 이들이 원주민 문화의 소중한 지혜를 오늘날의 우리에게 상기시켜주려고 애쓰는 경우도 그 한 예가 될 것이다.

건강한 발달의 양상에서는 각 단계가 그 전 단계를 '넘어서면서 포함하고 있기' 때문에 과거의 지혜를 기억해야 할 필요가 있다. 각 단계는 전 단계를 넘어서거나 과거에는 발견하지 못한 새롭고 참신한 진리들을 낳지만, 다른 한편으로 발달상의 역기능과 부조화를 감수하고라도 중요한 과거의 진리들을 포함하고 포용해야 할 필요도 있다.

통합적 메타이론은 이러한 아주 많은 요소에 분명히 드러나게 초점을 맞추고 있지만, 지금 당장 우리는 그런 요소들 중의 단 한 가지, 곧 자기 조직화의 여러 수준 혹은 발달 그 자체의 일반적 단계들의 참된 의미만을 다루고 있다. 그런 수준과 단계들은 해당 문화가 포용하는 가치들의 근본이 되는 것이기에, 그리고 몇 십 년에 걸친 포스트모더니즘이라는 첨단의 과거의 영향력[3] 때문에 거의 항상 무시되어왔거나 실질적으로 부정당해왔기에, 더없이 중요하다.

우리가 자신과 세계를 제대로 이해하기 위해 반드시 바로잡아야 할 중요한 한 가지 불균형이 바로 그것이고, 따라서 우리가 여기서 하려고 하는 일도 바로 그런 불균형을 바로 잡아주는 일이다. 진화적 발달의 이런 수준들이 더없이 중요하다는 사실은 우리가 앞으로 나아감에 따라서

---

3 주로 다원론과 상대주의의 타락한 형태인 니힐리즘과 나르시시즘의 영향력.

점점 더 분명하게 드러날 것이다.

진화의 전개가 다양한 중간 단계들을 통해 계속되었을 때, 한 가지 중요한 이정표가 된 것은 발달 연구의 천재 장 갬서가 "신화적 단계"(장 피아제는 "구체적 조작기concrete operational period", 미국의 신학자 제임스 파울러James Fowler는 구체적인 "신화적-직역적literal" 단계라고 불렀다)라고 부른, 마법적 단계를 넘어서는 더 복잡한 인식능력의 출현이었다.[4]

이 전반적인 신화적 단계에서 인류는 사람이 진정한 의미에서의 마법적인 힘 혹은 초자연적인 힘을 갖고 있지 못하다는 것을 잘 알고 있었다. 사람들이 실제로 마법을 써보려고 무수히 시도해봤지만 그런 시도는 번번이 실패로 돌아갔으니까. 하지만 마법은 너무나 매혹적인 것이어서 그 당장 완전히 포기하기는 어려웠다. 그래서 사람들은 그걸 포기하는 대신 마법을 구사할 능력을 갖고 있을 게 분명해 보이는 신과 여신, 자연 속의 정령 같은 다수의 초자연적인 존재들 전체에게 마법을 양도했다. 더 나아가 그런 초자연적 존재들은 인간이 그들에게 제대로 접근하는 법을 알고 있을 때는 인간을 위해서 마법을 구사해줄 의향을 갖고 있었고, 그렇게 해서, 마법적인 힘은 초자연적인 존재들 자체에서 다양한 신화적 신의 형상들로 옮겨갔다.

그렇게 해서 기원전 1만 년경부터 '마법적' 시대에서 위대한 '신화적' 시대로의 전환이 시작되었다. 세계 곳곳에서 인류는 이 막강한 신화적

---

4 여기서 '직역적literal'이라는 표현은 이를테면 "모세가 바다를 갈랐다"는 성경 구절을 글자 그대로 받아들이는 근본주의적이고 상상력이 결핍된 경우를 뜻하는 말이다.

형상들에게 접근해서 그들을 달래고 기쁘게 해주기 위한 정확한 방법을 아주 열정적으로 찾기 시작했다. 그것은 참으로 삶(아마도 영원한)과 죽음(아마도 영원한)을 좌우하는 문제였으며, 그 당시 세계 전역에서 생겨난 대부분의 근본주의적(혹은 '신화적-직역적') 종교를 움직이는 원동력이 되었다.

예컨대 신화적-직역적 종교의 기독교식 버전에서는 성경에 나오는 모든 문자 하나하나가 절대적으로 참이며, 하느님 자신의 말씀이라고 믿는다. 그리하여 모세가 홍해를 갈랐고, 예수가 생물학적인 처녀에게서 태어났고, 롯의 아내는 소금 기둥으로 변했다는 이야기가 정말로 진실이 되어버린 것이다.

이 단계는 그것이 지닌 좀 더 복잡한 인식 능력에 힘입어 처음으로 분명하고도 폭넓게 '타인의 역할을 수행할' 수 있었다. 그리하여 그것의 가장 근본적인 정체성은 자아 혹은 나 혼자me-only에서 집단 혹은 집단들(홀로 독립된 부족뿐만 아니라 대 부족, 수십 혹은 수백의 부족으로 이루어진 제국, 국가, 수백만 명의 신도를 아우르는 특정한 종교, 정치적 집단 등)로 바뀌었으며, 그렇게 해서 그 정체성은 자기중심적egocentric 단계에서 인종과 피부색과 성별과 종파 등을 기반으로 한 민족중심적ethnocentric 단계로 확장되었다.

다른 모든 집단과 맞서는 하나의 특별한 집단과의 동일시를 기반으로 한 이 단계는 매우 강력한 '우리 대對 그들'이라는 사고구조를 갖고 있었다. 대체로 그런 집단은 자기네를 특별히 선택받은 최상의 사람들, 심지어는 신 그 자신(혹은 여신 그 자신)이 세상에서 유일하게 참되고 성스러운 집단으로 인정해준 신성한 사람들이라고 여겼고, 또 그렇다고 굳건히 믿었다. 그 반면에 다른 모든 집단은 이교도, 변절자, 믿지 않는 자들이요, 심지어는 악마 같은 자들이어서 지옥에 떨어지거나 끝없는 윤회를 거듭해야 할 자들이었다.

특히 역사의 현장에서 이 민족중심적 단계가 처음 등장했을 때 이교도들을 죽이는 것은 죄가 되지 않았다. 사실상 완전히 '다른 인간들'인 이교도들은 영혼을 갖고 있지 않기에 그들을 죽이는 것이 허용될 뿐만 아니라 가끔 권장사항이 되기도 했다. 이교도들을 죽이는 것은 그들이 이승에서 너무나 무식하게 부정해온 유일한 참된 신에게로 그들을 돌아가게 해주는 일이 되기 때문이다. 중세의 십자군 원정은 양 집단[5]이 특별하게 여기는 유일한 참된 신의 사랑이라는 이름으로 상대를 격멸하려 했던(오늘날 종교적 열정에 의해서 자행되는 많은 테러 행위의 경우처럼. 앞으로 곧 살펴보게 되겠지만, 역사 속에 일단 하나의 특별한 단계가 등장하면, 그것은 계속 명맥을 유지하면서 뒤이은 다수의 개인들이 그 단계에 존재할 수 있다) 근본주의적인 두 신화적 종교의 고전적인 예다.

그리하여 이름은 다 다르지만 이 신화적-직역적인 '우리 대 그들' 단계의 일반적인 태도는 지하드, 곧 성전聖戰이다. 믿지 않는 자들에 대한 정확한 접근법은 점차 가혹함의 강도를 높여가는 순서에 따라서 설득하

---

5 기독교도들과 이슬람교도들.

고 개종시키고 고문하고 죽이는 것이다. 믿지 않는 자들을 잘못된 신앙 상태 그대로 방치하는 것은 신앙심 없는 짓이므로 어떤 대가를 치르는 한이 있어도 반드시 피해야 한다. 많은 부족이 이 단계의 확장된 능력(자기중심적 앎에서 민족중심적 앎으로 이행하면서 공통의 신조, 혹은 공통의 법과 규칙, 혹은 공통의 종교, 혹은 공통의 권력에 의해 결속된 거대한 초부족의 형성을 포함하여)에 힘입어 상호 결속함으로써 다수의 집단으로 이루어진 대집단으로 변모하기도 했고, 가끔 이런 저런 형태의 다양한 대제국으로 발전하기도 했다. 그리고 고전적 전통 문명들의 시대이자 대(신화적) 종교들이 창건된 시대가 도래했다.

이런 전반적인 단계를 일러 흔히 '순응적' '인습적' '신화적' '신화적-직역적' '소속성' '법과 질서' '전통적' '사회화' '전제주의적' '민족중심적' 단계라고 부르며, 일반적으로는 '앰버amber 색6'이라고 부른다.

노예제도, 전쟁, 고문이 그 정점에 이르렀다. 호감을 주는 한 집단 혹은 거대 집단이 타 집단 사람들에게 함부로 대함에 따라 동서양 문화의 80퍼센트에서 90퍼센트에 이르는 문화들이 이 민족중심적 신화시대 동안 노예제도를 갖고 있었다. 이와 마찬가지로 대 종교들도 구원을 약속하기는 했지만, 이것은 단지 자기네 버전의 성령을 믿고 '해방'에 이르는 자기네의 유일한 참된 길을 택할 때만 그러했다. 이것은 결국 자기네만이 유일한 참된 실재reality 7의 선택을 받은 사람들이라는 얘기였다. 우리

---

6 과거 켄 윌버는 이를 '청색blue'이라고 불렀다.
7 절대자 혹은 신.

는 예수가 천국으로 가는 유일한 참된 길이라는 주장을 믿을 수 없으며, 크리슈나가 천국으로 가는 유일한 참된 길이라는 주장도 역시 믿을 수 없다. 대부분의 대 종교들은 애초에 창시되었을 때 본질적으로 '우리 대 그들'이라는 민족중심적인 성격을 갖고 있었다.

그 위대한 영적 시스템들이 수행했고, 아직도 수행하고 있는 다른 기능들이 있다. 거의 모든 그 시스템은 대규모 신화적 신앙 시스템을 제공해주는 것에 더해서 '심원한esoteric' 혹은 '내적' 가르침을 갖추고 있었다. 본래 그 가르침은 변화하는 신앙 시스템이 아니라 변화하는 의식 상태와 관련된 것이었으며, 대체로 이 의식상태의 변화는 조각나고 분리되고 고통 받는 개별 자아라고 하는 것에서 통합되고 각성되고 깨달은 앎으로의 변화를 말한다. 그리고 세계 곳곳에서는 이런 변화를 일러 깨달음, 자각, 변혁, 사토리Satori 8, 모크샤Moksha 9라고 부른다.

그러나 의식 상태에서의 이런 변화만으로는 그것과 동시에 일어나고 있었고 내가 지금 요약하고 있는 일반적인 발달 단계들(마법적, 신화적 등의)의 구조를 변화시킬 수 있을 만큼 강력하지는 못했다. 따라서 깨달음으로의 '해방의 길'을 갖추고 있었던 거의 모든 문화는 또한 민족중심적인 특징에 해당하는 인종차별적인 노예제도와 성차별적인 가부장제도 역시 갖고 있었으며, 깨달음은 그런 병폐들을 치유해줄 수 있을 만큼 강력하지 못했다. 더 나아가 이 심원한 전통들은 항시 전형적인 신화적 신

---

8 '득도', '대오大悟'를 뜻하는 일본어.
9 '해탈'을 뜻하는 산스크리스트어.

앙 시스템의 접근법들보다 훨씬 덜 보편적이었으며, 그런 경향은 서구에서 특히 더 심했다.

마지막으로, 우리가 지금 추적하고 있는 일반적인 단계들(태고적 단계에서 부족적, 마법적, 전통적인 신화적, 그리고 마침내 근대의 합리적, 탈근대의 다원주의적, 그리고 막 출현하고 있는 통합적 단계들에 이르는)은 모든 인간이 성장하면서 거치게 될 단계들이다. 그들이 계속해서 발달한다면 말이다. 그 반면에 깨달음 수행에서의 상태 변화는 모든 사람에게 자동적으로 일어나는 것이 아니라서 개인이 거의 항상 자발적으로 참여해야만 한다.

더욱이 발달 단계 가운데 어느 단계에 속하든 간에 인간은 누구나 이런 깨달음 수행에 참여할 수 있다. 그러므로 대부분의 사람들이 '위대한 종교'로 여기는 것은 그 당시 세계 여러 곳에서 일어났던 다양한 주요 신화적 시스템들 중의 하나다. 만일 여러분이 선불교, 명상적 기독교의 향심기도centering prayer 10, 유태교의 카발라, 이슬람의 수피즘 등과 같은 심원한, 혹은 내적인 해방의 길들 중의 하나에 참여하고 있다면, 내가 '신화적 종교'라고 말할 때 그것은 지금 내가 이야기하는 그것이 아님을 알아주었으면 한다.

이 위대한 '민족중심적' 단계는 '마법적-신화적' 혹은 적색 단계의 '전사'와 같은 과도기적 형태로 기원전 1만 년 경에 시작되었으며, 위대한

---

10   마음 안에 하나님이 있다는 것을 전제로 하여 자아의 중심에 집중하는 침묵기도의 한 방법.

신화의 회원^{mythic-membership} 혹은 전통 문명 자체의 성장은 기원전 3000년~기원전 2000년 사이에 시작되어 서기 1400년경에 정점에 이르렀다.

오늘의 세계에서 모든 아이는 아주 초창기의 '태고적' 단계 혹은 '마법적' 단계, 그리고 자기중심적 단계에서 태어나며, 1살에서 3살 때까지는 그런 단계가 아이를 지배한다. 이어서 4살에서 7살 사이에 마법적-신화적 단계로의 전환이 이루어지며, 대략 6살에서 11살 사이에 몇몇 하위단계^{substage}를 동반한 전형적인 민족중심의 신화적 단계가 등장한다. 그러고 나서 오늘의 세계에서 대략 사춘기 무렵이 되면 앞으로 우리가 살펴볼 다음의 주요한 단계인 '합리적' 단계가 등장한다. 이어서 더 높은 수준의 단계들이 등장하는데, 앞으로 이것들에 대해서도 살펴볼 것이다.

그러나 여기서 핵심적인 요점은 어른들이 그런 초기 단계들 혹은 초기 하위단계들의 어느 하나에 '갇혀' 있거나 '고정되어' 있을 수 있다는 것이다. 실제로, 하버드 교육대학원의 로버트 케건^{Robert Kegan}의 연구는 미국인의 60퍼센트가 민족중심적 단계나 그 아래 단계들에 머물러 있다는 사실을 보여준다. 만일 여러분이 인종차별주의, 성차별주의, 가부장제, 여성혐오, 과도한 종족적 우월감, 압제, 근본주의적 종교를 좇는 성향을 지닌 이 민족중심적 단계가 골수 극우 공화당원들을 어느 정도 떠올려준다고 생각하고, 그것이 널리 알려진 트럼프의 영역^{Trump territory} 속에 진입하기 시작하는 단계라고 한다고 생각한다면, 여러분의 판단이 옳을 것이다.

진화가 계속되어감에 따라 민족중심적 단계를 특징짓는 2인칭의 관점에서만 머무는 것이 아니라 3인칭의 관점을 가질 수 있는 폭넓은 능력, 혹은 비교적 객관적이고 '보편적'이고 글로벌한 방식으로도 생각할 수 있는 능력이 드디어 출현했다. 이런 변화는 '지역local'에서 '글로벌'로의 획기적인 진전이었고 르네상스와 더불어 문화 전반의 특징적인 양식으로 나타나기 시작했으며, 그 후 계몽운동과 더불어 결실을 맺었다.

이 단계는 다른 모든 단계와 마찬가지로 긍정적인 측면과 부정적인 측면을 아울러 갖고 있었지만, 그 정체성이 더 크고 포괄적이며 덜 억압적인 형태로 확장된 것은 분명 대단히 긍정적인 측면이었다.

이 '오렌지색' 단계는 그 전의 신화적 단계가 '전통적' 단계로 알려진 것과 마찬가지로 흔히 '근대modernity'로 알려진 시대의 등장을 특징짓는 것이었다. 우리는 여기서 다시 이 나라에서 가장 많은 이들이 속한 세 가지 가치 체계, 곧 전통적, 근대적, 탈근대적 가치 체계들을 더듬어보고 있으며, 다른 많은 요소들뿐만 아니라 이런 가치 체계들 각자도 역시 인간 발달의 특정한 한 단계이자 매우 실제적인 단계와 어떤 식으로 직접 연결되어 있는지를 살펴보고 있는 중이다.

오렌지색의 등장은 다른 많은 것 가운데서 특히, 근대 화학·물리학·천문학·생물학·지질학 등을 망라한 '근대 과학'의 폭발적인 출현을 의미했다. 전체적으로 보아, 이 과학 분야들은 놀랍게도 전 세계 인류의 평균 수명을 30년 정도 늘려줬고, 국제적인 자유 시장 경제를 출현시켰고, 국민국가nation-state의 탄생을 뒷받침해줬고, 자동차에서 비행기와 마천루에 이르는 모든 것을 발명했고, 세계 전역에서 인구의 반가량을 꾸준히

죽여 왔던 대부분의 전염병을 근절시켰고, 달에 사람을 보냈다.

이 진화 단계는 또 정체성이 민족중심적 정체성('내 특별한 집단' 정체성)에서 세계중심적 정체성(혹은 '모든 집단' 또는 '모든 인간'의 정체성)으로 확장될 수 있다는 것을 뜻했다. 그런 정체성은 인종과 피부색과 성별과 신앙에 관계없이 모든 사람(특별한 한 집단뿐만 아니라 그야말로 모든 사람)을 공평하게 대하려고 애썼다. 이것은 가치 전환, 곧 집단 중심의 민족중심주의에서 전 인류를 망라한 세계중심주의로의 경이로운 전환이었다. 그리고 주로 이런 이유 때문에 대략 1770년에서 1870년에 이르는 백 년 동안에 이 지상의 모든 세계 중심적인 합리적 근대 사회에서 노예제도가 불법화되었다. 인류 역사에서 이런 일이 일어난 것은 처음이었으며, 이런 사실은 결국 반드시 기억해둬야 할 핵심적인 사실임이 드러났다.

근대성과 근대적 가치의 핵심이었던 이 단계는 '이성' '합리적' '형식 조작적' '성공' '성취' '장점' '진보' '맹렬한 추진력' '자기 통제' '자부심' '양심적' '과학적' '개인주의적' 등과 같은 다양한 특징을 지닌 단계로 알려져 있으며, 세계중심적 단계들의 출발을 알려주는 단계이기도 하다. 통합적 메타이론은 그 모든 점을 하나로 종합해서 오렌지색이라고 부른다. 대부분의 미국인들은 그들의 무게 중심이 그 이전 단계들 중의 하나에 머물러 있다 할지라도, 최소한 이 오렌지색 단계의 관점에서 생각할 수 있을 정도의 능력에는 도달한다.

오늘날 이 세계중심적인 합리적 가능성은 흔히 사춘기 동안 나타난다. 여기서도 역시, 실제로 이 단계를 중심적 정체성으로 포함하는가 하지 않는가의 여부는 사람에 따라서 아주 다양하게 나타난다. 모두까지는 아니고 대부분의 사람들은 적어도 중심적 정체성 발달의 신화적-민족중심적 단계까지는 도달하며, 우리는 대략 그 비율이 인구의 60퍼센트 정도 된다는 것을 알았다. 하지만 그 단계 너머에서는 다양한 갈래가 나타나기 시작하며, 따라서 우리는 어떤 한 개인이나 주어진 한 집단의 평균적인 '무게중심'이 어디에 위치해 있는가를 실제로 짚어봐야(어림잡아봐야) 한다.

우리가 인식적, 도덕적, 정서적, 심미적 경로 같은 발달의 여러 경로들과 아울러 이런 단계나 수준의 유형들에 관해서 얘기할 때마다 그것이 아주 일반적인 의미에서의 얘기라는 점은 새삼 말할 필요도 없다. 각각의 수준은 발달의 각기 다른 몇몇 수준에 걸쳐 있을 수 있고, 따라서 그 누구도 그저 늘 어느 한 수준에만 '위치해' 있지는 않다.

하지만 대부분의 개인과 문화와 하위문화들이 자기네의 생각과 행동을 하나의 '무게중심'에 따라서 조직하는 경향이 있기 때문에 이런 개념은 아주 유용하다. 이런 무게중심은 대체로 하나의 특정 수준에 초점을 맞추는데, 그것은 그렇게 하는 것이 그저 일관성 있고 조화롭기 때문이다. 내가 얘기하는 것은 그런 평균적인 '무게중심'이다. 여기서도 다시, 그것이 지닌 엄청난 중요성은 앞으로 진도가 나아감에 따라 보다 더 분명히 드러날 것이다.

동등하게 여겨지는 많은 요소 중에서 오로지 발달의 관점에서만 볼 때, 한 개인의 중심적 정체성이 앰버색, 민족중심적, 신화의 회원의 수준에 머물러 있다면, 그는 '전통적' 가치들에 따라 생각하고 행동할 것이다. 그런 가치들은 바로 그 단계의 고유한 특성들이기 때문이며, 그 전형적인 것들로는 근본주의적 종교 신앙, 가족의 소중함, 대단히 애국적이고 가부장적이고, 군국주의적이고, 순응적[11]이고, 동성애를 혐오하고, 종종 성차별주의적 성향들이 있다.

만일 그런 사람들이 세계중심적인 오렌지색의 합리적 단계로 옮겨간다면, 과학에 대한 믿음과 진보와 개인의 권리와 자유와 장점과 이윤과 인센티브와 개인주의에 대한 믿음 같은 '근대적' 가치들을 드러내는 경향을 보일 것이다. 만일 그들이 여전히 세계중심적인 녹색의 다원적이고 다문화적인 단계로 옮겨간다면, 대체로 다양성과 인류평등주의와 근본적인 평등과 열정적인 환경보호주의와 페미니즘과 사회주의적 성향과 지속가능성 등과 같은 '탈근대적' 가치들을 포용할 것이다.

위에서 말한 세 가지 가치 체계들 간의 익히 잘 알려진 전쟁은 곳곳에서 '문화전쟁'이라고 부른다. 그런 전쟁은 널리 잘 알려진 반면, 거의 어디에서고 알려져 있지 않은 것은 그런 전쟁에 실제로 포함되어 있는 발달의 단계들이다. 그리고 특히 더 알려져 있지 않은 것은 기존의 주요한 모든 발달 모델에 앞에서 이야기한 모든 단계를 넘어서는 한층 더 높은 단계가 있다고 하는 점이다. '통합적' '체계적' '전체적' '자기 변혁적'이라는 여러 이름으로 알려진 그 단계는 그 모든 단계의 통합적 종합을 포

---

11 전통, 국가, 국교 등에 대한 것을 말함.

함하고 있고, 그 단계들 고유의 투쟁과 갈등을 넘어설 수 있는 참된 길을 가리키고 있다.

그 단계가 적어도 그런 모든 투쟁에 대한 중요한 해결책의 일부로 보이기에 앞으로 우리가 이 대목을 다시 다룰 것이라는 점은 더 말할 필요도 없다. 이 문제를 해결하지 못할 경우 현재 이 지상에서 볼 수 있는 것처럼 인류가 치명적인 피해를 입을 운명에 처할 것이기 때문이다.

달리 말해, 우리가 미래를 위해 어떤 해법(거기에는 분명 경제적, 과학기술적, 정치적 측면들이 포함될 것이다)을 제시하든 간에 만일 그 해법들에 의식 발달의 이런 내적 단계들이 포함되어 있지 않다면, 우리는 똑같은 기본적 투쟁과 갈등을 끝없이 되풀이하고 말 것이다. 반복되는 근본적인 가치 전쟁들은 그저 우리가 만들어내는 새로운 경제적, 과학기술적, 정치적 구조들에만 매달릴 뿐, 근본적인 어떤 변화도 이루지 못할 것이다. 이에 관해서도 앞으로 좀 더 상세하게 다룰 것이다.

우리가 이 책의 서두에서 살펴봤듯이 1960년대에 근대적 단계를 넘어서는 더 높은 다음 단계, 곧 '탈근대적postmodern' 단계가 대규모로 출현하기 시작하기 전까지는 이 오렌지색의 합리적-근대적 양식이 진화의 첨단이었다. 사실, 오렌지색의 합리적/상업적/과학적 유물론이라는 이 첨단은 충분하고도 적절한 첨단으로서 기능하는 데 실패하기 시작하고 있었다. 그 첨단은 모든 지식을 '대상에 관한 지식it-knowledge', 혹은 객관주의적-유물론적-산업화의 방법론으로 축소시켜버렸고, '진·선·미'라는 의미심장한 삼위일체에서 선과 미를 철저히 배제해버렸다.[12] 이것은 곧, 그 첨단이 현존하는 거의 모든 것을 외부감각으로만 인식되는 유물론적 실체들에 지나지 않는 것들로 축소시켜버림으로써 초래된, '세계의 각성과 자격을 잃은 우주'로 알려지게 된 파국적 재난이었다.

그 첨단은 세계중심적 도덕에 대한 고유한 믿음을 갖고 있었다. 그것은 또 모든 사람이 인종과 피부색과 성별과 신조와 무관하게 저마다 고유한 가치를 갖고 있고 경제적으로나 사회적으로 동등한 기회를 누릴 자격이 있으며, 대체로 부는 증명된 장점의 핵심이 될 수 있다는 생각들도 갖고 있었다.

하지만 그 첨단은 실증주의에 대한 과도한 편향성으로 그런 믿음을 끊임없이 약화시켰다. 그리고 불행히도, 그것은 사회적 생존 시스템을 빚어냈으며, 그런 시스템은 비록 세계중심적 도덕률을 포용하고 있기는 했지만 민족중심적 단계들은 물론이요, 심지어는 자기중심적 단계들까지도 그 시스템을 강탈하도록 허용해줬다. 그리고 많은 과학적-자본주의적 상업이나 사업들도 역시 광포한 탐욕과, '사회적 다위니즘'을 기반으로 한 살벌한 경쟁을 통해 그와 같은 짓을 저지르기 시작했다.

그러나 통합적 메타이론에서 '녹색'에 해당되는 탈근대적 단계는 4인칭 관점을 확연히 자리 잡게 했다. 그 관점은 3인칭의 '글로벌한' 산물들을 숙고해보고 비판적으로 분석할 수 있는 능력을 지녔다. 바로 그런 능

---

12 근대철학의 인식론적 논의에서 종래의 가치론을 배제하고 오로지 지식의 과학적 근거만을 제공해주려 한 시대적 흐름을 지적한 것임.

력에 힘입어 녹색 포스트모더니즘(모더니즘 뒤에 나왔고 모더니즘의 산물들에 관해 성찰했기에 그런 이름이 붙었다)은 합리적인 근대정신이 파괴적이고 비생산적인 방식으로 너무나 빈번하게 제 궤도에서 벗어났다는 판단을 내렸다.

그렇게 해서 민권 운동, 범세계적인 환경운동(그것은 이 지구상 그 어느 곳의 정당보다 규모가 더 커졌다), 느낌과 '마음에서 나온 것들'에 대한 강조(근대적인 것은 곧 합리적인 것이었고 '탈근대'를 흔히 '탈합리'라고 불렀으므로 느낌과 가슴을 강조하는 것은 합리성과 '머리에서 나온 것들'과 상반되었다), 개인적인 페미니즘과 전문적인 페미니즘, 기업부문에서나 다른 모든 부문에서의 지속가능성 운동이 출현했으며, 나는 그 모든 것을 "녹색의 많은 선물"이라고 불러왔다.

하지만 주로 학계에서의 은밀한 논의(이런 것이 세상에 알려지지 않은 경우가 많았지만)에 힘입어 이루어진 녹색의 발전 과정에서 본래 건강했던 다원론적 포스트모더니즘은 점차 극단적이고 과도하고 자기모순적이고 극도로 역기능적인 상대주의가 되었다. 그리고 그 상대주의는 우리가 앞에서 봤다시피 이내 거의 완전히 니힐리즘과 나르시시즘의 나락으로 떨어지고 말았다.

첨단 단계의 가치들을 직접적으로 포용해주는 것은 오로지 그 단계 자체뿐이지만 그럼에도 불구하고 그 가치들은 문화 전반에 스며드는 경향이 있으며, 그것이 바로 첨단 단계의 본질이다. 예를 들어, 세계중심적인 오렌지색 합리성이 첨단이었을 때(그 세계중심적 가치 혹은 "모든 인간을 동등하게 취급한다"는 가치에는 본래 노예제도에 반대한다는 마음자세가 포함되어 있었다), 미국에서는 노예제도를 끝장내기 위해 남북전쟁이 벌어졌다. 흑인의 노예상태를 종식시키기 위한 그 전쟁에서 백만 명이 넘는 백인 청년들이(그리고 흑인들도) 사망했지만, 당시 미국 인구 중에서 실제로 오렌지색 단계에 이른 이들은 10퍼센트에도 훨씬 더 미치지 못했다. 하지만 그 가치는 북부 문화 전체에 퍼져 있었고, 많은 이들이 그 가치를 위해 기꺼이 죽을 용의를 갖고 있었다. 프랑스 혁명과 미국 혁명 때도 그런 이들이 많았으며, 그런 점이야말로 민주적인 오렌지색에 의한 앰버색의 민족중심적 군주정치와 귀족정치의 전복을 특징짓는 것이었다. 남북전쟁은 흑인 대 백인의 싸움이 아니라 오렌지색 대 앰버색의 싸움이었다. 이 '오렌지색과 앰버색의 대립'은 오늘날의 인종 간 전쟁들에서도 중심적인 쟁점으로 남아 있는데, 이에 관해서는 나중에 다시 살펴볼 것이다.

그러나 첨단 가치의 이런 침투현상은 그렇게 스며든 가치가 정말로 좋은 것인지, 얼빠진 것인지의 여부와는 상관없이 일어날 것이다. 참으로 얼빠진 침투현상의 한 예로 최근에 역기능적이고 불건강한 녹색이 세계 문화에 "진리는 없다"는 견해를 퍼트린 경우를 들 수 있다. 이 탈진실post-truth의 태도는 문화 전체에 속속들이 스며들기 시작했으며, 전 지구적으로, 다방면에서 단단히 뿌리박혔다. 그리고 오렌지색은(건강한 녹색 자체도) 그런 흐름을 완전히 방관하고 있다. 그 자체가 문제의 실질적인 원천인, 제 기능을 상실한 첨단 탓에 그들[13]은 아직도 그런 태도가 어디서 유래되었는지, 어떻게 해야 그것을 바로잡을 수 있는지를 전혀 알지 못하고 있다.

우리의 탈진실 문화, 그리고 그 문화의 여러 가지 파국 양상에 대해서는 앞으로 다시 다루도록 할 것이며, 지금은 우선 현재까지에 이르는 인간 발달의 기본적인 주요 이정표들에 관한 이야기를 마저 끝맺도록 하자. 녹색이 오늘날의 주요 첨단 단계(미국 인구의 20~25퍼센트가량이 대표하고 있는)이긴 하지만, 내가 앞에서 간략하게 언급한대로 아직은 소수의 개인들 속에서만 나타나기 시작한, 그보다 더 높은 단계가 존재하기 때문이다.

이삼십 년 전 무렵, 발달 연구자들은 실질적인 윤곽의 면에서 상당히 헷갈리는 느낌을 주는 한 단계의 출현에 주목하기 시작했다. 이제까지의 주요한 각 단계들은 공통되는 한 가지 특징을 갖고 있었으니, 그것은 곧 각 단계가 하나같이 자기네의 진리와 가치야말로 현존하는 유일한 진리요 가치며, 다른 단계의 진리와 가치는 오도되고 미숙하고 멍청한 것이라거나 그저 철저히 그릇된 것이라고 생각했다는 점이었다. 하지만 이 새로운 단계는 근본적으로 새로운 한 가지 특성을 갖고 있었다. 그 단계는, 과거의 모든 단계는 하나같이 나름대로의 의미와 중요성을 갖고 있다, 그 모든 단계는 포괄적이고 포용적이고 참으로 통합적인 것

---

13 오렌지색과 건강한 녹색에 속한 이들.

이 되기를 바라는 모든 접근법 속에 포함되어야 한다고 믿었다.

그 때문에 연구자들은 대체로 그 단계를 '통합적' '체계적' '전체적' 등과 같은 이름으로 불렀다. 전체적으로 보아 그 단계는 대단히 놀랍다고 할 만큼 새롭고 근본적으로 전혀 다른 유형의 진화 단계로, 인류역사 전체를 통틀어 유일무이한 것으로 보였다. 발달 연구의 개척자인 클레어 그레이브스^{Clare Graves}는 그것을 일러 "실로 가공할 만한" 단계요 "의미의 기념비적인 도약"이라고 했다. 앞에서 밝힌 바와 같이, 현재도 부단히 진행되고 있는 진화의 전개과정 속에서 인구의 약 5퍼센트 정도가 이 단계에 이르렀다(앞으로 곧 이에 관해 좀 더 이야기를 해봐야 할 것이다).

그 단계가 지닌 근본적으로 새롭고 전례 없는 성격 때문에 연구자들은 흔히 그것을 과거의 모든 단계와 구별하기 위해 '2층'이라고 부르고, 과거의 모든 단계는 하나로 묶어 '1층'이라고 부른다. 2층은 인간 진화의 과정에서 전혀 알려지지 않은, 근본적으로 새로운 방향을 알려주고 있으며, 그와 같은 것을 인류는 결코 본 적이 없었다.

즉, 거칠게 표현하자면, 2층은 모든 것을 절대적으로 변화시킨다.

3

탈진실 문화의
탄생

—

—

붕괴된 녹색이 우리에게 남겨준 탈진실 문화로 돌아가보자. 브렉시트의 주동자들은 자기네가 '진실'이 아님을 충분히 알고 있었던 견해들을 밀어붙였다는 것을 솔직히 인정했다. 하지만 자기네는 "실제로 어떤 사실fact도 존재하지 않으며" 실제로 중요한 것은 "우리가 참으로 그렇다고 믿고 있기 때문에" 그렇게 했다고 말했다. 그들 중의 한 사람은 대표적인 포스트모더니스트인 자크 라캉Jacques Lacan의 "중요한 것은 누가 이야기narrative를 통제하느냐다"라는 글귀를 인용하면서 "나는 내 라캉을 읽어봤다"라는 인상적인 발언을 했다.

트럼프 대통령은 그런 점을 숨기려고 하지도 않는다. 그는 사실상 희희낙락해하며 거리낌 없이 거짓말을 한다. 워터게이트 사건 보도로 유명한 칼 번슈타인은 이렇게 말했다. "트럼프는 사실로부터 자유로운 환경에서 살고 있고, 성공가도를 걷고 있다. 리처드 닉슨을 포함해서 그 어떤 대통령도 이번 대통령 당선자만큼 사실에 대해 이토록 무지하고 사실을 대놓고 경멸한 적이 없었다." 트럼프의 선거 사무장이었던 켈리앤 콘웨이는, 이것은 진짜 거짓말이 아니고 단지 "대안적 사실alternative fact" 에 지나지 않는다고 말했다. 그 말에 대해 어느 한 기자는 "'대체 사실'이란 곧 거짓말을 뜻한다"라고 응수했다. 하지만 애초에 어떤 사실도 존재하지 않을 때는 그 누구도 거짓말을 하는 것이 아니며, 그저 사실에 버금가게 소중한 대체 사실을 얘기하는 것에 지나지 않는다.

트럼프가 선거 유세를 하는 동안 그가 늘어놓은 실질적인 거짓말 숫자를 매일매일 실제로 계산한 신문들이 있었다. "어제는 거짓말을 17번 했고, 오늘은 15번 했다"는 식이었다. 폴리티팩트Politifact라는 웹사이트는 그런 숫자들을 게시하면서 트럼프가 주장한 내용 중에서 대략 50퍼센트가 실질적인 진실이 아니었다는 결론을 내렸다. 하지만 여론조사 결과들은 사람들이, 트럼프가 힐러리 클린턴보다 '더 정직하다'고 느낀다는 걸 보여줬다. 힐러리가 많은 사람들이 믿었던 것처럼 그 얼마나 많은 '부패' 상황들에 둘러싸였던 간에, 아무튼 그녀는 드러나게, 그리고 뻔뻔스럽게 거짓말을 늘어놓은 적이 결코 없었으며, 적어도 거짓말을 하는 면에서는 트럼프의 근처에도 가지 못한 게 분명했다.

그러나 사람들은 이미 '사실에 입각한 진실'에서 '내가 말하는 것이 진실이야'로 전환해버렸으며, 트럼프는 힐러리보다 훨씬 더 강력한 확신과 열정을 갖고서 자신의 '진실'을 설파했다. 그렇게 해서 진실이 존재하지 않는 문화 속에서는 트럼프가 '더 진실한' 사람이었다. 니힐리즘 문화에서는, 참된 어떤 진리도 존재하지 않는 무관점적인 광기의 환경에서는, 내가 가장 열렬히 욕구하는 것이 진실이 된다. 니힐리즘의 바다에서는 열정적인 나르시시즘이 핵심적인 결정인자다.

60년대의 아이들인 부머[1]들을 종종 '미^{Me} 세대'라거나 '나르시시즘의 문화'라고 부른다는 점에 주목해주시기 바란다. 전 세대들과 비교해볼 때 이렇게 부르는 것은 진실과 아주 부합하는 것으로 보였다. 부머 자신들이 이 나라의 교육을 접수하기 시작했을 때, 그들은 교육이 '진실을 가르치는' 대신에(진리는 없으므로) '자부심'을 키워주자는 운동을 최우선적으로 강조하기 위해서 교육의 방향을 전환시키기 시작했다. 그리고 타임지의 커버스토리가 보도했다시피 그들은 자부심을 실질적인 성취 속에 자리 잡게 하지 않고 그냥 부추기기만 하는 것은 나르시시즘을 강화시키는 결과만 빚어낼 뿐이라는 사실을 발견했다.

여기서도 다시, 진리는 없다는 니힐리즘의 바다 속에서 남는 것이라고는 나르시시즘 밖에 없다. 부머들이 그것 말고 달리 어떤 것을 키워줄 수 있었겠는가? 실제로, 최근에 부머가 가르친 졸업반 학생들을 대상으로 해서 나르시시즘 테스트를 해본 결과 그 아이들은 그 테스트가 시작된 이래 그 수치가 가장 높게 나왔다. 그 아이들의 부모인 부머 '미^{Me} 세대'보다 두세 배 정도로! 그래서 어떤 익살꾼은 이들을 "미-미-미 세대"

---

1 책머리의 용어/개념 해설 참조.

라 부르자고 제안했다. 아무튼 나르시시즘의 '특별한 나' 강조는 문화 전반에 깊이 스며들었다.

그것과 관련된 많은 현상들 가운데서 우리는 '셀피 문화Selfie Culture 2'의 출현을 목격했다. 그것은 개인의 진실을 쉽게 변조하는 것으로 악명이 높았으며, 심지어는 포토샵을 하기까지 했다. 그와 관련된 소셜 미디어들은 각 개인이 스스로 조장하는 사실들에 그 누구도 감히 도전할 엄두를 내지 못하는 메아리 방echo chamber 안에서 '기분 좋은 거짓말'과 '위안을 주는 거짓말'을 하라고 부추기기 시작했다.

한편, 첨단인 녹색의 문화 엘리트들, 곧 수준 높은 진보적 정부, 거의 모든 대학 교수(인문학계의), 기술혁신자들, 복지사업 전문가들, 언론계와 연예계에 속한 대다수, 고도의 진보적 사상을 가진 지도자들 대다수는 녹색의 다원론과 상대주의("네게 진실인 것은 네게 진실이고, 내게 진실인 것은 내게 진실이다") 속으로 계속해서 행진해갔다. 그들은 더없이 순수한 의도를 지니긴 했으나 크나큰 한계들을 동반한 근본적인 자기모순적 태도에 깊이 젖어 있는 사람들이었다.

따라서 예컨대 "내게 진실인 것은 내게 진실이고, 네게 진실인 것은 네게 진실이다"라는 진술 자체는 그것이 이의를 제기할 여지가 없는 우월한 진실이라고 주장하는 것이고, 너는 그런 진술에 이의를 제기해서는 안 되고 너 자신의 다른 의견을 가져서도 안 된다고 주장하는 것이

---

2 '셀피'는 자기 모습을 직접 찍은 사진을 뜻하는 말로 2013년 옥스퍼드 사전이 선정한 올해의 단어다. 그러니 굳이 번역하자면 '셀카 문화'가 될 것이다.

다. 너는 "내게 진실인 것은 내게 진실이고, 네게도 역시 못지않게 진실이라"고 생각해서는 절대로 안 된다. 설사 그 진술 자체는 네가 그렇게 생각할 수 있다고 주장한다고 해도 말이다. 만일 그런 것이 네 진실이라면, 그런 진실을 갖는 것은 단연코 허용되지 않는다. 네가 계속해서 그런 입장을 고수한다면 너는 내게 네 진실을 강요하려 하고 있으므로 나는 네가 파시스트나 그와 비슷한 부류라고 주장할 것이다.

그런 자기모순이라는 문제에 더해서 만일 모든 진실이 내게만 진실이고 너의 진실은 다르다고 한다면 '우리의 진실'(집단적, 응집적, 통합적인 진실)은 존재하지 않을 것이라는 문제가 있다. 따라서 이런 무관점적 광기의 환경에서 무수하게 조각난 문화를 위한 무대가 마련되었으며, 소셜 미디어의 밀폐된 격납고와 메아리 방들은 그런 문화를 거의 전적으로 조장하고 부추기기 시작하고 있었다.

현재 녹색 자체는 세계중심적 단계다. 비록 녹색이 이론상으로는 '세계중심적인'(혹은 보편적인) 것에 관해 헷갈리고 있기는 하지만(즉, 녹색은 세계중심적인 모든 움직임은 억압적이고 권력주도적인 것들이라고 생각하고 있다), 녹색 포스트모더니즘 자체는 그것이 말하는 것이 모든 사람에게 진실이라고 깊이 믿고 있다는 것을 우리는 목격해왔다. 그것이 말하는 것은 어떤 한 집단에게만 적용되는 것(민족중심적)이 아니라 모든 집단, 전 인류에게 적용된다(세계중심적).

그러나 무관점적 광기에서 비롯된 녹색 자신의 혼란 상태에서, 우리는 모든 것이 평등하므로 특정한 어떤 가치도 비판할 수 없고, 세계중심적이거나 보편적인 모든 태도는 맹렬히 부정당하고, 개인들이 민족중심적 태도들에 적극적으로 빠져 들어가고 심지어는 그리로 퇴행하는 것까지도 허용된다. 그렇게 해서 포스트모더니즘이 빚어낸 온라인 소셜 미디어는 민족중심적 성향이 뚜렷한 집단들 속으로 퇴행해 들어가기 시작했다.

그리고 그런 일은 보수진영과 진보진영 양쪽 모두에서 일어났다. 보수진영에서는 트롤troll들[3], 곧 어떤 소수파나 소수파의 견해를 대상으로 해서 비난 글을 끝없이 올려대는 참으로 야비한 민족중심적 웹 서퍼들이 그런 흐름을 주도했다. 그들은 엄청난 분노와 증오를 토해내면서 참으로 비열하게 굴었다. 하지만 진보진영 사람들도 역시 희희낙락해하면서 그 민족중심적 질주에 가담했다. 그들은 그 어떤 세계중심적 혹은 보편적인 진실들도 다 은연중 부인함으로써 민족중심적인 것들을 강박적으로 찾아 나서기 시작했다. 하나를 찾으면 그 다음 것으로, 거기서 다시 그 다음 것으로 옮겨가면서 그런 것들을 끝없이 쫓아다녔다.

이런 전략의 많은 결과들 중의 하나는 정체성 정치identity politics[4]였다. 이런 정치에서 사람들은 단 한 인종, 계급, 성별, 신앙(혹은 정치적 지향성, 종교, 국적 등)과 자기를 적극적이고도 과감하게 동일시하거나 오로지 그런 존재로만 규정하며, 그것은 바로 세계중심적 정체성에서 민족중심적 정

---

3 인터넷 공간에서 다른 사람의 감정을 상하게 하기 위해 정해진 주제에서 벗어나거나 자극적인 내용을 올림으로써 혼란을 야기하고 쾌감을 얻는 사람을 말한다. 이러한 행동을 트롤링trolling이라고도 한다.

4 자신이 가진 정체성을 정치적으로 규정하고 드러냄으로써 자신의 정체성이 갖는 특질들을 사회적 공론의 장에 놓고 정치적 주장을 하는 것. 정체성 정치의 주체는 여성, 노동자, 이주 노동자, 장애자, 성소수자, 유색인, 청소년 등으로 다양하다.

체성으로의 전락하는 것을 의미한다. 그리고 만일 당신이 분명한 어떤 소수파 정체성에 속하지 않을 경우에는 이 나라가 문화적으로 어떻게 발전해나가야 하는가 하는 논의에서 당신은 진정한 발언권을 얻지 못할 것이다. 그런 반면에 제4의 권력[5]이 보기에 민족중심적 정체성들에 해당되는 성전환자, 양극성장애자[6], 무슬림 여성 같은 이들에게는 상당한 비중이 주어진다. 그런 어떤 소수파에게도 잘못된 점은 하나도 없으며, 세계중심적인 자세로 그들을 공정하고도 너그럽게 포용해줘야 할 온갖 이유가 있다.

그러나 만일 당신이 분명한 민족중심적 정체성을 지닌 목소리들에만 귀 기울인다면, 그것은 바로 당신이 극복하려 애쓰고 있다고 주장하는 편파성과 분열의 증거가 되어줄 것이다. 이것은 과도한 자만심을 갖고서 그렇게 편향적이고 분열적인 태도를 공공연하고도 요란하게 감싸고 돈다는 사실 때문에 사태를 더 악화시킨다. 어떤 한 인종이나 성별이나 신앙을 자랑스럽게 여기는 것은 그와 같은 다른 유형의 것들은 다 제치고 그것만 더 추어주거나 다른 것들보다 훨씬 더 우월한 것으로 여기지 않고 그저 동등하게 봐주는 한에서는 아무 상관없는 일이다. 하지만 정체성 정치는 결국 전자와 같은 식으로 귀결되는 경우가 너무도 많다.

그같은 추세를 완화시켜줄 수 있는 진실이 부재하다 보니 진보진영과 보수진영을 막론하고 모두 이렇게 민족중심적인 쪽으로 퇴행하는 사

---

5 대중매체를 말한다.
6 조울증 환자.

례가 웹 전체에서 폭발적으로 증가하기만 했다. 인터넷은 원래 억압, 정보의 사적 소유, 권력 구조, 고립되고 분리된 트렌드들에서 해방된, 글로벌하고 자유롭고 통합된 인류를 위해서 만들어진 것이다. 인터넷은 모두에게 열려 있고 모두를 포용하는 하나의 거대한 '글로벌한 뇌'로 널리 알려졌다.

문제는, 그 뇌는 글로벌(혹은 단일한 인프라 네트워크)할지 몰라도 그것을 사용하는 마음들은 그렇지 못했다는 점이다. 더글러스 러시코프^{Douglas Rushkoff} [7]가 지적했다시피 디지털 환경 자체가 본질적으로 결정의 양자택일을 지향하고 있다. 1이 아니면 0, 여기를 클릭하거나 저기를 클릭하고, 이것을 선택하거나 저것을 선택하는 식으로 말이다. 온라인 교류는 익명성, 본인의 인간성을 숨길 수 있는 특성을 갖고 있고, 그런 점 때문에 공격성과 나르시시즘과 증오심이라는 퇴행적 성향들, 무수히 많은 격렬한 민족중심적 믿음(성차별주의, 인종차별주의, 외국인 혐오증, 광적인 종교 편향, 편협한 정치, 트롤과 정체성 정치의 믿음들)을 허용해줬을 뿐만 아니라 조장하기까지 했다. 그리고 이런 움직임들에 제공을 걸어줄 수 있는 '진실'이 부재했기에 그런 것이 폭발적으로 터져 나왔다. 전반적인 온라인 경험은 조화, 개방적 성격의 드넓은 공간, 전 세계적인 통합으로부터 밀폐되고 갇히고 분리된, 그리고 저열한 민족중심적 충동들로 전락해버렸다. 그리고 이런 충동들은 우리의 컴퓨터와 스마트폰에서 연중

---

7 미국의 미디어 이론가, 작가.

무휴 쏟아져 나와 문화 전체로 흘러들어갔다.

새롭고도 충격적인 정당성 위기

그런 문제는 아주 신속하게 통합적 메타이론이 '정당성 위기'라고 부르는 형태의 것이 되었다. 통합적 메타이론은 그것을 좌하Lower-Left의 믿음 혹은 문화적 믿음, 그리고 우하Lower-Right의 시스템들 혹은 기술-경제적 토대처럼 실질적인 배경이 되어주는 실재reality들 간의 미스매치로 규정하고 있다.

여기서 '좌측'과 '우측'은 좌우 정당들을 말하는 것이 아니라 그저 전형적인 사분면 상의 위치만을 뜻하는 것이다. 좌측 사분면들은 도덕, 가치, 의식, 믿음처럼 보이지 않는 내적 실재들을 표현한다. 그리고 우측 사분면들은 구체적인 기술-경제적 시스템과 환경 같은 보이는 외적 실재들을 표현한다. 그리고 '정당성 위기'란 사회에서 볼 수 있는 이 두 차원 간의 깊은 갈등과 어긋남을 말한다.

위에서 말한 문화적 믿음은 모든 사람이 평등하게 창조되었고, 모든 사람이 자신의 권한을 최대한 행사할 수 있는 완전하고 평등한 권리를 갖고 있고, 본래 그 누구도 다른 사람들보다 더 우월하지 않다는 것이었으며, 이런 믿음은 녹색과 함께 화려하게 꽃피었다.

그러나 압도적인 현실reality은 빠르게 증폭되어가는 불평등이라는 냉

혹한 현실이었다. 소득, 전체적인 부, 재산 소유권, 의료서비스에 대한 접근성, 삶의 만족도 같은 쟁점들을 놓고 봤을 때 그랬다. 문화는 우리에게 끊임없이 한 가지 것, 곧 문화가 거짓말을 하고 있다는 얘기를 하고 있었고, 사회 현실은 그런 얘기를 전하는 데 계속해서 실패하고 있었다.

이것은 깊고도 심각한 정당성 위기였다. 구성원들에게 끊임없이 거짓말을 하고 있는 문화는 앞으로 나아갈 수가 없으며, 그런 답보 상태는 오래 지속된다. 문화가 '어떤 진실'도 갖고 있지 않다면, 그 문화는 자신이 거짓말을 하고 있을 때도 그러는 줄을 모른다. 그렇게 해서 그 문화는 우연히 진실을 말하는 숫자에 못지않게 많은 거짓말을 자연스럽게 하게 된다. 따라서 우리가 '해체'라는 말을 입에 올리기도 전에 이미 그 문화는 정당성의 위기 속으로 휘말려 들어간다.

문화가 실업과 부의 불평등이라는 문제들에 봉착했을 때는 첨단 과학기술도 전혀 도움이 되지 못했다. 경제학자 토마 피케티Thomas Piketty[8]가 지적했다시피 자본 그 자체가 본래 부자들을 좋아하고 가난한 이들을 싫어하는 속성을 갖고 있다는 사실은 새삼 말할 필요도 없다. 과학기술은 녹색 단계의 문화적 믿음들(좌하 사분면)과 상호 관련된 물질 시스템(우하 사분면)으로 오래 동안 이동해왔다. 녹색 '정보화시대'는 모든 지식이 평등하다고 믿었고, 모든 지식이 완전히 자유로워져야 하고 어떤 검열도 받지 말아야 한다고 믿었다. 흔히 인터넷은 검열을 시스템 장애나

---

8 부, 소득과 불평등에 대해서 연구하는 프랑스의 경제학자.

시스템 우회로 해석한다.

　그러나 검색엔진들은 진실, 선, 아름다움, 포괄성, 깊이, 가치 체계 등의 관점에서가 아니라 그저 인기와 가장 많은 사용 빈도의 관점에서만 지식을 바라봤다. 가치나 사실의 발달 위계에서 바라보지 않았음은 더 말할 필요도 없다. 인터넷에서 진실은 어떤 역할도 하지 못했다. 페이스북은 마침내 자기네 플랫폼에 많은 '가짜뉴스'가 올라와 있다는 점을 인정했으며, 많은 이들이 트럼프가 승리하는 데 그런 점이 도움이 됐다고 주장했다. 페이스북은 그것의 알고리듬이 진실성 여부가 아니라 그저 사용자들의 나르시시즘적인 성향들만을 확인하도록 만들어졌기 때문에 그렇게 했을 뿐이다. 그리고 이제 페이스북은 다른 많은 온라인 뉴스매체들과 더불어 가짜뉴스를 찾아내서 걸러내는 알고리듬을 만들어내야 할 필연성에 직면했다. 하지만 "진리는 없다"라는 배경을 고려해볼 때 그런 일은 예상한 것보다 훨씬 더 어려운 일이 될 것이다.

　가짜뉴스를 가려내는 일이 그리 쉽지 않아 보이는 또 다른 이유는 모든 지식이 맥락에 의존한다고 하는 포스트모더니즘의 부분적인 진실과 관계가 있다. 이 부분적인 진실은 진실임이 맞으며, 통합적 메타이론 속에 완전히 포함되어 있다. 그러나 이 진실이 의미하는 것은 기본적이고 지각운동적인 sensorimotor 사실 fact 들의 현상학적 세계 외에도 적색의, 앰버색의, 오렌지색의, 녹색의, 터콰이즈색의 실재 reality 들 혹은 사실들의 매우 실제적인 real 세계들도 역시 존재한다는 점이다.

　그러므로 콜럼버스가 시도한 최초의 아메리카 대륙 항해와 같은 사건의 경우, 지각운동적 사실은 그 사건이 정말로 1492년에 일어났다고 하는 것이다. 그것은 진실이며, 정말로 사실이요, 지각운동적 혹은 물리적 사실이다. 하지만 "어째서 콜럼버스가 그런 일을 벌였을까?" "그 사건이 원주민들에게 어떤 영향을 미쳤을까?" "그 전반적인 결과들은 어떠했을까?"와 같은 의문들과 관련된 사실의 경우, 존재와 자각의 각기 다른 수준들은 그 답에 관한 각기 다른 맥락과 각기 다른 공동구성물co-construction을 갖게 된다.

따라서 각 수준들은 그 수준의 '실재' 혹은 '사실'을 반영해주는 답을 제공해줄 것이며, 그 각각의 수준이나 단계들은 서로 현격하게 다르다. 당신이 사실의 그런 맥락의 장field에 관해서 관심을 갖고 싶어 하지 않는다는 것은 진실 혹은 사실들을 완전히 부정하는 일이 된다. 그것은 곧 개별적인 어떤 수준이나 모든 수준이 알고 있는 실재들을 부정하는 일이 되기 때문이며, 현재 우리가 살펴보고 있는 재앙이 바로 그런 것이다.

여기서 한발 더 나가, "그래, 좋아. 각 수준의 각기 다른, 그러나 참된 사실들의 성장 위계가 주어졌다고 가정해볼 때, 당신은 무엇이 참으로 진실이라는 걸, 혹은 어떤 사실들이 명실상부하게 참된 사실들이라는 걸 무슨 수로 정확하게 결정하지?"라는 쟁점에 관해 생각해보자. 이것이 대단히 복잡한 쟁점이라는 것은 말할 필요도 없으며, 내가 통합적 메타이론을 권하는 것도 그 때문이다. 통합적 메타이론은 이런 주제를 정확하게, 아주 직접적으로 다루고 있다.

이 쟁점에 관해서는 조금 뒤에 가서 아주 간략하게 다시 다룰 것이다. 지금은 우선, 진실 그 자체 혹은 사실들이 완전히 부정당할 때는 어떤 일이 일어나는가, 인터넷 자체가 어떻게 해서 무관점적 광기라는 이 파괴적인 성향의 먹잇감으로 전락했는가 하는 훨씬 더 구체적이고 더 단순한 쟁점을 다뤄보기로 하자. 그것이 바로 여기서 다룰 쟁점이다.

검색의 장에서 진실이나 선이나 아름다움이 아니라(그중에서도 '진실'은 특히 더 건너 뛰어버리고) 오로지 나르시시즘적인 인기만을 좇는 무관점적인 광기의 바다에서, 구글은 최근에 진실을 무시하거나 왜곡한다는 비난을 받아왔으며, "나는 고발한다!"[9]라고 외치는 이들은 그런 식의 행태에 당연히 놀라움과 우려를 금치 못했다.

캐럴 캐드월러드Carole Cadwalladr[10]는 최근에 〈가디언〉에 게재된 글에서 구글의 검색 알고리듬이 검색 조회 사이트들에서의 응답 수를 기준으로 한 인기도만을 반영하는 것에 불과하다고 지적했다. 거기서 추천해주는 내용이 실제로 진실한가(혹은 선한가, 아름다운가, 통합적인가, 다른 어떤 가치인가, 혹은 오로지 "옹호할 만한 어떤 진실도 없다"는 식의 무관점적 광기만을 표현하는가)의 여부를 확인해주는 기능 같은 것은 없다.

캐드월러드는 자신이, "유태인은Are Jews … "이라고 치고 있을 때, 그 문장을 채 끝내기도 전에 구글의 검색 엔진이 그 뒤에 따라 나올 가능

---

9 19세기 말 프랑스에서 벌어진 국가에 의한 반유대주의적 무고사건인 '드레퓌스 사건'을 비판하며 에밀 졸라가 기고한 공개서한 〈나는 고발한다 J'accuse!〉의 제목을 따왔다.
10 영국 저널리스트.

성이 가장 많은 문장들을 제공해줬고, 그중의 하나가 "유태인은 사악한 가$^{Are\ Jews\ evil?}$"라는 것을 보고 특히 더 기함을 했다. 묘하게도 그녀가 엔터키를 치자 열 개의 가장 일반적이고 인기 있는 응답들로 이루어진 구글의 권위 있는 페이지가 나왔다. 그중의 아홉은 요컨대, "분명히 그렇다, 유태인들은 사악하다"였다.

그녀는 참으로 놀라고 당혹스러워 하면서 이렇게 말했다. "구글은 지식이다. 그것은 우리가 무엇인가를 알아보려고 들어가는 곳이다. 그리고 사악한 유태인은 그저 시작에 불과하다. 내가 '여-자-들-은$^{a-r-e\ w-o-}$ $^{m-e-}$'이라고 치고 있을 때, 구글은 내게 딱 두 가지 선택의 여지를 제공해주는데, 그 첫 번째는 '여자들은 사악한가$^{Are\ women\ evil}$?'다. 나는 엔터키를 누른다. 맞다, 여자들은 사악하단다. 열 개의 답신 모두가 여자들은 사악하다는 것을 확증해준다. 맨 위의 내용을 포함한 모든 답신이 … 맨 위 것은 박스 처리가 되어 있고 강조표시가 되어 있다. '모든 여자는 내면에 어느 정도의 창녀성을 갖고 있다. 모든 여자는 내면에 약간의 사악함을 품고 있다. … 여자는 남자를 사랑하지 않으며, 여자는 남자가 자기를 위해서 해줄 수 있는 것을 사랑한다.'"

도저히 믿을 수 없고 경악스러운 감정이 점점 더 증폭되어 가는 가운데 캐드월러드는 이렇게 써나갔다. "이어서 나는 '이-슬-람-교-도-들-은$^{a-r-e\ m-u-s-l-i-m-s}$'이라고 친다. 그러자 구글은 '이슬람교도들은 나쁜가?'라고 물어야 한다고 권한다. 그리고 그 내용에 커서를 대고 엔터를 치자, 맞다, 그들은 나쁘단다. 맨 위 응답이 그것이고, 다른 여섯은 … 구글은 내게 두 개의 새로운 검색 내용을 제시해줬고, 내가 그 첫 번째로 들어가 보니, '이슬람교는 사회에 해롭다'는 문장이 나온다. 그 다음 대목으로 들어가 보니 '이슬람교는 박멸시켜야 한다'는 내용이 나온다."

그녀의 반응은 다음과 같이 이어진다.

구글은 곧 검색이다. 구글에게 검색은 동사다. 우리가 무엇인가를 알고 싶을 때마다 우리 모두가 늘 하는 일이 바로 그것이다. 우리는 알고 싶은 그것을 구글링해 본다. 그 사이트는 최소한 초당 63,000개 항목을, 하루에 55억 개 항목을 다룬다. 구글이 하나의 회사로서 지향하는 사명, 회사 설립 이래 그 직원들에게 고지해왔고 오늘날 그 회사 홈페이지에 한 줄의 배너로 걸려 있는 전체상은 "세계의 정보를 조직하고, 그것을 보편적으로 접근하기 쉽고 유용한 것들로 만드는 것"이다. 구글은 당신들에게 최상의, 가장 적절한 응답을 제공해주려고 애쓰고 있다. …

유태인들은 사악하다. [여자들은 사악하다.] 이슬람교도들은 박멸시켜야 한다. 그럼 히틀러는? 히틀러에 관해 알고 싶은가? 그럼 구글링을 해보자. 나는 "히틀러는 나쁜 사람이었는가?"라고 쳐본다. 다음은 구글의 최상위 응답이다. "히틀러가 좋은 사람들 중의 한 사람인 이유 열 가지." 나는 그 링크를 클릭해본다. "그는 결코 어떤 유태인도 죽이고 싶어 하지 않았다." "그는 강제노동 수용소들에서 유태인들을 위한 여러 가지 조건에 마음을 썼다." … 이어서 찾아본 다른 열 개의 응답들 중에서 여덟 개가 그런 식으로 의견의 일치를 보이고 있다.

구글이 "세계의 정보를 조직하고, 그것을 보편적으로 접근하기 쉽고 유용한 것들로 만드는" 일을 하고 있지 않다는 것은 더없이 분명하다. 구글은 무관점적 광기의 환경에서 세계의 정보를 교란시키고 있고, 모든 견해가 다 완전히 동등하고 평등하게 정당성을 주장할 수 있는 권리를 갖고 있다(진리가 되고 싶어 하는 것들을 사람들의 인기를 끌 수 있을 만큼 열렬한 나르시시즘과 광적으로 뜨거운 믿음으로 뒷받침해주기만 한다면)고 할 정도로 '다양성'을 극단적으로 밀어 붙이고 있다.

그리고 구글은 그 탈진실과 대안적 사실을 팔아먹는 것으로 밥벌이를 하고 있다. 거짓말 값은 싸지 않다. 그런 집단들과 손을 잡으려면 많은 광고비가 든다. 투표 열기가 화끈하게 달아오를수록 광고비는 더더욱 올라간다. 그것은 "모든 여자는 사악하다"는 식의 믿음을 공유한 집단들이 광고주가 홍보하고 싶어 하는 생산물들에게 동기부여가 아주 잘 되어 있는 활발한 시장을 제공해주기 때문이고, 또 그런 집단들이 '똑 닮은 청중 lookalike audiences'이라고 하는 존재들이기 때문이다. '똑 닮은 청중'라는 표현은 그들이 하나의 메아리방 안에서 하나같이 비슷하게 보이고 생각하는 것도 비슷하다는 데서, "모든 이슬람교도는 박멸시켜야한다"라거나 "모든 유태인은 사악하다"는 식의 하나의 탈진실, 혹은 대체 사실에 너무도 쉽게 동의하는 성향을 가진 데서 나온 말이다.

그런 진술들은 참된 진실과 전혀 닮은 것들이 아니다. 하지만 그런 집단은 살짝 맛이 간 탈진실의 세계에서는 진실로 통용되는 그런 민족중심적 편견들을 열렬히 받아들인다. 그리고 구글은 인간과 로봇을 모두

동원해서 그런 편견들을 가급적 빠르게, 곧 초당 63,000번, 하루에 55억 번이나 세계 전역에 돌려대고 있다.

심상치 않은 항의들 때문에 구글은 그 알고리듬을 일부러 무시하고, 위에 나온 응답결과들의 일부를 이를테면 수동으로 변경시켜버렸다. 분명 스스로의 의지에 의해서가 아니라 아주 시끄러운 항의에 대한 반응으로서 말이다. 그와 유사한 수많은 항목이 스스로 알아서 사라져줄 성싶지 않으니 그런 것들도 역시 항의가 있어야만 없어질까?

구글의 직소 ^Jigsaw^ 사업부는 퍼스펙티브라는 프로그램을 개발했으며, 그 알고리듬은 '유독성', 혹은 누군가를 공격하는 것 같은 글을 감지해내서 그런 것들을 대화의 장에서 몰아내는 데 초점을 맞추고 있다. 하지만 이것은 여전히 진실성 점검이 아니다. 그것은 단지 공격성 점검에 지나지 않는다. 그 둘은 같은 것이 아니다. 거기서 진실성 여부 같은 것은 별 관련이 없는 것 같다.

언론보도들이 〈딜런 루프 ^Dylann Roof^의 잘못된 교육〉(남부빈곤법률센터 ^SPLC^가 제공해준 비디오)이라고 하는 것을 계속해서 보여주는 것은 전혀 놀라운 일이 아니다. 아주 젊은 청년 딜런 루프[11]는 별다른 어떤 이유도 없어 보이는 상태에서 사우스캐롤라이나 주 찰스턴 시의 역사적으로 유명한 에마뉴엘 교회에서 기도하고 있던 아홉 명의 아프리카계 미국인들에게 무차별 총격을 가해서 살해했다.

---

11 사건 당시 21살이었다.

이 특별한 비디오에서 중심적인 대목은 아니지만, 빛나는 선함 때문에 대단히 주목할 만했던 것은 피살자들의 가족 대다수가 그 살해범에게 말과 태도를 통해 직접적으로 보여줬던 그 놀라운, 그리고 더없이 진심 어린 연민이었다. 증오와 원한이 아니라 사랑과 용서의 마음만 어려 있는 연민. 온 국민이 외경심으로 가득 차서 하얗게 질린 얼굴로 지켜보는, 눈물 없이는 차마 보기 힘든 장면에서 희생자의 가족 한 사람 한 사람은 루프를 직접 대면하고 그를 용서해줬다. 여기에는 현재 우리가 논의하고 있는, 적지 않은 증오심이 횡행하고 있는 시대에 대한 한 가지 교훈이 분명히 내재되어 있다.

루프는 인종차별주의나 인종적 증오심의 내력을 전혀 갖고 있지 않은, 어느 모로 보나 아주 품위 있는 집안에서 자라난 청년이었다. 루프는 그 잔혹한 공격을 가하기 직전에 쓴 자신의 온라인 선언서에서 자신이 한 흑인과 한 백인 간의 치명적인 총격전에 관한 소식을 들었고, 그런 사건을 주의 깊게 보기는 그게 처음이었다, 고 썼다. 그리고 "더 중요한 것은 자신이 그 사건 때문에 구글에다 '백인에 대한 흑인의 범죄'라는 표현을 쓰게 되었고, 그날 이후로 자신은 절대로 전과 같은 사람이 아니었다"고 했다.

그는 그 검색 엔진이 계속해서 자신을 "모든 유태인은 사악하다"거나 "모든 이슬람교도는 박멸해야 한다"와 같은 것과 아주 유사한 '사실fact들', 아프리카계 미국인들이 얼마나 난폭한가, 그들이 "멸종시켜야 마땅할 정도로 그 얼마나 타락한 종자들"인가에 관한 '사실들'로 들끓는 이 사이트, 저 사이트로 돌아다니게 했기 때문에 결코 전과 같은 사람이 아니었다.

SPLC는 루프 자신이 말한 바에 의하면, 루프를 그런 범죄를 저지르도록 몰아간 요인의 바탕이 된 건 바로 이 잘못된 정보 자체였다고 주장했다. 그런 점에 대해 우리가 어떤 판단을 내리든 간에 아무튼 SPLC의 말마따나 '진실은 침몰했다'는 것은 분명한 사실이다.

구글은 "구글의 알고리듬이 정보 출처가 얼마나 신뢰할만한가, 평판이 높은가, 권위가 있는가를 고려하고 있다"고 주장하는 것으로 이런 종류의 비난에 대놓고 맞서고 있다. 하지만 "모든 여자는 사악하다" "모든 유태인은 사악하다" "모든 이슬람교도는 박멸해야 한다" "아프리카 계 미국인들은 타락한 종자들이다"(딜런 루프가 "백인에 대한 흑인의 범죄"를 검색해봤을 때 한 웹사이트가 그에게 말했던 것처럼) 같은 진술들이 과연 "신뢰와 평판과 권위" 근처에라도 갈 만한 것들로 보이는가?

그런 주장은 너무도 얼토당토 않은 것인데, 구글은 어떻게 해서 그와 같은 주장을 내세울 정도에까지 이르렀을까? 어떻게 구글은 자신의 검색 알고리듬에 진실성 여부를 선택 기준으로 포함하지 않을 정도로 진실을 싹 깔아뭉갤 수가 있었을까?

하나의 대답은, '탈진실' 문화에서 진실은 그저 참으로 가치 있고 이상화된 항목들의 목록에서 탈락했다는 것이다. 그리고 구글, 페이스북, 가짜뉴스, 대안적 사실(그 모든 것들과 그 이상의 것들)은 이미 파괴적인, 그러나 당연시되는 새 세기의 새로운 도덕의 일부가 되었다. '가짜뉴스'는 새로운 뉴스다.

　나는 캐드월러드의 이야기로 이번 장을 끝낼 참이다. 그것은 사람의 마음을 대단히 심란하게 만드는 결말이다. 캐드월러드는 구글이 본래부터 진실에 대한 관심이 결여된 것 같다는 사실을 발견하고 참으로 염려가 되고 무척이나 당혹스러운 심정이 되어 서치엔진랜드^{searchengineland.}^{com}의 창립 편집자인 대니 설리번^{Danny Sullivan}과 접촉했다. "설리번은 몇몇 교수들이 검색에 가장 정통한 전문가 중 한 사람이라고 추천해준 인물이었다. 나는 그에게 내가 순진한 사람이냐고 물었다. 이런 것이 현실이라는 걸 알았어야 했나요?' 그러자 그는 말했다. '아뇨, 댁은 순진한 분이 아닙니다. 이건 무서운 일입니다. … 구글은 이런 응답들을 전달해주는 더없이 끔찍한 일을 하고 있는 겁니다.' … 그 역시도 놀랐다. … 그는 본인의 컴퓨터에 '여자는^{are women}'이라는 문장을 쳐봤다. '맙소사! 맨 위에 뜨는 응답. 그것은 인기 있는 응답이다. 그런 걸 일러 '즉답^{direct answer}'이라고 부른다. 그런 것은 반박의 여지가 없는 것으로 간주된다. 그것은 구글이 보증해주는 응답이다.' 모든 여자가 내면에 어느 정도의 창녀성^{degree of prostitude}을 갖고 있다는 것이요? '맞아요, 이런 것이야말로 구글의 알고리듬이 대단히 잘못되어가고 있다는 증거입니다.'"

　오늘날의 첨단 대부분이 '참으로 올바른 것'이란 게 대체 무슨 뜻인지를 모르고 있기 때문에 사태가 '대단히 잘못되어가고' 있다. 〈가디언〉은 구글만 그런 게 아니라 페이스북도, 더 나아가 전반적인 인터넷 문화 자체도 그렇다고 지적함으로써 그 글 전체의 의미를 선명하게 각인시켜줬다. "인터넷 메아리 방은 위안이 되어주는 기분 좋은 거짓말에 대한 우리의 욕구를 만족시켜주고 있으며, 21세기의 결정적인 도전 과제가 되었다."

전 세계의 거의 모든 대학이 '진리' 그 자체가 인류 역사상 최대의 단일한 억압적인 힘(이건 농담이 아니라 진담이다)이라고 하는 발상을 중심으로 하는 탈근대적이고 탈구조적인 만능특효약들을 토해내지 않았다면, 어떻게 인터넷이라고 하는 한 아이템이 우리 세기의 "결정적인 도전 과제"가 될 수 있었겠는가?

학계의 녹색 첨단에서 시작된 "진리는 없다"라는 무관점적 광기는 대학에서 튀어나와 엄청나게 다양한 다른 형태들로 변형되었다. 수많은 형태로 탈바꿈한 그런 광기의 예들의 일부를 열거하자면 다음과 같다.

"진리는 없다"라는 직접적인 주장으로부터 시작해서 광적인 평등주의, 자유언론과 규제받지 않는 지식 획득에 대한 과도한 검열, 극단적인 정치적 공정성political correctness(그것은 '청중의 유머 감각이 완전히 결핍된' 이후에 최상급의 코미디언들로 하여금 대학에서 공연하는 것을 거부하게 만들었다. '어떤 가치도 다른 가치들보다 더 낫지 않은' 세계에서는 웃는 것이 허용되지 않는다. 그런 주장의 가치 자체는 더 나은 것으로 여겨졌음에도 말이다), '빈곤의 평준화'를 불러온 극좌의 정치적 의제들, '더 수준 높거나 더 나은' 견해를 찾아보기를 거부하는 평등주의적인 '무無판단'의 태도(그런 견해 자체는 다른 모든 견해들보다 '더 수준 높거나 더 나은 것'으로 판단되었지만 말이다), 여기저기에서 평등주의적인 평면세계flatland를 찬양하는 연예계의 행태,

성장 위계를 지배력 위계로 혼동함으로써 모든 성장 위계를 거부하는 태도(그런 혼동은 그 어떤 곳의 어떤 시스템들에서도 실질적인 발달과 성장에 이르는 모든 길을 효과적으로 분쇄해버렸다), 사실상 제아무리 천치 같은 관점이라 해도 상관하지 않고 가능한 모든 대안적 관점(홀로코스트가 있었다는 사실을 부정하는 관점 같은)에 동등한 시간을 부여해주려는 노력으로 귀결되어버린 미디어의 평등주의적 '공정함'의 감각, '위안이 되는 기분 좋은 거짓말'이 표준(그런 표준은 매일 아이들에게 거짓말하는 법과 진실을 사회적으로 조작해내는 법을 가르치고 있다)으로 통용되는 메아리 방과도 같은 소셜미디어 등이 그렇다.

그런 풍조가 진화의 첨단 자체에 흠뻑 배어들면서 그 첨단을 수행 모순에, 분명히 드러나거나 숨겨진 형태의 광범위한 무관점적 광기 속에 빠져들게 했으며, 이내 니힐리즘과 나르시시즘, 탈진실 문화 전체가 그런 광기를 조장하고 부추겼다. 그리고 그런 문화는 심지어 인터넷에까지 침투해서 그것을 엄청나게 뒤틀어 놓았다. 문화 전반의 전체적인 정보망 자체가 그렇게 엉망인 상태에 빠져들었으며, 그런 결과를 빚어낸 힘이야말로 우리가 한 첨단(건강한 것이든 불건강한 것이든 간에)이 갖고 있으리라 예상하는 깊고도 광범위한 유형의 영향력이었다.

그런 풍조는 참으로 우리 세기의 결정적인 문제가 되었다. 왜냐하면 애초에 행동 지침이 되어줄, 쉽게 접근할 수 있는 진실이라는 방위^{方位}가 존재하지 않는다면, 다른 어떤 문제도 제대로 제기할 수 없기 때문이다. 지금 세계는 이 참혹한 황무지 한가운데서 멈춰서 있다.

2부

영역

르상티망:
진실도 없고 일자리도 없다

본질적으로 녹색 정보화시대는 인공지능[AI]을 통해서 인간이 생각하는 방식을 흉내 내기 시작했으며, 그 덕에 사람들이 평소 해왔던 많은 일을 해낼 수 있는 로봇을 생산하기 시작했다. 옛날에 로봇은 재고품 저장, 온라인 주문, 용접, 일관작업 노동 같은 단순 노동을 맡았으나 점점 더 복잡한 일, 즉 대부분의 금융투자, 회계, 뉴스기사, 중간 관리 일, 나아가 트럭 운전과 그 밖의 모든 운전 일뿐만 아니라 의학적 진단과 간호사 일, 심지어는 외과수술 같은 것까지를 포함한 많은 복잡한 일들에까지 손을 댈 것이다.

한 싱크탱크는 2050년 무렵이 되면 오늘날 일자리의 약 50퍼센트를 로봇이 맡게 될 거라고 추산했으며, 또 다른 싱크탱크는 2020년만 되어도 오늘날 일자리의 47퍼센트를 로봇이 차지하게 될 거라고 추산했다.

오늘날 일자리의 절반가량이 사라진다는 얘기다. 현존하는 인공지능 전문가치고 그것이 단지 시작에 불과하다고 생각하지 않을 사람은 한 사람도 없다.

한편, 지난 삼사십 년 동안, 중위소득은 줄곧 제자리걸음을 한 데 반해 평균소득은 크게 증가했다. 그것은 급여 수준의 최상단을 차지하는 개인들(이른바 '1퍼센트'의 사람들)은 떼돈을 버는 반면 인구의 대부분에 해당하는 나머지 사람들의 소득은 정체해 있거나 사실상 줄어들었다는 것을 뜻한다. 이것은 첨단의 또 다른 비참한 실패다. 문화를 침체상태에 빠트리는 게 아니라 효과적으로 이끌어줘야 할 첨단이 마땅히 해야 할 일을 제대로 하지 못했다는 것이다.

인공지능이 계속해서 가차 없이 발전해나감에 따라서 아마도 백 년 안에 인간이 하던 거의 모든 일을 로봇이 맡게 될 것으로 보인다. 이것은 사실상 아주 근사한, 거의 유토피아에 가까운 결과다. 결국, 태초 이래 노동은 인간에게 내려진 피할 수 없는 저주로 간주되어오지 않았는가. 인류는 항상 노동을 모든 인간이 어쩔 수 없이 감내해야 하는 필요악으로 여겨왔으며, 따라서 많은 경우 인간은 노예제도 같은 것을 만들어 냈거나 그 고약한 노역을 외주로 돌리려고 시도해왔다. 그리고 이제 드디어 과학기술이 최종적으로 그 악을 근절시킬 것으로 보인다.

그러나 인구의 거의 100퍼센트가 노동으로부터 해방된다는 목표에 실제로 이른 시대는 수십억의 인류가 엄청난 고통을 겪는 시대가 될 것이다. 수많은 사람이 생계를 유지할 수 있는 방편이 없는 상태에서 일자리를 잃기 때문이다. 실리콘밸리(실리콘밸리는, 그것이 인정하든 않든 간에, 가급적 빨리 많은 사람을 실직 상태로 만들기 위해 최대한 부지런히 일하고 있다)는 모든 사람에게 기본소득을 보장해주는 것 같은 조처가 조만간 마련될 것이고 그렇게 하는 것이 반드시 필요하다는 것을 논의의 여지가 없는 신조로 여기고 있다. (모든 사항을 동등하게 고려해준다면 나는 분명 그런 신조에 동의한다.)

한편, 녹색의 '진리 부재'와 기술-경제적인 '일자리 부재'라는 양자 모두의 첨단은 소리 없이 들끓는 분노, 니체가 '르상티망^{ressentiment}'이라고 부른 엄청나게 격한 감정을 빚어냈다. 르상티망은 영어의 'resentment(분노, 원한)'를 뜻하는 프랑스어이다. 니체는 특히 그것을 '평등주의적' 신조들을 동반하는 경향이 있는(현실에서는 모든 것이 완전히 '동등'하지 않거나 '동등'할 수가 없고 거의 항상 '더 낫거나 더 못한' 실체들이 존재하기 때문에 녹색은 그런 현실에 몹시 분개하고 있고, 통합 이론가들이 종종 '저열한 녹색 밈'이라고 부르는 야비하고 보복적인 태도로 반응하곤 한다) 비열하고 사납고 저급한 유형의 태도를 의미하는 말로 썼다.

그러나 대체로 '르상티망'이란 개념은 점차 증폭되기 시작한 분노에 적용되는 말이며, 그 분노는 문화 속에 깊숙이 스며들기 시작한 혹심한 정당성 위기에서 비롯되었다(정당성 위기 자체는 주로 파탄지경에 이른 녹색 때문에 생겨났다). 사람들은 어디에서나 자기네가 완전히 평등하고 직접적이고 완전한 권한을 누릴 자격이 있다는 말을 듣지만, 그런 권한에 실질적으로 접근할 수 있는 수단은 어디에서나 다 막혀 있다. 사람들은 숨

이 막혀 헐떡거리고, 고통 받고 있고, 몹시 성나 있다.

다른 한편으로, 녹색 첨단은 어디에서나 거의 모든 소수파에게 마음을 쓰면서 억압적으로 보이는 것이 발견되기만 했다 하면 그것을 바로잡는 일에 몰두했다. 이런 목표는 분명 고상하고 아주 훌륭한 것이다. 하지만 이제는 기능 장애 상태에 빠진 광적인 녹색이 그 목표를 터무니없다고 할 만큼 극단적인 양상으로, 그 반대자들이 조롱 투로 '정치적 공정성political correctness'이라고 부르는 방식으로, 몰고 갔다. 그런 흐름은 이제 대단히 큰 반향을 불러일으키는 것이 되어 사회정의의 옹호자(여기저기에서 억압적인 요소가 없나 추적하고, '방아쇠' 또는 '미세한 공격'을 찾아다니고, '안전지대'를 만들어내는) 대對 통제 불능 상태의 정치적 공정성의 반대자라고 자처하면서 수정헌법 1조인 표현의 자유를 옹호하고, 사상과 열린 지식의 자유로운 추구 능력 자체를 파괴하려 드는 과민한 자유주의적 박애주의자들에 반대하는 이들 간의 정치적 대치국면이 조성되었다. (내 입장은 양쪽 모두가 부분적으로만 진실하다고 보는 쪽이며, 이에 관해서 나중에 설명할 것이다)

그러나 정치적 공정성의 극단적 양상들은 정말로 극렬해졌다. UCLA에서는 대학원 시험 때 한 교수가 철자법과 문법을 수정해줬다고 해서 학생들이 정식 연좌시위를 했다. 학생들은 교수의 그런 행위가 공포 분위기를 조성했다고 주장했다. 진실이 존재하지 않을 때는 분명 어떤 한 사람의 철자법 방식을 다른 사람에게 강요하는 것은 억압적인 권력 행사다. ("네게 맞는 철자법은 네게 맞는 것이고, 내게 맞는 철자법은 내게 맞는 것이다" 같은 모양새.) 한 페미니스트 모임에서 첫 번째로 연설한 이가 큰 박수갈채를 받은 뒤 한 여성이 그 박수갈채 때문에 본인의 마음이 불안해졌다고 발언하자, 거기 모인 사람들은 표결 끝에 그 회의가 끝날 때까지 박수갈채를 금한다는 결정을 내렸다.

이런 것들은 극단적으로 취급된 한 사람의 과민성 케이스들에 불과하다. 그런데 그 사람을 단지 정서적인 문제를 안고 있는 사람으로 보지 않고 '희생자'로 규정해버리고 나면 나머지 모든 사람이 그 사람의 나르시시즘적인 변덕에 일일이 응해줘야만 한다. 다시 말하지만, 첨단에서 니힐리즘과 나르시시즘이 들어설 자리는 없다. 첨단이 제대로 기능하려고 한다면 말이다.

대학 캠퍼스에서의 상황이 그렇게 고약하게 돌아가는 바람에 크리스 록Chris Rock(아마 미국에서 가장 웃기는 사람일)과 제리 사인필드Jerry Seinfeld(역사상 가장 성공한 TV 코미디언인) 같은 진정한 천재들을 포함해서 가장 재능 있는 코미디언들의 상당수가 캠퍼스 공연을 전면 중단했다. 그들은 대학 캠퍼스에서 "유머감각이 완전히 사라졌다"고 말했으며, 그 때문에 거기서는 더 이상 공연을 하지 않기로 했다. 지나치게 과민한 평등주의가 지배하는 곳에서 어떻게 사람을 웃기는 일이 가능하겠는가.

재능 있는 코미디언들이 어떤 상황에 대해서 더 이상 코멘트조차도 할 수 없는 상황이 되었을 때는 뭔가가 대단히 잘못 돌아가고 있는 것이다. 본래 독재정권의 전형적인 행태들 가운데 하나가 유머를 억압하는 것인데, 이번 경우는 보수주의자들이 아니라 진보적인 사람들이 그런 짓을 하고 있다! 즉, 얼치기 민족중심적 전제주의로 계속해서 퇴행해가는 타락한 녹색이 '웃음 금지!'를 명하고 있는 것이다. 극단적인 정치적 공정성은 과도하게 미쳐 돌아가는 무관점적 광기에 불과한 것일 따름이다.

그렇게 해서 우리는 문화적 진화 자체의 녹색 첨단이 궤도에서 이탈하여 심각하게 역기능적이고 불건강한 것이 되었고, 전염병적인 무관점적 광기로 귀결된 수행 모순에 의해 뒤통수를 얻어맞은 몇 가지 사례를 목격했다. 그런 상황에서 진화는 모종의 자기 교정 조처들을 취할 필요가 있다는 것을 깨닫는다. 그런 조처들은 꼭 필요한 교정으로 보이지 않을 공산이 크며, 참으로 충격적인 모습으로 나타날 수도 있다.

그러나 진화가 이미 심하게 망가진 첨단의 바탕 위에서 앞으로 나가려고 몸부림을 치는 것만큼 충격적으로 보이는 것은 다시없을 것이다. 그런 재앙의 양상들은 계속 증폭될 것이다. 첨단으로서의 녹색은 이미 붕괴했고, 진화 자체는 그 피해를 스스로 바로 잡으려는 과정에서 광범위한 '반反 녹색' 분위기를 띨 수밖에 없었다.

도널드 트럼프에 관해서 단 하나 진실인 것(그를 본인의 성차별주의보다도 더, 인종차별주의보다도 더, 외국인 혐오증보다도 더 그를 그답게 규정해준 다른 어떤 단일한 특성보다도 더)은 그의 입에서 나온 모든 말이 죄다 반 녹색이었다는 사실이다.

발달 단계와 정당

그런 사실은 트럼프의 반 녹색적 발언들이 대체로 녹색 이전의 세 주요 단계들 중의 하나(혹은 그 이상)에 동조하고, 에너지를 불어넣어줬을 가능성이 있다는 것을 뜻한다. 그의 발언은 오렌지색의 세계중심적 단계 (성취, 장점, 진보, 우수함, 이익)를 활성화시켰을 수 있다. 그것은 앰버색의 민족중심적 단계(인종차별, 성차별, 외국인 혐오, 반反 이민, 테러에 대한 과민함, 동성애 혐오, 과도한 애국심)를 작동시켰을 수도 있다. 혹은 적색의 자기중심적 단계(전前인습적, 이기적, 자기 홍보적, 나르시시즘적 성향들)를 작동시켰을 수도 있다.

이제 그의 발언들이 실제로 어떤 단계를 활성화시켰는가를 논의해보기에 앞서 우선, 주요 정당들이 인간발달의 그런 주요 단계들의 면에서 어디에 정렬해 있는가를 살펴보기로 하자. 어느 정당이 보수적/전통적이냐 자유주의적/진보적이냐를 따져보는 서로 다른 많은 변수들이 있다. 그리고 이런 변수들은 AQAL 매트릭스matrix 모형[1] 전체에 걸쳐 있다.

그러나 가장 단순화된, 그리고 수준level들에만 초점을 맞춘 방식으로 따져볼 때 원래의 진보적 정당은 서구 계몽운동과 함께 탄생했으며, '좌파'라는 이름은 그저 프랑스 의회에서 그런 성향의 의원들이 의사당 좌측에 앉았다는 사실에서 비롯되었을 뿐이다. 좌파가 대표했던 것은, 그

---

1 켄 윌버의 제 5기 모형.

리고 그것을 역사에서 근본적으로 새로운 정치 운동으로 만들어준 것은 발달 수준들 중에서 새로 출현한 오렌지색의 합리적이고 세계중심적이고 성과중심적이고 탈신화적이고 탈종교적이고 친과학적이고 진보적인 발달 수준이었다.

새로 등장한 이 좌파 운동은 모든 사람의 평등한 권리와 정의, 노예제도 폐지, 많은 폐해를 끼쳐온 종교 신앙의 종말(볼테르가 내세운 계몽운동의 슬로건은 "그 무수한 잔혹행위들을 기억하라!"였다. 기독교 교회가 사랑하는 하나님의 이름으로 수백만 명에게 가한 끔찍한 잔혹행위들을 잊지 말라고. 그리고 좌파는 대체로 근대 이전의 신화적 종교의 종말을 부추겼고 그것을 근대의 합리적 과학으로 대체하려고 했다)을 지지했으며, 개인의 권리와 표현의 자유를 옹호했고, 군주제가 종말을 고하고 민주주의적 통치 형태가 시작되면서 그런 대세를 따르는 정부를 전폭적으로 지원했다.

통로 우측에 앉아 좌익과 맞섰던 낡고 전통적인 '우파' 정당은 기존의 전통적이고 인습적인 사회를 믿었고, 그런 사회를 위해서 작동해온 통치형태, 그 사회가 강력하게 지탱해온 전통적인 종교 신앙, 군주제와 귀족적인 상류계급과 농노와 노예를 비롯한 사회구조를 신뢰했으며, 그 모든 것은 가부장적인 토대와 아울러 신화적이고 종교적인 색채가 짙은 토대를 기반으로 하고 있었다.

다음 몇 백 년 동안 이 두 주요한 정치신념들(휘그당과 토리당, 민주당과 공화당 등)은 통치권을 두고 경쟁했다. 그러다 우리가 이미 목격했던 것처럼 1960년대 들어 근본적으로 다른 새 발달 단계가 출현하기 시작했으며, 이 새로운 단계는 대단히 다른 유형의 정치 신념을 만들어냈다.

그것은 바로 녹색의 출현이었으며, 이런 정치적 관점을 지닌 이들은 그때까지 남아 있던 소외된 집단에 대한 모든 억압을 끝장내는 일에 전력투구했다. 그들은 환경에 대한 온갖 위협에 맞서 환경을 보호하는 데 엄청난 노력을 기울였다(그들은 종종 그 이전의 오렌지색 근대/자본주의 단계의 기업 경영 및 이윤 지향성과 충돌했으며, 지속가능한 경제를 역설했다). 그들은 모든 형태의 페미니즘을 지원해줬으며(오렌지색도 페미니즘을 옹호했으며, 원래 페미니즘의 원조는 오렌지색이었다. 하지만 녹색은 열성적으로 페미니즘에 매달렸고, 블랙팬서 Black Panthers [2]에서 블랙 라이브즈 매터 Black Lives Matter [3], 성소수자 권리 LGBTQ [4] rights에 이르는 다른 모든 반 압제 운동에도 적극적으로 참여했다). 그들은 개인의 표현 자유가 어떤 소수자 집단에게 피해를 준다고 할 때는 그 자유를 제한하는 데 찬성했다.

오렌지색과 녹색은 둘 다 세계중심적 단계에 속했지만, 그 밖의 면에서는 서로의 이해관계가 엄청나게 달랐다. 인간 발달의 중요한 한 새 단계가 추가됨으로써 두 주요 정당은 각기 상당한 정도의 내적 혼란에 휘말려 들어갔다. 진보적인 좌파는 바로 진보적이라는 이유로, 혹은 진화의 새로운 전개 양상을 따르려는 성향을 가졌기에, 이제 계몽운동의 기본적인 원래 가치들 대 對 새로이 등장하고 있는 새 가치들 사이에서 분

---

2 1960년대 결성된 급진적 흑인 인권 운동 단체.
3 '흑인의 목숨도 소중하다.' 정부와 경찰의 공권력 남용에 대한 항의로 시작된 흑인 인권 운동.
4 레즈비언 Lesbian, 게이 Gay, 양성애 Bisexual, 트랜스젠더 Transgender, 자신의 성 정체성에 의문을 지닌 사람 Questioner의 머리글자를 모아 만든 약자.

열되었다.

계몽운동이 추구했던 가치들로는 개인의 권리와 자유freedom, 생명과 자유liberty와 행복 추구라는 보편적 가치들, 교회와 국가의 분리, 표현의 자유를 포함한 개인의 전반적인 자유에 대한 강조를 들 수 있다.

이에 반해 새로이 태동하는 녹색의 새로운 가치들은 전체적으로 보아 오렌지색의 자유보다 녹색의 '평등'을 훨씬 더 강조하며, 따라서 집단의 권리를 강조하고 개인의 권리가 어떤 식으로 해서든 소수자 집단을 제외시키거나 심지어 해칠 우려가 있을 때는 그 권리를 제한하는 쪽에 역점을 두고(만일 표현의 자유가 어떤 집단의 감정을 해치는 것 같을 경우에는 표현의 자유를 기꺼이 제한할 용의를 갖고 있어 미국 수정헌법 제1조에 직접적으로 도전하는 자세를 지닌 것을 포함해서), 지구 평등earth equality!과 환경보호(설사 그것이 인간의 자유를 침해할 가능성이 있다고 할지라도)를 강조하고, 소외된 집단들을 비슷한 자격이 있는 다른 집단들보다 더 적극적으로 밀어준다(가끔 실질적인 쿼터를 주거나 최소한 옹호해주는 행동이라도 하는 것을 포함해서).

이 두 가치 세트는 같은 세계중심적 운동장5에서 애매하게 뒤섞여 있었다. 하지만 세부적인 면으로 들어갔을 때 그 두 세트는 종종 밤과 낮처럼 극명하게 엇갈렸다. 그 시점 이후로 좌파(그리고 민주당)는 근대적 오렌지색 대 탈근대적 녹색이라는 두 가지 주요한 가치 세트 중의 어느

---

5 worldcentric ballpark, 월드시리즈 볼파크 야구장과 비슷한 표현으로 말장난을 하는 것.

것이 실제로 정책을 결정하는가 하는 것 때문에 내적인 투쟁에 말려들어갔다. 이런 렌즈를 통해서 보는 그 누구에게도 아주 명백해 보이는 그 전쟁은 아직도 지속되고 있다.

그와 같은 일이 우파(그리고 공화당)에서도 일어나고 있었다. 좌파들의 경우에서보다는 강도가 좀 약하긴 했지만 말이다. 우파의 근본 바탕은 늘 앰버색이었고, 따라서 그들은 진보주의자들의 신념보다 민족중심적인 색채가 더 강한 신념들을 갖고 있었다. 옳건 그르건 간에 그들은 진보주의자들보다 더 인종차별적이고 성차별적이고 초 애국적이고 민족주의적이고 가부장적이고 군국주의적이고 외국인과 동성애를 혐오했으며, 종교적 근본주의 혹은 '신화-직역적' 성향은 훨씬 더 강하다고 알려져 있었다. 그리고 그들은 종종 그런 가치들을 공공연히 옹호했다.

그러나 진화 그 자체의 흐름이 상 방향으로 전환되면서 새로운 한 수준이 추가되자 우파의 첨단도 한 단계 더 올라갔다. 좌파가 그 오렌지색 바탕에 녹색 지류를 추가했을 때, 우파는 그 앰버색 바탕에 오렌지색 지류를 덧보탰다. 사람들은 우파의 이 새 집단을 종종 '월가의 공화당원들'(그들이 오렌지색 진보와 성취와 이윤을 끌어안은 것을 반영해주는)이라고 불렀으며, 그 때 이후로 그 집단은 과거에 오로지 계몽운동 혹은 '옛old' 자유주의자들만이 끌어안았던 많은 가치들을 적극적으로 포용했다. 그 집단이 갖고 있는 새로움 때문에 사람들은 가끔 그들을 '신보수파neoconservative', 혹은 줄여서 네오콘이라고 불렀다.

그런 정치 운동은 대기업, 대기업과 그 오렌지색 이윤을 뒷받침해줄 것들을 열렬히 환영했다. 그 운동은 세계중심적인 개인의 권리를 위해 민족중심적 성향의 '진보적' 집단행동 및 '정체성 정치'와 맞서 싸웠다. 그것은 녹색이 세계중심적인 성향에서 민족중심적 성향으로 계속해서 퇴행하는 것을 너무나 자주 봐왔다. 그 운동은 정부를 엄청나게 싫어했는데 그 이유는 녹색의 평등주의적 권리들과 대규모 사회보장 정책을 추진하는 진보주의자들이 정부를 운영하는 경우가 너무나 많았기 때문이다. 그 운동은 자유방임주의libertarianism에 가까운 열정을 갖고서 정치적 공정성에 맞서서 표현의 자유를 옹호했다.

공화당도 민주당과 마찬가지로 진화 자체의 전반적인 흐름을 반영하면서 두 개의 주요한 진영으로 분열되었다. 이 경우에는 강력한 앰버색의 민족중심적 단계에 해당하는 '본래의' 혹은 '낡은' 우파와 오렌지색의 경영-이윤-개인주의적 권리를 옹호하는 세계중심적 단계에 해당하는 '새' 우파New Right로 나뉘었다.

고용 문제에서는 오렌지색 민주당원이든 녹색 민주당원이든 간에 아무튼 민주당원들은 앰버색과 오렌지색을 망라한 공화당원들만큼 친기업적이지 않다는 점이 드러났다. 좀 더 세부적으로 파고 들어가보면, 민주당과 공화당 양쪽 모두의 오렌지색 진영들은 자기네의 실질적인 의식 수준을 반영하듯이 대체로 월가를 지지한 반면, 녹색의 진보 진영은 종종 더 사회주의적이고 반자본주의적이고 반 오렌지색의 의제들을 갖고서 월가에 반대했다. 회사 경영진과 노동자들 간의 실질적인 대립상태가 조성될 때, 세계중심적 '대중'의 편인 민주당원들은 전통적으로 경영

진과 맞선 피고용인들과 노동조합을 옹호했지만, 녹색 첨단의 지속적인 실패 때문에 전형적인 노동자들은 결국 자기네가 민주당의 지지를 받는다는 느낌을 전혀 받지 못했다.

사실, 2016년 대선에서 특히 직위가 낮은 피고용인들은 실질적으로 트럼프를 지지했다. 트럼프는 실제로 그 집단에게 추파를 던졌다. 그것도 아주 민족중심적인 방식으로 그렇게 했다. 그는 국내에서는 일자리를 보호해주고, 해외로 나간 기업들은 응징하고, 해외 기업들의 생산품이 국내에 들어오면 무거운 관세를 물리면서 "미국을 다시 위대하게 만들자"고 말했다. 그의 그런 주장은 초애국적이고 민족중심적이고 속속들이 앰버색인 것에 해당했다. 사람들이 종종 지적했다시피 고등학교만 졸업했거나 그 이하의 학력을 지닌 백인들의 70퍼센트가 트럼프에게 표를 던졌다.

트럼프가 민족중심적 성향인 사람들을 집중공략하면서 백인 유권자들의 60퍼센트 정도가 그를 지지했으며, 그 지지자들 가운데는 53퍼센트라는 놀라운 비율의 백인 여성의 표가 포함되어 있었다. 최근의 기억만을 놓고 볼 때 어떤 공화당 대선 후보도 백인 여성들에게서 그렇게 높은 지지를 얻어내지 못했다. '학력이 낮은' 여성들뿐만 아니라 대학을 졸업한 백인 여성들 중의 45퍼센트도 트럼프를 지지했다.

민족중심적 단계의 신화―직역적인 사람들(혹은 복음주의자들)의 경우 그 유권자들 중의 80퍼센트 이상이 트럼프를 선택했으며, 이것은 특히 어떻게 해서 신앙이 진실을 '트럼프'했는가^{trumped 6}를 제대로 보여주고 있다. 왜냐하면 '두 코린트 사람^{Two Corinthians 7}' 트럼프에게 종교적인 성향은 거의 없기 때문이다.

여기서 중요한 것은 세계관의 발달 단계들이라는 이러한 배경적 요소들이 이 모든 현상에서 어떻게 숨겨진, 그러나 막강한 영향력을 행사했느냐 하는 점이다. 스스로를 성난 ^{angry} 유권자로 규정한 이들 가운데 81퍼센트가 트럼프에게 표를 던졌으며, 그 가운데는 학력이 낮거나 소득이 낮은 이들만 포함된 것이 아니었다. 사실, 트럼프에게 표를 준 유권자들의 중위 소득은 7만 1천 달러였다.

요컨대 놀랍게도, 미국 인구의 60퍼센트를 차지하는 민족중심적(혹은 자기중심적) 단계에 속하는 이들 가운데 대다수가 트럼프를 지지한 듯하다. 그들 가운데 많은 이가 트럼프는 자격미달이고(60퍼센트), 여성을 함부로 취급하고(55퍼센트), 심지어 불안정하기까지 하다(45퍼센트)고 지적했다. 그럼에도 그런 이들의 다수가 트럼프에게 표를 줬다.

분명히 뭔가 다른 요인이 작용하고 있었다. '변화'를 바란다고 표현한 이들의 70퍼센트라는 놀라운 비율의 사람들이 트럼프를 지지했다. 변화 주체의 대다수가 트럼프를 지지했다고? 관례상으로 볼 때 아주 진보적인 추세로 보인다. 그렇지 않은가? 스스로를 '성나 있다'고 표현한 이들

---

6 'trump'라는 단어가 '이기다'라는 뜻의 동사로도 쓰이는 것을 활용한 말장난.
7 성경의 '고린도후서'는 영어로 'Second Corinthians'인데 트럼프가 미국의 유명한 신학교인 리버티대학교에서 수천 명의 학생을 앞에 두고 'Two Corinthians'라고 잘못 말해 웃음거리가 된 것을 비꼬는 별명.

의 총 81퍼센트가 트럼프를 지지했다. 놀랍지 않은가? 우리는 복음주의자들의 80퍼센트가 트럼프를 지지했다는 것을 알고 있다. '나라가 잘못가고 있다'고 주장한 이들의 절반 가까이가 트럼프를 지지했다. 그런 엄청난 숫자가 대체 어디서 나오고 있는 것일까? 우리가 그런 집단들 중의 어느 하나를 설명하는 데 사용하는 거의 모든 요인이 다른 집단들은 제대로 설명해주지 못한다.

그러나 그런 유권자 집단들 모두를 설명해주는 것은 각 유권자 집단 자체를 움직이게 하는 개별적인 요인에 더해서 그 집단들 모두에서 작동하는 또 다른 요인, 추가적인 한 가지 요인이 존재했다는 점이다. 그 집단들 혹은 영역들 전체를 통해서 울려 퍼지는 막강한 반 녹색장^{anti-green field}이 바로 그것이다. 매일 요란하게 터져 나온 트럼프의 공격적인 반 녹색 감정들은 하나의 특별한 공격을 더 추가해준 셈이었다. 그가 종종 과도하다 할 정도로 엄청나게 쏟아 부은 그 공격은 그런 영역들 각자를 대단히 활성화시키고 강화시켜줬으며, 그 영역들에 속한 이들의 트럼프지지 비율을 훨씬 더 높여줬다.

반 녹색 형태장^{morphic field}은 아주 폭넓은 후광과도 같았고, 트럼프는 그 후광에 힘입어(의식적이거나 합리적인 결정으로서가 아니라 그저 대단히 폭넓은 은밀한 직관에 의지해서) 승리를 향해 내달려갔으며, 그 승리는 그의 원래 지지자들을 포함해서 거의 모든 이를 깜짝 놀라게 했다. 트럼프가 적색을 활성화시키고 그것에 직접 호소했는지, 아니면 앰버색이나 오렌지색에게 그렇게 했는지의 여부를 떠나, 아무튼 그는 그런 식의 노력에 더해 항상 반 녹색의 분위기도 역시 타고 갔다.

이제 이 반 녹색장을 좀 더 면밀히 살펴볼 때가 되었다. 만일 그것이 참으로 트럼프 승리의 무엇보다 중요한 핵심적인 요소라고 한다면, 그 것을 이해하는 일이야말로 참으로 효과적인 대응책들을 결정하는 것을 도우려 할 때 꼭 필요한 일이 될 것이다. 그것을 이해하는 데 실패한다면, 그리고 그저 '반대하거나 저항하는 자'의 역할만 하는 것으로 그친다면, 우리는 진화의 자기 교정 기능이 뛰어넘으려고 하는 바로 그 바퀴자국만 따라서 움직이는 일을 거듭하게 될 것이다. 요컨대 우리 자신은 진화가 극복하려고 시도하는 것의 일부가 되고 말 것이다.

5

반 녹색장의
파동

—

—

트럼프에게 표를 준 거의 모든 사람이 공통적으로 갖고 있었던 것은 분노였다. 그들은 정부 엘리트이건 대학 엘리트이건, '해안에 거주하는[1]' 엘리트 건 가리지 않고 모든 문화적 엘리트에게 분개했다. 그리고 그들은 앙갚음하고 싶어 했다. '앙갚음'이 적절한 표현은 아닐지 몰라도 아무튼 그들이 느끼는 심정과 대략 비슷한 말이다. 내가 주장하고 있다시피, 이 모든 현상 속에는 또 다른, 매우 강력한 숨은 흐름이 내재되어 있었고, 그것은 바로 반 녹색 형태장, 곧, 깊이 곪아터지고 기능장애 상태가 되어버린, 그리고 녹색 단계에 이른 인구의 25퍼센트 정도에 해당되는 이들에게조차도 도움이 되지 않는 첨단이 불러일으킨 적대적인 반응

---

1 부유층.

과 거부 성향이었다.

 "진리는 없다"는 녹색의 그 대단히 자기모순적인 성격은 진화 그 자체의 첨단을 붕괴시키고 정체시키고 궤도에서 이탈하게 했으며, 진화는 상처받고 혼란에 빠지기는 했지만 본질적으로 지혜가 뒷받침해주는 일련의 움직임 속에서 뒤로 물러서서 스스로를 재편성하고, 앞으로 나갈 길을 찾고 있었다.

 진화의 그런 모색 속에는 앰버색의 민족중심적 파동을 활성화시키는 일도 포함되어 있었다. 그 파동은 본래 반 녹색적 성격을 가진 것에 더해서 항상 현존해왔고 매우 강력했지만, 백여 년 전 무렵부터 처음에는 오렌지색이, 그 다음에는 녹색이 첨단으로 등장하면서 사회에 대한 직접적인 통제권을 대체로 거부당해왔다. 비교적 흔히 일어나는 일로서, 공화당이 권력을 차지했을 때, 그 당은 대체로 오렌지색 성향을 띄었다. 필수적인 앰버색 민족중심적 하위 신조들을 갖고 있긴 했지만 세계중심적인 언어로 이야기하는 오렌지색 성향을 말이다.

 하지만 트럼프는 사람들의 기억 속에 남아 있는 어떤 정치인들과도 다르게 앰버색의 예민한 부위를 직접적으로 자극했으며, 그의 입에서 튀어나오는 모든 반 녹색 감정은 앰버색에서의 점수를 올리는 데 도움이 되었다. 그는 문자 그대로, 의도적으로 앰버색 민족중심적 용어들을 구사했다. 그는 얇은 베일로 가려진(조금이라도 가려진 요소가 있다고 한다면) 인종차별적, 성차별적, 노골적으로 가부장적인, 초 국수주의적인, 여성혐오주의적인, 대외강경론적인 용어들을 쏟아냈고, 그 때문에 비평가들은 문자 그대로 입을 딱 벌렸다.

사람들은 트럼프의 입에서 나오는 얘기들을 좀처럼 믿을 수가 없었다. 특히 첨단 앞에 가로놓여 있는 완전한 교통체증 상태를 알 수 없었기 때문에 더 그랬다. 첨단 앞에서는 발달의 스펙트럼 전체에 걸쳐서 울려 퍼지고 있었던 무관점적 광기가 횡행하는 가운데 방향성이 완전히 무너진 상태였다. 트럼프는 민족중심적이었을 뿐만 아니라(사실은 전적으로 민족중심적이었지만), 모든 언행이 대단히 반 녹색적이기도 했다. 트럼프 자신의 반 녹색적 기류는 첨단 자체로부터 발산되는 강력한 반 녹색 파동을 제대로 포착해냈다.

트럼프의 반 녹색 충동은 진지하게, 드넓게, 멀리까지 내달려간다. 비록 그는 이런 어떤 점도 의식적으로 알아차리지 못하고 있기는 하지만 말이다. 그의 제안들은 적색이거나 앰버색일 때도 있고 오렌지색일 때도 있지만, 그와 동시에 항상 반 녹색이기도 하다. 그 제안들이 적색이든 앰버색이든 오렌지색이든 간에 그것들 모두가 공통적으로 갖고 있는 것은 바로 반 녹색이다. 그리고 그것들 모두는 부분적으로, 기능적이고 자기조직적인 진로를 찾고 있는 진화의 이러한 반 녹색적 자기 교정 충동에 의해서 에너지를 얻고 있다(진화는 또 이런 단계들 각자가 국가의 전반적인 논의에 실질적으로 참여하게 해주고, 그 단계들의 어떤 것도 그저 '한심한' 것이라는 식으로 부정하고 조롱하지 않는 길을 모색하고 있기도 하다).

앞으로 곧 살펴보게 될 테지만, 앰버색은 아주 오랫동안 그것을 부정해온 더 큰 사회 속에 통합되는 길을 찾아야 했기에 활성화되었다. 앰버색의 특정한 어떤 움직임들 자체가 진화의 전반적인 자기 교정 충동의 일부가 아니고, 앰버색 자체의 활성화가 바로 그런 충동의 일부라는 얘기다. 앰버색은 자기 목소리를 들어주기를 절실히 바라고 있다. 만일 진화가 '초월하고 포함하려는', 그것의 기능적이고 자기조직적인 전반적인 충동으로 되돌아가려고 한다면, 앰버색은 반드시 '초월'되어야 하지만 그와 동시에 '포함'되어야 하며, 이런 점이 바로 여기에서의 교훈이다.

트럼프가 무의식적으로 승리를 향해 타고 간, 드러나지 않은 은밀한, 하지만 아주 실체적인 충동이 바로 그것이다. 그 승리를 가져다준 으뜸가는 요인이 전혀 보이지 않았기에 그 승리는 양 진영에게, 그리고 현존하는 모든 주요 여론조사 기관들에게 엄청난 충격을 안겨줬다.

트럼프는 너무나 많은 면에서 아주 요란스러운 민족중심적인 앰버색이며, 이 때문에 현재의 녹색 첨단은 부득이 두 가지 주요 반응 중의 하나를 보일 수밖에 없을 것이다. 첫 번째 반응은 앰버색에 대한 현재의 증오심과 혐오감, 노골적인 조롱(트럼프와 그의 추종자들을 겨냥한)의 태도를 그저 배가하기만 하는 것이 될 것이다. 두 번째 반응은 잠시 멈춰 서서, 앰버색에 대한 미움과 조롱이, 엘리트들에 대한 앰버색의 적대적이고 증오 어린 분노에 기름 붓는 일이 되리라는 것을 깨닫고, 따라서 사실상 경멸할 것이 아니라 이끌어줘야 할 인구의 상당 부분을 이해하고 포함하고 심지어 연민 어린 마음으로 감싸 안아주려고 여러 가지로 애써야 하리라는 것을 녹색이 깨닫는 것이다.

만일 녹색이 첫 번째 길을 택한다면, 전반적인 반 녹색 분위기가 앰버색을 자극해서 부득이 주류의 민족중심적 권력 추구 쪽으로 나가게 만들 것이고, 점차 증가하기만 하는 일련의 재난들이 필연적으로 뒤따를 것이다. 만일 녹색이 두 번째 길을 택한다면, 녹색은 좀 더 포괄적이고 포용적인 바탕을 찾으면서 진화 자체의 자기 교정적 충동과 스스로를 정렬시키려고 할 것이다. 그리고 그 바탕에서 자기 초월, 혹은 초월과 진정한 포용을 통해서 자기 조직하는 첨단의 역할을 다시 맡게 될 것이다. (이에 관해서는 나중에 더 자세히 살펴보기로 하자.)

한편 트럼프를 움직이게 하는 것은 자신의 적색 자기중심적 나르시시즘, 특히 두드러진 앰버색 민족중심주의, 가끔씩 나타나는 오렌지색 세계중심주의뿐만이 아니다. 전반적인 형태형성적 반 녹색 장도 역시 항상 그를 움직이는 원동력이 되고 있다.

트럼프는 많은 환경 규제들을 실질적으로 철폐하려고 하고 있다(즉, 반 녹색). 그가 스콧 프루잇Scott Pruitt [2]을 환경보호국 국장으로 지명한 일은 이미 전 세계의 모든 환경 단체들을 완전히 경악하게 만들었다(반 녹색). 핵무기 경쟁을 다시 점화시키는 것을 포함해서 군사비 지출을 엄청나게 증가시킬 것이다(반 녹색). 이민을 엄격하게 제한하려 들 것이고 그중에서도 특히 멕시코 인들과 이슬람교도들의 이민은 더 강력하게 막으려 들 것이다(반 녹색). 최상위 부자들에 대한 감세를 포함해서 세금을 줄일

---

[2] 오클라호마 주 법무장관 출신으로 지구온난화가 미국은 물론 전 세계의 가장 큰 문제라는 오바마 행정부의 주장을 극력 반대해온 인물.

것이다(반 녹색). 기업규제의 60~70퍼센트가량을 철폐할 것이다(반 녹색). 대외무역협정들을 무효화하려 들 것이고, 모든 국제적 통합 프로젝트를 방해하려 들 것이다(반 녹색). 오바마케어를 폐지할 것이다(반 녹색).

트럼프가 주장한 주요 정책 계획의 대다수가 그런 것들이고, 설령 그렇지 않다고 해도 그 정도라면 꽤 많은 것이며, 그것들 하나하나는 죄다 녹색의 얼굴을 정면으로 걷어차려는 의도에서 나온 것들이다.

따라서 기본적인 무게 중심이 앰버색인 미국 인구의 60퍼센트(부유하건 가난하건, 고학력이건 아니건 간에)가 트럼프의 주요 기반이긴 하지만, 그는 전형적인 오렌지색의 경영/성취/이윤의 흐름을 활성화시킬 때조차도 대체로 과거에 녹색 첨단이 만들어놓은 일부 규칙이나 규제를 거둬내는 것을 통해서 그렇게 한다. 트럼프는 의도적으로 정치적 공정성과 맞서고 있다. "미국을 다시 위대하게 만들자"라는 그의 구호는 본질적으로, 녹색 첨단의 정부가 개인들을 '돕거나 보호하고' 개인들을 분열시키는 경계선들을 '해체하는' 데 주로 초점을 맞추면서 만들어놓은 규칙이나 규제의 대부분을 원상태로 환원시키는 것을 통해서 이루어질 수 있다. 녹색 첨단은 미국과 다른 나라들 간의 무역을 좀 더 원활하게 함으로써 세계의 더 큰 부분을 끌어들이는 것을 쉽게 하기 위해 제한적인 무역협정들을 폐지하는 방향으로 움직였지만, 트럼프는 그런 추세에 종지부를 찍으려 하고 있다.

그리고 트럼프는 이민에 대한 장벽을 낮추고 있는 이민 규정들을 원상태로 돌려놓고 싶어 한다. 이민자들에게 극적으로 문호를 개방하려는 힐러리 클린턴의 구상은 그를 특히 더 짜증나게 만들었다. 그는 녹색이 군사비 지출을 줄이고 여기저기에서 군사적 경계선을 낮추려고 했던 것을 원래대로 환원시키고 싶어 한다. 또한 그는 모든 방면에서 녹색 첨단이 적극적으로 해체해왔던 경계선들을 다시 구축하고 싶어 한다.

오바마는 특히 대외정책의 면에서 '확고함'이 부족하다는 점 때문에 자신의 지지자들한테서조차도 비판을 받았는데, 그 대표적인 사례들로는 미항공우주국^{NASA}이 친 이슬람 행보를 강화하도록 허용해주고, 이란에 대해 지나치게 관대한 태도를 보인 것을 들 수 있다. 요컨대 오바마의 짙은 녹색 성향의 일부가 지향성 혹은 확고함의 결여라는 면에서 그것의 무관점적 광기를 드러낸 셈이었으며 트럼프는 녹색의 이런 모든 행보를 맹렬히 비난했다.

지금 나는 트럼프가 하고 있는 일이 옳다고 말하는 것이 아니다. 그가 하고 있는 일은 본질적으로 민족중심적인 것이라서 정확히 그런 시각에서 판단해야 한다. 나는 그저 그가 지금 하고 있는 많은 일을 벌이는 이유가 배후의 반 녹색 형태장이 뒷받침하기 때문이기도 하다고 말하고 있는 것이다. 반 녹색 형태장은 녹색 첨단이 무관점적 광기의 늪 속에 빠져버려 진정한 첨단이 되는 데 크게 실패했기 때문에 생겨났다. 녹색 첨단은 모든 진실을 상실하면서 방향감각을 완전히 잃었기에 주도적인 흐름을 제공해주기는커녕 이미 자리 잡고 있었던 것들을 해체시키는 역할만 했다.

이 모든 사태는 결국 그 첨단이 또다시 앞으로 전진하도록 허용해줄 수 있는 참으로 자기조직적인 동력을 생겨나게 하기 위해 뒤로 물러나 스스로를 재정비하고 재조직하려는 필연적인 자기 교정 충동으로 이어졌다. 그것은 마치 우리가 사과를 깨물다가 거기 박혀 있는 녹슨 못 때문에 이빨의 첨단이라고 할 만한 앞니가 부러진 것이나 마찬가지다. 그럴 때 우리가 절대로 하지 말아야 할 일은 사과를 계속 씹는 것이다.

요컨대 트럼프가 자기중심적인 적색을 활성화시키든, 민족중심적인 앰버색을 활성화시키든, 혹은 세계중심적인 오렌지색을 활성화시키든 간에 그는 항상 반 녹색도 동시에 활성화시키고 있다. 현재 진행되고 있는 문화적 진화의 역학에서 전前 의식적인 방식으로 작동하는 반 녹색 흐름은 이 세 단계 모두가 트럼프의 행보에 의해 에너지를 공급받는 자기네 정박지를 찾아낼 수 있게 해줬다.

이것은 놀라운 결합이 아닐 수 없다. 사실, 많은 분석가들은 이러한 결합이 미국의 정치 역사상 유일무이한 사례라고 주장하고 있다. 하나의 '반대anti' 입장이 그렇게 여러 단계에 접근해서 에너지를 제공해준 적은 일찍이 없었으며, 그것은 과거에 첨단이 지도하고 주도하는 역할에서 그토록 형편없이 실패한 경우가 전혀 없었기 때문이다. 그리고 이 모든 현상 속에 내재된 전반적인 메타충동meta-drive은 녹색 이전의 이 모든 단계의 목소리가 실제로 들릴 수 있고, 제대로 보이고, 연민 어린 따뜻하고도 더 효과적인 방식으로 문화적 진화의 더 큰 흐름 속에 통합될 수 있는 방법을 찾으려고 하는 것이다. 녹색은 과도하게 해체적이고 무관점적인 광기 때문에 그렇게 하는 데 형편없이 실패했다.

트럼프의 현재 행보로 활성화되고 있는 단계와 차원들

트럼프가 적색을 활성화시키고 있든, 앰버색을 활성화시키고 있든, 혹은 오렌지색을 활성화시키고 있든 간에(민족중심적 앰버색이 중심을 이루고 있는 가운데), 그의 전반적인 반 녹색 역학과 결합된 다른 많은 흐름들이 존재했으며, 이런 흐름들은 그가 에너지를 불어넣어주고 있던 각 파동이 어떤 식으로 활성화되었는가를 결정해줬다. 즉, 각기 다른 수준뿐만 아니라 각기 다른 사분면과 방향과 상태에서 비롯된 요인들이 모두 이런 흐름들에 포함된다.

오렌지색의 경우, 기업적 요소들이 오렌지색의 전반적인 경제 요소들과 관련된 흐름하고 거의 항상 상호작용했다. 트럼프가 사업가라는 인상이 사회 전반에 널리 퍼져 있었기 때문에 일부 오렌지색 기업인들은 그에게 끌리는 경향이 있었다. 그리고 그런 인상은 분명, 트럼프가 '일자리를 되돌려줄' 것이라고 생각한 실직 노동자들의 마음을 끌었다. 트럼프가 당선된 뒤 월가는 이를 크게 환영했다.

물론 다른 이들은 트럼프가 사업에 성공한 경우보다 실패한 경우가 훨씬 더 많았다는 점을 지적했다. 어쨌든, 트럼프는 미국 역사상 정치나 군사 방면에 전혀 문외한이고 법조계 경험도 없으며 오로지 사업 경력만 가진 상태에서 대통령이 된 최초의 인물이다. 따라서 그는 정부를 사업 경영을 하듯이 운영할 공산이 크고, 그 때문에 적지 않은 사람들이 불안감을 느끼고 있다.

달리 말해, 트럼프의 별자리에서는 오렌지색 수준의 실체[reality]들이 유독 더 빛나고 있다. 그런 실체들 가운데는 트럼프가 주요 고위공직자들을 지명한 사례들에서 드러났다시피 군산복합체가 분명히 포함되어 있다. 그의 고위 공직자들 중에는 특히 세 가지 원천, 곧 월가, 석유업계, 군부 출신들이 두텁게 포진하고 있었다. 그가 물을 빼겠다고 약속한 늪지가 어느 때든 금방 사라질 성 싶지는 않다.

그 오렌지색 요소에는 '숨어 있는 권력[Deep State]'과 '숨어 있는 시스템[Deep System]'에서의 혼란과 불안을 트럼프 당선의 으뜸가는 요인으로 보는 비평가들, 전반적인 기술-경제적 실체들을 결정적으로 중요한 것으로 보는 이들이 포함되어 있다. 지금 나는 본질적으로 오렌지색 수준의, 그리고 우하 사분면의 사실과 진실들의 목록에 속하는 이들이 들어갈 넉넉한 공간을 만들고 있는 중이다. 나는 또 그들이 배후의 반 녹색 장만큼 핵심적인 요소는 아니라고 주장하고 있기도 하다.

이제 앰버색을 살펴보기로 하자. 앰버색 사람들은 민족중심적인 대중이며, 이 수준은 가장 흡입력이 높은 수준일 뿐만 아니라 아마도 그 대중들의 활성화에 유리하게 작용할 가장 많은 변수들, 곧 인종, 성별, 기술적[technological] 성향, 행정 관료들, 경제적 요소들, 문화적 분노 같은 변수들을 갖고 있는 수준이기도 하다. 트럼프의 성공을 엄청나게 많은 숫자의 저소득층 백인 남성들 때문인 것으로 여기는 경우가 아주 흔하다. 한데 그것은 유일한 요인이자 큰 요인이긴 하나 사실은 전체적인 그림의 일부에 불과하다.

그러나 엘리트 층, 그중에서도 주로 녹색 첨단이 이 계급을 특히 야비하고 상투적인 방식으로 규정해온 것은 사실이다. 그들은 바로 힐러리 클린턴이 힘주어, 그리고 진지한 확신을 갖고서 트럼프 지지자들을 "한심한 무리들ᵃ basket of deplorables"이라고 불렀을 때 그녀가 겨냥했던 핵심적인 대상이었다. 이 집단은 엄청나게 숫자가 많고 성나 있고 멍청하고 무지하고 모든 소수자에 대한 억압의 선동자들인, 단일한 대집단으로 간주되는 이들이다.

이 대규모의 백인 하층 계급은 아프리카계 미국인, 여성, 동성애자, 장애자, 라틴계, 아시아계, '진짜' 외국인들(억압자들의 일부가 된 아일랜드계나 독일계의 백인들이 아니라 멕시코계나 이슬람계 사람들 같은)을 억압하고 배제시켜왔다. 그리고 그들은 자기네와 같은 인종, 성별, 혈연, 출신, 신앙에 속하지 않는 모든 이를 혐오하고 증오한다고 한다.

그게 진실인지 아닌지는 조금 뒤에 얘기하기로 하자. 하지만 흔히 백인 남성, 저학력자, 저소득 계층, 농촌 거주자로 통칭되곤 하는 이 '하층 계급'은 아주 열광적으로 트럼프에게 표를 던졌다. 그들의 내면에서 오래 동안 자라온 엄청난 분노, 사회 지도층 사람들로부터 "한심한 무리들"로 취급받아온 것(엘리트 계층 사람들은 분명히 그렇게 여겨왔다)에 분개하는 마음은 곪아터진 상처처럼 쓰리고 아팠는데, 입만 열면 반 녹색적 공격을 해대는 트럼프의 요란한 연설은 마치 상처받은 이를 치료해주는 놀라운 진통제이기라도 한 것처럼 그들의 마음을 크게 위로해주는 면이 있었다. 그들은 트럼프의 그런 장광설을 지겨워하거나 짜증을 내기는커녕(거의 모든 녹색 사람들은 항상 이구동성으로 그런 반응을 보였지만) 바로 그런 점 때문에 트럼프를 좋아했다. 그들 중의 상당수가 트럼프는 '자격미달'이고, '여성혐오자'고, 심지어 정신적으로 '불안정하다'고 느꼈음에도 불구하고 그들은 집단적으로 그에게 표를 던졌다.

제아무리 황당한 말이라도 상관없었다. 트럼프는 거의 매일 희한한 방식으로 그런 말을 쏟아냈다. 매번 하는 말이 그 전의 말보다 더 심한 것 같았다. 꼭 음란 비디오를 보다가 걸린 청소년이나 범죄자가 되기라도 한 것처럼 정신이 아찔해질 정도로 심하게. 하지만 그 어떤 말도 근본적으로 아무 문제가 되지 않았다. 트럼프는 진심에서 우러나온 반 녹색의, '정직한' 감정을 쏟아내고 있었고, 이런 대중은 바로 그런 점 때문에 진심으로 그를 좋아했다. 몇 십 년 동안 백인 쓰레기로 취급받아오면서 쌓인 모든 분노가 자기네가 저지른 모든 멍청한 짓과 더불어 말끔히 씻겨나가고 있었다. 오히려 더 많이 들을 수 없는 게 유감일 뿐이었다.

자기중심적인 적색 대중의 기운을 북돋워준 점에 대해서는, 굳이 얘기하지 않아도 어느 정도 자명한 일이 아닐까 한다. 아서 러브조이^{Arthur Lovejoy}[3]의 말을 빌려서 얘기하자면, 인간의 어리석음은 항상 그 옹호자를 발견해왔다. 곳곳의 나르시시스트들은 트럼프에게서 자기네 마음을 시원하게 대변해주는 투사를 찾아냈다.

---

3 미국의 철학자.

6

억압의 주요 원인과 치료

——

——

억압^{oppression}이라는 쟁점에 관해 간략하게 다뤄보기로 하자. 아마 억압을 완전히 없애는 것이 녹색의 가장 강력한 주요 목표일 것이다. 비록 그 이상 자체는 아주 훌륭한 것이지만(우연히도 내가 전적으로 지지하는 것이기도 하고), 평면세계의 무관점적 광기가 억압 자체의 원천과 원인, 치유책을 이해하려고 시도할 때 문제가 발생한다. 그리고 우리는 그런 시도가 행복한 결말을 가져다주지 못하리라는 점을 처음부터 미루어 짐작할 수 있다.

예컨대 녹색은 전형화된 방식으로 역사를 보는 경향이 있다. 녹색은 녹색 가치들이 광범위하게 결여된 사회를 발견할 때마다, 만일 해당 사회에서 발견된 사실, 곧 지배자 위계^{dominator hierarchy}가 녹색 가치들을 부당하게 짓밟아오지만 않았더라면 그런 가치들은 정상적이고도 자연스럽게 존재했을 것이라고 가정한다. 어디에서든지 녹색 가치들이 출현할 때마다 그것들을 짓밟는 강압적인 통제 권력만 없었더라면 모든 개인은 다원론, 철저한 평등주의, 완전한 평등이라는 세계중심적 녹색 가치들을 갖게 되었을 것이라고 가정한다.

녹색은 태초에 이르기까지 역사를 거슬러 올라가며 조심스럽게 살펴본 끝에 그런 가치들이 결여되어 있었다는 사실을 발견했고, 따라서 대규모의 억압 세력(혹은 그런 세력 집단)이 인류가 이 행성에서 삶을 영위하기 시작했을 때부터 이미 존재했고, 오늘날까지도 그런 억압 세력이 곳곳에서 여전히 작동하고 있고, 따라서 차별과 배제·여성혐오·동성애혐오·무수히 다양한 형태로 나타나는 예속상태를 근절시키려는 녹색의 과업은 끊임없이 지속되는 고되고도 절박한 일이 아닐 수 없으며, 곳곳에 포진하고 있는 지배세력들은 그런 노력에 강력하게 저항하고 있다는 식의 가설이 세워졌다.

광범위하게 포진한 강고한 억압 세력들이 존재한다는 것은 의심할 여지가 없는 사실이다. 문제는 그런 세력들의 원천이 무엇이고 그들이 그러는 이유가 무엇인지 알고 있다는 주장에서 생겨난다. 녹색 포스트모더니즘의 입장에서 볼 때 어떤 문화에 세계중심적인 녹색 가치가 결여되어 있는 것은 공격적이고 대단히 적극적인 억압 세력 또는 강압 세력 탓이다. 흔히 그런 힘 혹은 세력에 해당하는 것들로는 남성이라는 성 자체(항상 존재하는 가부장제를 매개로 한), 특정한 한 인종(세계 대부분의 지역에 거주하며 과격한 식민주의와 결부된 백인), 특정한 신앙(대체로 이런저런 종류의 종교적 근본주의, 그중에서도 특히 기독교 근본주의), 억압적인 경제적 요인들(거의 항상 자본주의), 그리고 다양한 편견을 들 수 있다. 그리고 대표적인 편견으로는 동성애자, 여성, 억압받고 있는 모든 소수파에 대한 편견을 들 수 있다.

전체적으로 볼 때 인류는 항상 억압과 부자유에 종속되어왔고, 이런 현실은 적극적인 감시와 제제가 따르지 않을 경우 인류의 악한 측면이 늘 빠져들곤 하는 다양한 '주의^{ism}들' 가운데 어떤 것 탓이라는 것이 포스트모더니즘의 기본적인 도그마다. 그리고 그런 주의들로는 남성중심주의, 남근중심주의, 로고스중심주의, 남근로고스중심주의, 인종차별주의, 유럽중심주의, 여성혐오주의, 가부장제, 종차별주의, 성차별주의, 각종 우월주의, 국가주의, 애국주의, 오리엔탈리즘, 기술주의^{technologism}, 자본주의 등이 있다. 그 모든 주의의 공통점은 그것들이 역사 전체를 통틀어 녹색 가치들을 강력하게 부정하거나 억압해왔고 또 오늘날의 세계에서도 여전히 그런 역할을 계속해오고 있는 많은 방식들 중의 일부라는 점이다.

요컨대, 녹색은 녹색 가치들(평등주의적 가치, 집단적 자유, 성^{gender}평등, 인간적 보살핌과 민감성)의 결여가 억압의 존재 탓이라고 완강하게 믿고 있다. 녹색의 결여는 곧 억압의 존재라는 등식이다. 이런 결여 상태는 태초까지 줄곧 소급해 올라가며, 따라서 태초부터 다양한 형태의 강한 억압적 흐름이 존재해왔고, 지금도 놀라우리만치 광범위한 방식으로 지속되어오고 있다는 것이다.

여기서 녹색이 억압의 존재를 부정하지 않는다는 점에 주목하기 바란다. 다양한 형태의 억압은 역사의 거의 초장부터 실제로 존재해왔다. 그런데 여기서 문제가 되는 것은 공정한 기회만 주어졌다면 녹색의 가치들이 폭넓게 번성했으리라는 녹색의 확고한 믿음이다. 녹색은 그렇게 되지 못한 주요 이유가 녹색의 가치들이 줄곧 억압받아왔고 지금도 역시 억압받고 있다는 사실 탓이라고 봤다. 역사를 소급해 올라가다보면 이런 억압상태를 줄곧 만나게 된다고 봤고.

그러므로 여기서 녹색의 그런 논리에서 귀결되는 쟁점은, 만일 녹색 가치들이 존재하지 않고 그런 결여상태가 억압 때문이 아니라는 점이 분명하다면, 그런 가치들이 존재하지 않는 진짜 이유는 무엇이냐 하는 점이다.

이런 주제에서의 한 가지 변종은 상당히 로맨틱한 버전이다. 즉, 인간 발달의 아주 초기 단계들은 억압에서 상당히 자유로웠다, 수렵채집에 의존했던 마법적 부족 문화 같은 것들은 평등주의적인 '협동' 사회였다, 그런데 어느 시기에 이르러 앰버색의 농경문화 혹은 오렌지색의 산업화라는 진화상의 새로운 발전이 가혹한 억압 세력들을 등장하게 했다는 버전. 하지만 그 원인이 앰버색 농경문화 탓이건 오렌지색의 산업화 탓이건 간에 앞서와 동일한 기본적 믿음, 즉 녹색의 결여는 곧 억압의 존재라는 등식이 여전히 핵심적인 것으로 남아 있었다.

녹색의 그런 관점만 따로 떼어놓고 볼 때 그 관점이 안고 있는 주요 문제점은 그것이 성장, 발달, 진화의 역할에 대한 실제 자료들을 완전히 간과하고 있다는 점이다. 우리는 인간의 도덕적 정체성이 자기중심적(적색) 단계에서 민족중심적(앰버색) 단계, 세계중심적(오렌지색에 이어 녹색) 단계로, 거기서 다시 통합적(터콰이즈색) 단계로 성장, 발달한다는 것을, 그리고 이런 성장 발달이 개인적으로뿐만 아니라 집단적으로나 역사적으로도 진실이라는 것을 이미 파악했다.[1]

따라서 2000년 전에 노예제도가 존재했던 주요 이유는 세계 중심적인 자유를 가로막은 억압 세력이 존재해서가 아니라 세계 중심적인 자유의 개념이 이 행성의 어디에서도 아직 출현하지 않았기 때문이다. 완전히 '타자other'인 집단이나 종족을 '동등한' 이들로 여겨야 한다는 개념은 그 누구의 마음에서도 결코 싹트지 못했다. 그런 생각이 그저 생겨나지 않았을 뿐이다. 그런 건 심각하게 고민해봐야 할 쟁점이 결코 되지 못했고, 그런 유형의 평등은 당시의 어떤 사람 마음에서도 거의 떠오르지 않은 가치였다.

그런 생각이 존재하지도 않았는데, 녹색은 그런 생각이 억압받았다고 상상한다. 그 당시 그런 생각은 아직 출현하지 않았을 뿐이다. 억압을 할 만한 녹색 단계의 가치들은 이 세상 어디에서도 존재하지 않았다. 한 가지 예로서 사랑과 연민을 가르치고 모든 생명을 따뜻하게 대해주라고 가르친 전 세계의 모든 거대 종교들이 인간의 기본적인 세계중심적 자유라는 폭넓은 개념, 모든 인간이 인종과 성별과 피부색과 신앙에 관계

---

1 책머리의 해제 참조.

없이 평등하게 태어났다는 믿음을 갖고 있지 못했던 이유는 바로 그 때문이다. 그런 거대 종교들이 전통 문명의 민족중심적인 신화시대^{Mythic Age}에 탄생했기 때문이다. 모든 인간이 평등하게 태어난다는 믿음은 오렌지색이 널리 확산되었을 때 등장했고, 그 후에 출현한 녹색은 그런 믿음을 한층 더 열렬하게 찬양했다.

민주주의의 유명한 본고장인 고대 그리스의 아테네에서는 인구의 3분의 1이 노예였지만 문화적인 규모에서 눈에 띄는 불평불만이 존재하지 않았다. 기독교와 불교나 힌두교나 그 밖의 종교들이 제기한, 문화적으로 눈에 띄는 광범위한 불평불만도 존재한 적이 없었다. 사도 바울은 노예들에게 예수를 영접하고 자기네 주인에게 기꺼이 복종하라고 권했다.

"우리는 모든 인간이 평등하게 창조된다는 이런 진실을 자명한 것으로 본다[2]"는 생각이 실제로 점진적으로 나타났고, 따라서 그 문화의 평균적이고 전형적인 구성원들이 그런 생각을 믿기 시작한 것은 오렌지색의 세계중심적인 이성의 시대가 등장하고 나서부터였다. 천 년 전만 해도 남북전쟁(부분적으로 그런 깨달음 때문에 벌어진) 같은 전쟁은 이 지상 어디에서도 생각할 수 없었다. 그런 전쟁은 그저 도무지 이해할 수 없는 전쟁이었을 것이다.

노예제도는 아프리카에서 흑인들이 흑인들을 대상으로 처음으로 창안해내고 실행했는데, 그것은 단지 인류가 처음 출현한 곳이 아프리카

---

2 미국 독립선언문의 일부.

였기 때문이다. 그 제도는 최초의 부족들로부터 시작해서 본질적으로 모든 곳으로, 모든 인종을 통해서 퍼져나갔다. 최초의 부족들은 상대와 만날 때마다 대체로 전쟁을 벌이거나 패한 상대 부족 사람들을 노예로 만들었다. 우리가 앞에서 살펴본 대로 15퍼센트 정도의 원주민 부족들이 노예제도를 시행했다. 그들은 세계중심적인 도덕성이 아직 폭넓게 출현하지 않았기에 그렇게 했다. 따라서 이런 부자유 상태는 억압 세력의 존재 때문이 아니라 주로 더 수준 높은 발달의 부재 탓에 생겨난다.

억압은 어떻게 봐도 부자유의 근본적인 원인이 아니다. 그런데도 마치 억압이 원인인 것처럼 여긴다면, 억지로 부과되는 그 '치료법들'은 실제로 결코, 결단코 작동하지 않을 것이다. 왜냐하면 참된 원인을 발견하지 못한 채 넘어갔고, 따라서 그 원인이 사라지지 않고 수면 밑에서 계속 작용할 것이기 때문이다. 그리고 그 참된 원인은 억압의 존재가 아니라 발달의 결여다.

그러므로 그런 면에 관한 한 녹색의 결여가 곧 억압의 존재라는 등식은 진실이 아니다. 녹색의 결여는 곧 발달의 결여다. 이미 언급했던 것처럼 억압은 참으로 존재했다. 하지만 녹색 그 자체가 존재하지 않았던 것은 억압 때문이 전혀 아니다. 녹색이 존재하지 않았던 것은 그것을 무력화시켜버린 세력이나 힘 때문이 아니라 녹색이 아직 출현하지 않았기 때문이고, 따라서 억압할 것이 없었기 때문이다.

사람들은 녹색 가치들을 갖고서 태어나지 않는다. 녹색 가치들은 인간 성장과 발달의 5개 또는 6개에 이르는 주요 단계들의 산물이며, 그 가치들이 실질적으로 출현하기 전까지 그것들은 어디에도 존재하지 않으므로 애당초 억압을 받으려야 받을 수가 없다.

이런 진실은 인종, 성별, 신앙과 관련된 억압 전체에 다 해당된다. 페미니스트인 캐럴 길리건Carol Gilligan이 제시한 여성의 도덕성 발달 단계들에 관해서 생각해보자. 길리건은 《다른 목소리로In a Different Voice》라는 주목할 만한 책으로 하룻밤 사이에 페미니스트의 아이콘으로 떠올랐다. 그 책은 거기 수록된 두 가지 주요 주장들 때문에 선구적인 책이라는 평가를 받았다.

첫 번째 주장은, 도덕적 추론의 면에서 남성과 여성이 서로 다르게 생각하는 경향이 있다는 것이다. 남성은 자주성, 권리, 정의를 강조하는 경향이 있고, 여성은 관계, 배려, 책임을 강조하는 경향이 있다. 요컨대 남성은 주체성agency과 위계(서열)를 강조하는 경향이 있는 반면, 여성은 친교communion와 관계(비서열)를 강조하는 경향이 있다.

페미니스트들은 대체로 모든 위계를 사회적 억압과 같은 것으로 생각했기에 사회의 거의 모든 병폐는 남성들(그리고 가부장제) 때문임이 분명해 보였다. 대부분의 페미니스트들이 이 책의 첫 번째 요점은 크게 환영하면서 열심히 받아들였다. 하지만 남성과 여성 모두가 사고thinking의 네 가지 주요 위계적 단계들(길리건의 표현)을 통해서 발달하는 경향이 있다는 두 번째 요점은 대부분의 페미니스트들이 애써 기피했다. 달리 말해, 여성의 비위계적인 사고 자체가 네 가지 위계적 단계들을 통해 성장하고 발달한다는 얘기다. 사실, 그 요점을 거듭 반복해서 말한 페미니스트는 거의 없다시피 했다.

길리건이 맞닥뜨린 것은 거의 모든 발달론자들이 폭넓게 인정하는 진실이었다. 즉, 흔히 지배자 위계와 성장 위계라고 부르는 위계의 두 가지 주요한, 그러나 매우 다른 유형들이 존재한다는 것이었다. 지배자 위계는 탈근대적 다문화주의자들이 억압적이고 권력 주도적이고 고통을 유발하고 횡포하다고 표현하는, 하나같이 비열한 위계들이다. 우리는 카스트 제도에서부터 라 코사 노스트라[3] 스타일의 범죄 조직들, 세계 곳곳의 노예 조직망에 이르는 모든 것에서 이런 위계를 찾을 수 있다. 이런 지배자 위계에서는 위로 올라가면 갈수록 더욱더 많은 사람을 지배하고 억압할 수 있다.

다른 한 편으로 성장 위계는 그 정반대다. 지배자 위계에서는 수준이 올라갈수록 더 배타적이고 억압적이 되는 반면, 성장 위계에서는 수준이 올라갈수록 더 수용하고 억압적인 면은 덜해진다. 달리 말하자면, 더 따듯해지며, 우리는 이런 점을 입증해주는 경험적인 연구 결과를 실제로 갖고 있다. 성장 위계는 그 통합적인 성격 때문에 종종 '홀라키holarchy[4]'라고도 부른다. 우리가 이 글에서 살펴보고 있는 진화상의 도약, 곧 자기중심적 단계에서 민족중심적 단계, 세계중심적 단계, 통합적 단계에 이르는 주요 발달 단계들은 곧 일종의 성장 홀라키다. 수준이 더

---

3 이탈리아 시칠리아에서 비롯된 전 세계적인 마피아 조직.
4 아서 쾨슬러Arthur Koestler가 자신의 책《기계 속의 영혼The Ghost in the Machine》에서 만들어낸 말로 홀론holon들 간의 관계를 뜻하는 말이며, 홀라키에서 홀론은 부분이자 전체다.

높아질수록 더욱더 수용해주고 배려해주고 따듯해지고 자각하고 포용하는 자세가 된다.

자연 속에서의 전형적인 성장 홀라키는 그 기본 단위들 전체를 통합해주는 것이다. 이 홀라키는 쿼크에서 원자, 분자, 세포, 유기체로 나아간다. 그 각 수준은 '초월하면서 포함한다.' 그 각 수준은 전의 것을 초월하면서(넘어서면서) 포함한다(혹은 완전히 감싼다). 전체적인 하나의 쿼크는 원자의 한 부분이고, 전체적인 하나의 원자는 분자의 한 부분이고, 전체적인 하나의 분자는 세포의 한 부분이고, 전체적인 하나의 세포는 유기체의 한 부분이다. 각 수준은 다음으로 더 높은 전체의 한 부분인 전체다. 아더 쾨슬러^{Arthur Koestler}는 이런 단위들 각자를 "홀론" 혹은 "부분이자 전체", 더 큰 전체의 일부이기도 한 전체라고 불렀다. 대체로 실재^{reality}는 본래 홀론들로 이루어져 있다.

핵심적인 요점은 이런 성장의 홀라키에서는 높은 수준이 낮은 수준을 억압하거나 예속시키거나 지배하지 않는다는 점이다. 높은 수준은 낮은 수준을 감싸 안고 포함하고 포용하고 사랑한다. 세포는 분자를 멸시하지 않고, 분자는 원자를 미워하지 않는다. 그들은 서로를 사랑하고 감싸 안는다. 진화 전체(적어도 이제까지 나타난 양상으로 본)는 이렇게 늘 더 수준 높고, 더 전체적이고, 더 통합된 요소들의 구성물이요 늘 더 수준 높은 전체의 부분들인 전체다.

이것은 곧 첨단 과학이 전반적인 우주의 본원적인 충동으로 보는 '혼돈으로부터의 질서'(에로스)다. 우리에게 더 중요한 것은 그것이 우리 인간의 본원적인 충동이기도 하다는 점이다. 그리고 인간의 성장과 발달에 관한 건전하고 포괄적인 어떤 관점(효과적인 '사회 공학적' 시도들은 말할 것도 없고)도 맨 처음부터 이런 성장의 홀라키를 참조하고 싶어 할 것이다.

그렇다고 해서 더 높은 모든 수준이 다 '달콤하고 밝은 것들'뿐이라는 뜻은 아니다. 모든 수준에서 일부는 잘못될 수 있고 또 그런 경우가 드물지 않으며, 수준이 더 높아질수록 잘못될 수 있는 가능성도 더 많아진다. 그 점에 관해서는 나중에 다시 다룰 것이고, 지금은 수준이 더 높아질수록 정의상으로는 다양성과 배려와 포용성의 잠재력도 더 높아지고, 그런 점이야말로 우리가 따르고 싶어 하는 트렌드라는 사실에 초점을 맞추기로 하자. 만일 수준이 더 높아지는 것이 더 폭넓은 다양성과 더 큰 참된 포용력이 실제로 생겨나게 하는 지름길이라고 한다면, 녹색의 탈근대적 첨단이 성장 위계를 완강하게 부정하는 것은 진정한 다양성과 포용성이 생겨나는 것을 심하게 제한하는 파괴적인 결과를 초래할 것이다. 참으로 충격적인 이런 사실이야말로 아마도 망가진 녹색의 실질적인 지리멸렬함의 핵심일 것이다. 이런 점은 아주 중요한 것일 수도 있다. 그렇지 않을까?

그러므로 캐럴 길리건이 남성과 여성의 성장 발달을 직접 연구하는 동안에 도덕성 발달의 네 가지 주요 수준으로 이루어진, 그리고 매 수준마다 더 포용적인 성장의 위계를 발견했다는 것은 전혀 놀라운 일이 아니다.

그런데 나는 앞에서 이미 인간의 성장과 발달 단계들 전체를 아우르는 짧은 메타개요^meta-summary(태초 단계에서 마법적 단계, 신화적 단계, 합리적 단계, 다원적론적 단계, 통합적 단계에 이르는)를 제시했다. 그리고 우리가 인간 발달에 관한 백가지도 넘는 모델을 살펴보는 과정에서 다양한 연구자들이 거듭 반복해서 인정하곤 하는, 여섯 가지에서 여덟 가지에 이르는 이 같은 기본적인 발달 수준들을 거의 늘 발견할 수 있다는 점을 지적했다.

이 책에서 우리는 그 단계들을 단순화시킨 일곱 가지의 주요 단계를 사용하고 있으며, 그 단계들은 다음과 같다. 크림슨^crimson 색의 태초 단계(유인원에서 인간으로 맨 처음 전환된 단계), 마젠타^magenta 색의 마법적(혹은 충동적) 단계, 적색의 마법적-신화적(혹은 권력의) 단계, 앰버^amber 색의 신화적(혹은 민중족심적 전통 가치들의) 단계, 오렌지색의 합리적(혹은 근대적 가치들의) 단계, 녹색의 다원론적(혹은 탈근대적 가치들의) 단계, 터콰이즈^turqoise 색의 통합적(혹은 참으로 종합적이고 통합적인 최초 수준의) 단계이다.

나는 그 단계들을 넷으로 더 줄였으며, 그 넷은 곧 자기중심적(태초와 마법적) 단계, 민족중심적(신화적) 단계, 세계중심적(오렌지색의 근대와 녹색의 탈근대적) 단계, 온우주중심적^Kosmocentric(참으로 통합적인) 단계이다.

길리건은 이와 같은 네 가지의 일반화된 기본적 단계들을 직접 발견했다. 그녀의 모델에서 쌈박한 점은 그것이 지닌 단순성이며, 이것은 그녀가 지배자 위계와 성장 위계의 차이를 분명히 이해하고 있다는 사실을 입증해준다. 그리고 그녀가 평판 좋은 포스트모던 페미니스트로서 인간의 문제나 쟁점의 거의 모든 것을 아우르는, 참으로 깊이 있고 포괄적인 관점을 얻는 데 성장의 홀라키가 반드시 필요하다는 것을 알려주는 빼어난 예라는 사실도 역시 입증해준다.

그녀가 제시한 주요 논점은, 남성과 여성이 똑같이 네 가지의 기본적인 홀라키적[5] 성장을 경험한다 할지라도 '각기 다른 목소리로' 경험하며, 따라서 심리학자들은 남성의 목소리를 마치 그것이 모든 인간에게 똑같이 적용되기라도 하는 것처럼 일률적으로 사용해서는 안 된다고 하는 것이다. 길리건은 모든 인간이 두 가지 목소리의 완전한 스펙트럼을 갖추고 있으며, 이 두 목소리는 단지 일반화된 평균치들에 불과하다는 점을 인정한 최초의 인물일 것이다. 성^{gender}(게이, 레즈비언, 양성애자, 성전환자, 스스로를 남성으로도 여성으로도 정의하지 않는 사람$^{non-binary}$ 등의 성적 지향성)에 대한 자각이 엄청나게 증대된 이 시대에 본질주의^{essentialism}(혹은 어떤 것에 대한 완강하게 고정된 범주들에 대한 믿음)는 도스^{DOS} 운영체제만큼이나 시대에 뒤떨어진 것이다.

다음은 길리건이 그런 모든 점을 염두에 두면서 발견한, 단순하게 일반화된 단계들이 있다. 그녀는 1단계를 이기적^{selfish} 단계라고 불렀으며, 그 단계에서 여성은 단지 자기 자신에게만 관심을 갖는다(자기중심적인 적색). 2단계는 배려^{care}의 단계라고 불렀으며, 그 단계에서 여성은 관심과 배려의 범위를 자신이 선택한 집단에게로 확장하며, 그러고 나서는

---

5 위계적.

강력한 '우리 대 그들'의 태도를 갖게 된다(참된 배려이긴 하나 오로지 '인종과 성별과 계급과 부족과 종족과 신앙을 중심으로 한 내 집단만에 대한 배려 대 나와 다른 모든 타자들', 민족중심적인 앰버색). 다음의 3단계는 보편적 배려universal care 단계(단순한 배려가 아니라 보편적 배려)로 이 단계에서 여성은 모든 집단, 전 인류에게 관심을 갖는다(세계중심적인 오렌지색과 녹색). 그녀는 4단계를 통합적 단계라고 불렀으며, 이 단계에서 여성은 자기 내면에서 남성적 양식들과 여성적 양식들을 통합한다(통합적인 터콰이즈색).

여성은 세계중심적인 보편적 배려의 단계에 이르러서야 비로소 억압이나 배제 같은 것을 참으로 역겨운 것이라고 여기기 시작한다. 그 단계에 이르지 못했을 때는 주어진 상황을 그냥 받아들이기만 할 뿐이다. 보편적 단계에 이르렀을 때에야 비로소 억압에 대한 보편적 반대가 존재하게 되며, 따라서 이런 반대는 처음부터 존재하다가 그 후에 분쇄된 것이 아니라 발달과 성장이 지속되면서 생겨난 것임이 분명하다. 인류가 이 행성에서 50만 년이나 살아왔지만 우리가 불과 200년 전에야 비로소 노예제도를 불법화한 것은 바로 그 때문이다. 노예제도가 불법화되려면 보편적 배려 단계가 출현해야 했고, 그런 관행이 정착되는 데 그토록 오랜 세월이 걸린 것도 바로 그 때문이다.

그러므로 발달의 관점을 포함시키는 것이 어떻게 해서 우리가 다루고 있는 거의 모든 문제를 크게 변화시키는가를 한번 살펴보기로 하자.

길리건은 페미니스트이므로 페미니즘과 관련된 쟁점 하나를 살펴보기로 하자. 나는 그렇게 살펴보는 과정에서, 위계라면 그것이 무엇이든 간에 대체로 부정하거나 대단히 싫어하는 페미니즘 같은 분야에서조차도 발달의 관점이 얼마나 중요한 것인지가 분명히 드러날 것이라고 믿는다. 예컨대 오늘날, 서구문화에서 과도한 가부장제적 풍조 때문에 여성적 가치들의 대대적인 유입이 절실히 필요하다는 얘기를 자주 듣는다. 이런 얘기를 정말 많이 듣지 않는가?

하지만 1단계와 2단계에서의 여성적 가치들이야말로 현재의 서구 문화가 가장 필요로 하지 않는 것들이라는 점에 주목하시기 바란다. 더 나르시시즘적이고 인종차별적이고 성차별적인 가치들이야말로 서구 문화가 가장 필요로 하지 않는 것들인데 그런 가치들이 바로 1단계와 2단계의 여성적 가치들이다(그리고 공교롭게도 1단계와 2단계는 가장 일반적인 단계들이기도 하다). 사람들이 "우리에게는 더 많은 여성적 가치들이 필요해"라고 말할 때 그 말뜻은 우리에게 더 나르시시즘적이고 인종차별적이고 성차별적인 가치들이 아니라 더 높은 단계의 가치들, 곧 3단계와 4단계의 가치들, 세계중심적이고 통합적인 여성적 가치들이 필요하다는 것(내가 완전히 공감하는 믿음)이다. 하지만 우리가 발달의 관점을 포함시킬 때 이런 쟁점이 어떻게 극적으로 변하는가를 살펴보기로 하자.

따라서 그런 맥락에서 우리의 이야기를 다시 이어가보자. 만일 우리가 3단계의 보편적 배려와 관련된 녹색가치들이 어디에서나 당연히 발견되어야 하며, 그런 가치들이 결여되어 있다는 것은 틀림없이 억압 세력이 존재한다는 것을 의미한다고 생각한다면, 우리는 어디에서나 희생자들만 보게 될 것이다.

녹색은 이제까지 출현한 발달 단계들 중에서 가장 높은 단계의 하나이기 때문에 그 전에 등장한 모든 단계에는 당연히 녹색이 결여되어 있을 수밖에 없다. 그런데 그런 결여상태가 항상 억압을 뜻하는 것이라고 잘못 해석한다면 그 단계들에 속한 모든 사람을 억압받고 있는 '희생자들'이라고 잘못 알 수밖에 없고, 따라서 억압받는 희생자들의 숫자가 폭발적으로 불어나게 될 것이다. 그리고 이에 대한 우리의 치유책은 도움이 될 요소들을 성장과 발달로 촉진시키려는 것이 아니라 억압적인 방식으로 행동하는, 발달의 더 낮은 단계들에 속하는 이들을 범죄자 취급하고 징벌하는 형태의 것이 될 것이다.

우리가 앞에서 지배자 위계와 성장의 홀라키에 관해서 살펴봤던 바와 같이, 사람들은 자기중심적이고 이기적인 단계나 민족중심적인 배려의 단계에 있을 때만 타인들을 억압하거나 제압하려 들뿐인데, 세계중심적인 녹색이 그런 행태들을 볼 때는 어딘가에서 어떤 압제자가 자유롭고 평등한 세계중심적 상태들을 억압하려 하고 있다고 추측하며, 그렇게 추측하는 것은 그 역학 전체를 전혀 잘못 보고 있는 것이다.

달리 말해, 억압적인 행위나 충동은 발달의 더 낮은 단계들 고유의 특성이다. 앞에서 살펴봤던 것처럼 지배자 위계는 성장 위계의 더 낮은 단계들, 곧 자기중심적 단계와 민족중심적 단계 속에 본래 내재되어 있다. 그리고 이런 단계들은 본래 오만하고 압제적이며, 성장 위계의 더 높은 단계들, 곧 보편적으로 보살피고 배려하는 세계중심적 단계나 통합적 단계에서는 사라진다.

그렇다고 해서 더 높은 단계들이 악의적이거나 억압적인 행위를 할 수 없다는 것은 아니다. 그렇게 할 수도 있다. 하지만 그 단계들은 본질적으로 억압적이지 않으며, 그들의 본질적인 구조의 일부로서만 억압적일 뿐이다. 더 높은 단계들에서 그런 행위가 일어날 때, 그것은 특이한 이면적shadow 문제들 탓이고, 사례별로 다뤄야 한다. 아무튼 그런 행위가 일어나는 빈도는 자기중심적 단계나 민족중심적 단계들에서보다 훨씬 덜하다.

요컨대 지배자 위계의 으뜸가는 치유책은 성장 위계의 더 높은 단계들로 이동하는 것이다. 발달의 세계중심적 단계 이전의 더 낮은 단계는 할 수 있는 한 세계중심적 가치들을 완전히 건너뛰어 버리려 들 텐데, 그것은 그런 가치들을 특별히 억압하려고 해서가 아니라 그런 가치들 자체를 아직 갖고 있지 못한 데다 그런 가치의 소중함과 선함과 바람직함을 전혀 이해하지 못하기 때문이다. 그런 문제에 대한 치유책은 그런 초기 단계들을 죄악시할 게 아니라 발달을 더 진전시키는 것이다. 그런 단계들을 죄악시하는 것은 5살 나이를 병이라고 부르고 불법화하는 것이나 다름없다.

사회가 타인들을 억압하는 결과를 빚어내는 모든 행위에 반대하는 법률을 통과시킬 수 있는 것은 분명 그런 경우며, 그렇게 할 만한 충분한 이유가 있다. 하지만 그런 억압 행위의 원인을 찾으려고 할 때는 모든 사분면(우측 아래의 경제적 요소들과 기술적 요인들, 그리고 평면세계의 외면적 접근법들이 대체로 인정해주는 우측 위의 뇌심리학을 포함한)에서 비롯된 요인들뿐만 아니라 내적인 차원들(좌측 아래의 윤리적 발달과 좌측 위의 도덕적 발달, 혹은 실질적 성장의 다양한 수준과 단계들을 포함한)도 역시 반드시 고려해봐야 한다. 그렇게 하지 않고 그저 곳곳에서 의도적인 '압제자들'과 그들의 '희생자'를 찾는 것은 그런 병에 대한 치명적인 오진이 될 것이다.

따라서 그 "한심한 무리들[6]"의 경우, 그들이 참으로 앰버색의 민족중심적, 전근대적 발달 단계들에 속하는 한 오렌지색과 녹색의 세계중심적 가치들에 대해서는 불편해하고 불쾌해한다. 그것은 그들이 그런 가치들을 제대로 알아보고 싫어하는 게 아니라 애당초 보지 않거나 볼 수가 없기 때문이다. 로버트 케건의 말마따나 그런 가치들은 "그들의 머리 위에" 있다.

이것은 비판적인 방식에서 나온 말이 아니라 그저 담담하게 설명하고 서술하는 이야기일 뿐이다. 여기서 필요한 치료방식은 그들을 미워하거나 '한심해하거나' 범죄시할 것이 아니라, (그들의 행위 자체가 그렇게 하는 것을 정당화해주는 것이 아니라면) 따듯한 자세로 그들에게 다가가 현재 진행되고 있는 국민적 논의와 문화표준의 발달 과정 속에 그들을 포함시키는 것이기 때문이다. 그럼에도 힐러리 옹호자들까지를 포함한 녹색 첨단은 적어도 지난 사오십 년 동안 그렇게 하기를 완강하게 거부해왔다.

현재 이 나라 사람들 절반이 나머지 절반을 미워하고 있다는 것은 참

---

6 앞에서 인용한 힐러리 클린턴의 선거 유세 중 발언.

으로 놀라운 일이지 않은가?

녹색 수행 모순이 처해 있는 현주소가 바로 이것이다. 녹색은 그 어떤 사람도 근본적으로 '열등'하다거나 '실질적으로 성장해야 할 필요성이 있다'는 점을 공개적으로 인정하려 들지 않는다. 왜냐하면 어떤 집단이 참으로 발달의 깊이를 더 해야 할 필요가 있다고 말하는 것(어떤 수준은 다른 수준보다 '더 높거나 낮다'는 뜻을 함축하고 있으므로)은 무관점적 광기와 극단적인 정치적 공정성의 세계에서는 인종차별적이거나 성차별적인 범죄, 혹은 인간성에 반하는 다른 극악한 범죄에 해당하는 것이기 때문이다. 어떤 입장stance도 다른 어떤 입장보다 더 우월한 것으로 여겨서는 안 되며, '더 높거나 나은' 수준 또는 입장 같은 것은 결단코 존재하지 않는다. '더 높거나 낫다'고 여기는 것은 고약한 서열화ranking이며, 절대로 엄금해야 할 것이다. (녹색은 서열 사회가 아니라 '협동partnership' 사회를 원한다. 그것은 민족중심적 가치들과 세계중심적 가치들이 동등한 위치에서 서로 협력하는 것으로 봐야 하고, '인종차별적/성차별적 가치'들과 '평등'이 진정한 협력관계 속에서 동등한 무게를 지닌 것으로 봐야 한다는 것을 뜻한다.)

한데, 녹색 자체가 대여섯에 이르는 주요 발달 단계의 소산임에도 불구하고 녹색은 그 누구에게도 그런 발달을 허용해주지 않으며, 그런 서열화 혹은 평가에 관해 암시하는 것조차도 완전히 금기시하고 있는데, 그런 것이야말로 무관점적 광기에서 비롯된 첨단의 엄청난 오류에 지나지 않는다.

그러나 우리가 이미 알아차리기 시작한 바와 같이, 녹색은 '더 높거나 나은' 어떤 수준이나 견해가 있다는 것을 허용하려 들지 않음에도 불구하고, 여전히 자기네의 견해들은 명백히 '더 높거나 낫다'는 것을 깊이 실감하고 있다. 예컨대 그 견해들이 사실은 민족중심적 견해들보다 더 우월한 세계중심적 견해들을 표현하고 있다는 점에서 근본적으로 더 높고 나은 것들임이 분명하다. 그 견해들은 더 포용적이고, 압제적이거나 억압적인 요소가 덜하니까! 하지만 이런 사실이야말로 녹색이 공식적으로 받아들이거나 인정할 수 없는 것이다. 그러므로 의식적이고 기능적인 첨단으로서의 녹색은 수행 모순에 걸려서 붕괴하고 있다.

더 중요한 것은, 이러한 발달상의 증대, 곧 포용성과 배려와 연민의 능력이 더 커진 것을 공식적으로 인정하지 않으려 들 때, 그런 능력은 위장된 방식으로, 그리고 종종 역겨운 방식으로 새나온다는 점이다. 왜냐하면 설령 그들의 세계관이 그런 식의 서열화를 한사코 부정하려 해도 그들은 사실상 '더 높은' 이런 실체들의 존재를 계속해서 직관적으로 감지할 수밖에 없으므로 이런 실체들은 알아차림으로 이어지는 과정에서 왜곡되고 뒤틀릴 가능성이 있기 때문이다.

녹색은 자신이 이런 자기모순적인 입장에 빠진 것(예컨대, 자기네의 평등주의적 견해가 사물과 현상을 보는 더 나은 방식이라고 생각하는 것조차가 처음부터 평등주의와 완전히 모순된다!)에 격노한 나머지 결국 심술궂은 방식으로, 심지어는 악의적인 방식으로 자기네의 결론을 뱉어내고야 만다.

가장 악명 높은 사례를 꼽자면 다음과 같다. 힐러리는 요컨대 이렇게 말했다. "(나랑 비교해볼 때) 그 사람들은 하나같이 한심한 무리들입니다!" 이 발언은 "지금 내가 대변하려 하고 있는 이 세계중심적이고 모든 것을 포용하는 가치들은 트럼프가 거만하게 선언해온 그 민족중심적이고 배타적인 견해들보다 더 낫고, 더 포괄적이고 더 따뜻한 것이다"라는 속뜻을 가진 아주 고약하게 뒤틀리고 부적절한 표현이다.

하지만 이런 발언 자체조차도 녹색의 핵심적인 도그마(즉, 어떤 평가나 서열화도 없는 무관점적 광기)와 분명히 모순된다는 점에서, 힐러리는 모든 진보주의자들이 포용하고 있는 믿음을 있는 그대로, 과히 거슬리지 않게 표현하는 법을 알지 못한 것이다. 그리고 그것은 단지 파탄지경에 이른 녹색이 안고 있는 문제들의 시작에 불과하다.

우리는 3부에서 이 핵심적인 쟁점과 그 치유책으로 다시 돌아올 것이다. 지금은 그저 녹색 다문화주의가, 모든 것을 포괄하는 세계중심적 견해들이, 권력 주도의 억압적인 민족중심적 견해들보다 절대적으로 더 낫다는 강력하고 굳건한 판단을 내리고 있다는 점에 주목하기 바란다. 하지만 녹색은 또 판단 자체가 본래 억압적이고 사악하다는 결정적인 믿음("이 세상에 우월한 것은 하나도 없으므로 등급 매기기나 평가도 있을 수 없다!")을 갖고 있고, 따라서 자체의 수행 모순에 빠져버린 나머지 그런 견해들이 실질적인 영향력을 미치게 해줄 만한 어떤 정당하고 일관된 이유도 제공해줄 수가 없다. 만일 그 어떤 것도 참으로 우월하지 않다면, 그렇게 주장하는 자체의 견해도 역시 우월하지 않으며, 따라서 굳이 그것을 채택해야 할 만한 강력한 어떤 이유도 없을 것이다.

그리고 녹색은 모든 것을 아우르는 세계중심적 견해들이 억압적인 민족중심적 견해들보다 절대적으로 더 낮고 높다는 위계적 서열을 갖고 있다. 하지만 녹색은 다시, 모든 위계는 횡포를 저지르고 위압적인 것이라는 결정적인 믿음을 갖고 있고, 따라서 또다시 자체의 수행 모순(즉, 무관점적 광기)에 빠져들면서 자체의 믿음을 일관성 있게 옹호할 수 없어서 그저 말을 더듬거나 그 적들이 모두 "파시스트! 인종차별주의자! 성차별주의자! 특권층! 압제자!"라고 소리 지르거나 할 뿐이다.

녹색의 핵심적인 주장들은 타당한(즉, 우월한) 많은 논점을 갖고 있지만 무관점적 광기(그리고 '진리 부재')에 대한 결정적인 믿음 때문에 논의의 초장부터 자기네 발에 총을 쏘며(머리에 쏘는 경우가 더 흔하지만), 따라서 대체로 망가지고 무너지고 조각난 첨단이 되어버렸다.

그러므로 억압적이고 횡포한 세력들과 관련해서 녹색이 빠져드는 문제점은 그것이 표면상으로 모든 개인을 평등주의적인 방식으로 본다는 점이다. 그것은 녹색이 그저 모든 개인의 외면과 행위만 보고 있고, 모든 사람이 다른 사람들에 의한 판단, 평가, 억압, 지배, 압제로부터 자유로워지기를 바란다는 것을 뜻한다.

그런데 불행히도 녹색은 그런 개인들 각자의 내면적 진실들을 고려하지 않고, 그 개인들이 실제로는 평등이라는 목표에 찬성하지 않는다는 것을 알아차리지 못하고 있다. 잘 알다시피 개인들의 다수는 그런 세계중심적 목표에 찬성하지 않는다. 우리는 이미 기존의 연구 결과에 따라서 다섯 사람 중에서 세 사람은 그 중심적 정체성이 민족중심적 수준이나 그보다 더 낮은 수준에 머물러 있다는 것을 알고 있다.

크림슨색의 태초 단계와 적색의 마법 단계와 앰버색의 신화 단계(요 컨대 자기중심적이고 민족중심적인 단계들)에 속한 개인들은 모든 사람을 다 동등하게, 똑같이 취급하고 싶어 하지 않는다. 그보다는 차라리 자기나 자기가 속한 특정 집단이 특권을 누리기를 바란다. 왜냐하면 자기나 자기 집단 사람들은 그럴 만한 자격을 갖고 있고, "선택된 사람들!"이라고 여기기 때문이다. 그리고 만일 그들이 권력을 쥐고 있다면 그들 집단이 반드시 유용한 재화의 대부분을 차지하게끔 할 것이다. 그들은 종종 위압적이고 횡포한 온갖 방식의 통제를 가함으로써 그렇게 하려고 들 것이다. 인종차별적이거나 성차별적 통제, 혹은 특권집단에게 유리한 방식의 통제, 혹은 소수자 집단을 평가절하하고 생산수단을 극소수 특권층에게 유리하게 배분하고 생산력의 대부분을 특권 집단을 위해 따로 떼어두는 조치들을 통해서 그렇게 하려고 들 것이다.

그러나 그런 식의 강압적인 모든 외적 행태는 주로 민족중심적 단계나 그 이하 단계에 존재하는 내적 발달 수준이 주도한다. 그 반면에 세계중심적 단계나 그 이상의 단계에 이른 이들은 본래 그와 같이 불공정한 모든 강압 행위에 반대할 것이다. 역사적으로 그런 이들은 다양한 해방 운동을 이끌었거나 참여한 개인들이었으며, 그런 운동은 과거 인간 진화의 그 어떤 시대도 이뤄내지 못했고 감히 꿈도 꾸지 못할 만큼 온갖 평등권이 엄청나게 신장된 오늘의 세계를 이루어냈다.

하지만 녹색은 내적 현실들은 완전히 무시하고 오로지 외적인 면에만 관심을 둔 채 앞에서 언급한 개인들의 억압 행위들을 살펴보면서 그저 그런 행위들을 불법화하고 범죄시하고 물리적인 힘을 동원해서 가로막으려고 하기만 할 뿐이다. 녹색은 애당초 그런 민족중심적 행위들의 실제적 근원과 원인을 전혀 이해하지 못하고 있고, 그런 억압의 원인도 제대로 이해하지 못하고 있다.

이와 관련해서 반드시 이해해야 하는 것은, 비록 문화의 무게중심이 지난 몇 천 년 동안 자기중심적인 마법적 파동과 민족중심적인 신화적 파동에서 참으로 세계중심적인 오렌지색과 녹색 파동 혹은 능력들로 줄곧 상향 이동해오기는 했지만, 오늘날 모든 사람이 여전히 원점에서 태어나고 그 지점에서 각자의 성장과 발달을 시작해야만 한다는 점이다. 그리고 그들은 그 여섯에서 여덟에 이르는 단계들 중의 어떤 한 단계에 도달했을 때 성장과 발달을 멈출 수도 있다!

따라서 곳곳의 세계중심적 문화들에서조차도 발달의 민족중심적 단계들에 깊이 절어 있는 개인들이 여전히 존재하며, 이런 개인들은 대단히 억압적이고 횡포한 충동을 갖고 있다. 그러므로 이 불편한 진실에서 비롯된 수많은 고약한 부산물 가운데는, 노예제도가 불법화된 지 200년 이상이 흐른 오늘날에도 해마다 5천만 명이 넘는 사람들이 노예 상태로 전락하거나 그런 신분으로 거래되고 있다는 사실도 포함되어 있다.

인간은 도덕성과 가치와 충동의 세계중심적 수준에서 태어나지 않으며, 열렬한 민주주의자로 태어나지도 않는다. 그들은 대여섯의 주요 발달 단계들을 거친 뒤에야 비로소 그런 수준에 이르며, 모든 사람이 다 그런 수준에 이르는 것도 결코 아니다. 앞에서 살펴봤듯이 이 문화권의

60퍼센트가량(전 세계 인구의 70퍼센트가량)이 앰버색의 민족중심적 단계, 혹은 그보다 더 낮은 단계들에 머물러 있다.

사람들이 사랑을 하고 있을 때면 나치 당원이나 KKK단원 같은 행태를 보이는 경우는 극히 드물다. 외부적인 요인들, 곧 경제적 요인, 기술적 흐름, 정치적 당파, 지리적 현실 등의 요인들이 그렇게 포악한 세력들의 뿌리가 되는 것은 아니다. 그 모든 요인이 그런 세력을 만들어내는 역할을 하거나 할 수도 있긴 하지만 말이다. 본래 그런 외적인 원인들만큼이나 많이 존재하는 내면적인 현실들이 그런 세력을 만들어내는 근본 원인으로 작용한다.

이 내적인 수준들은 항상, 생리적 충동, 욕구, 타인의 역할을 할 수조차 없는 나르시시즘적인 욕망만 갖고서 그것들이 태어난 자리(태고적-자기중심적 단계)에서부터 성장하고 발달하기 시작한다.

예를 들어, 세 살배기 아이를 데리고 와서 한쪽 면은 붉은색이고 다른 한쪽 면은 초록색인 공 하나를 당신과 아이 사이에 놓아두도록 하라. 그 다음에는 공을 몇 번 돌려서 아이가 그 공의 양면이 각기 다른 색깔을 띠고 있다는 사실을 분명히 알 수 있게 하라. 그러고 나서 붉은색 면은 아이 쪽을 향하게 하고 초록색 면은 당신 쪽을 향하게 한 뒤, "네가 보고 있는 색깔이 뭐지?"라고 물어보도록 하라. 그러면 아이는 "빨강"이라고 정확하게 대답할 것이다. 이어서 다시 "내가 보고 있는 색깔은 뭐지?"라고 물어보도록 하라. 아이는 이번에도 "빨강"이라고 대답할 것이다. 그 아이는 당신의 관점을 가질 수 없다. 아이는 자기가 보고 있는 것을 당신도 역시 똑같이 보고 있을 것이라고 상상한다.

하지만 그 아이가 일곱 살이 될 때까지 기다렸다가 이 실험을 다시 해 보도록 하라. 이번에도 아이에게 본인이 보고 있는 색깔이 뭐냐고 물으면 아이는 "빨강"이라고 정확히 대답할 것이다. 그런 다음 "내가 보고 있는 색깔이 뭐냐"고 물으면 아이는 "초록"이라고 정확히 대답할 것이다. 더 많은 관점을 가질 수 있는 아이의 능력이 성장한 것이 그런 차이를 빚어내며, 따라서 아이는 본인이 참으로 '타인의 역할을 할 수 있는' 데까지 성장한 것이다. 아이는 참으로 본인을 당신의 입장에 놓을 수 있으며, 당신이 본인과는 다른 관점을 갖고 있다는 것을 안다.

일곱 살 이전 시기들에 그 아이는 참으로 사랑스러운 모습을 하고 있겠지만, 아직은 당신을 한 개인으로 볼 수가 없다. 아이는 당신이 자신과는 다른 별개의 목표와 욕망과 관점과 의견을 갖고 있다는 사실을 깨달을 수 없다. 아이는 당신을 제대로 알 수가 없고, 당신을 제대로 알 수 없는 사람은 당신을 참으로 사랑할 수도 없다. 혹은 일곱 살 이전 시기에는 분명 일종의 나르시시즘적인 사랑이 존재한다. 하지만 이제 이 더 높은 단계에 이른 아이가 "사랑해"라고 말할 때, 아이는 당신의 개인적인 관점을 전혀 알 수 없고 당신을 진짜 사람으로 볼 수도 없었던 때보다 훨씬 더 깊고 진실한 사랑을 표현한 것이다.

그 이전 시기에 아이는 당신에 대한 사랑을 억눌렀던 것이 아니다. 단지 성장의 이 시기에 이르기 전까지는 아이의 사랑이 참된 방식으로 드러날 기회를 갖지 못했을 뿐이다. 아이는 여전히 '이기적인' 발달 단계에 머물러 있었으며, 그 단계에서는 오로지 자기 자신만을 보고, 따라서 자신에게만 깊은 관심을 갖고 있었다. 아이는 아직, 실제로 '타인'을 보고 따라서 진심으로 '타인'에게 관심을 갖는 '배려'의 단계에 이르기까지 성장하지 못했다.

하지만 이제 아이는 2인칭의 관점을 가질 수 있고, 따라서 당신과 같은 2인칭의 상대를 참으로 볼 수 있다. 그 덕에 자기 아닌 다른 사람도 역시 참으로 관심을 갖고 사랑할 수 있다. 과거에 억압적인 힘이 아이가 이렇게 하는 것을 방해했던 것이 아니라 단지 이렇게 할 수 있는 능력이 아직 나타나지 않았을 뿐이고, 따라서 그 무렵의 아이에게는 그런 능력이 결여되어 있었다. 이기적인 단계에서 배려와 관심은 억눌려 있는 것이 아니다. 그런 것들은 그저 아직 나타나지 않았을 뿐이다. 그런 결여상태는 억압 탓이 아니라 발달의 결여 탓으로 빚어진다.

그러므로 이 시기의 개인은 1인칭 관점만을 가질 수 있는 상태(자기중심적)에서 발전해 이제 2인칭 관점(민족중심적)을 가질 수 있다. 이제 이 개인은 자신의 정체성을 오로지 자기 자신 만에서 많은 사람으로 이루어진 집단 전체, 곧 가족과 부족과 국가와 종교 집단 등과의 동일시로 확장시킬 수 있다. 만일 그들이 이 일반적인 단계에서 머무른다면, 그들은 주로 자기네가 선택한 특별한 집단(인종, 성별, 민족, 종교, 신조)과의 동일시 상태에서 머무르게 될 것이다.

다른 한편으로 만일 그들이 계속해서 성장 발달해서 다음의 주요 단계로 옮겨간다면, 한층 더 높은 관점, 보편적이고 객관적이고 입증할 수 있는 진실을 볼 수 있는 능력이 나타날 것이다. 흔히 이런 능력을 과학적 능력이라고 부르며, 우리는 그것을 '세계중심적' 단계, 혹은 보편적 배려의 단계로 보고 있다.

이 단계에서 사람은 오로지 어떤 한 단일 집단(인종, 신조, 신앙)과의 배타적 동일시에서만 머물지 않고 모든 집단, 인류 전체와의 공감어린 정체성을 공유하는 단계로 나아간다. 그들은 보편적이고 세계중심적인 관점을 가질 수 있는 능력 덕에 인종과 피부색과 성별과 신조와는 관계없이 모든 사람을 공정하게 대하려고 시도한다. 그리고 이 세계중심적, 탈인습적, 보편적 배려의 도덕성 단계에서 그 사람은 노예를 해방시키고, 억압이나 불공정한 종속 상태로 고통 받는 사람들을 구해주고, '불가촉천민들'을 자유롭게 해주고, 남성이건 여성이건 가리지 않고 동일 노동을 할 때는 동일 임금을 받도록 해주고, 성적 취향이 다르다는 이유로 공격받지 않도록 하는 일에 거의 강박적이라 할 정도의 관심을 갖게 된다.

그 전 단계인 민족중심적 단계에 속하는 사람은 이렇게 뜨거운 충동을 갖고 있지 않다. 그것은 그 사람이 사랑이나 관심이나 연민의 감정들을 갖고 있지 않아서가 아니다. 그는 모든 집단에 대한 보편적 배려의 마음이 아니라 자신이 선택한 집단에 대해서만 배려하는 마음을 갖고 있을 뿐이다. 그는 자기 가족을 깊이 사랑한다. 그는 자기 나라를 열렬히 사랑한다. 그는 자기 종교를 끔찍이 사랑한다.

이것은 단지 그의 사랑이 자기와 동일시하는 특정 집단에게만 닿을 수 있기 때문이다. 그가 제아무리 노력한다 해도 그의 사랑은 아직 모든 집단에게 닿을 수 없다. 그 마음은 처음부터 자신을 전 인류와 동일시하는 상태로 태어난 것이 아니기 때문에 점점 더 큰 전체들과 동일시할 수 있는 능력을 성장, 발달시켜야 한다. 그렇게 해서 그 마음은 단지 '나'와의 동일시(이기적)에서 '우리'와의 동일시(배려)로, 거기서 다시 '모든 우리'와의 동일시(보편적 배려)로 나아가게 된다.

그 마음의 포용성은 계속해서 점점 더 커지고, 따라서 그 도덕성과 윤리적 배려의 영역 속에 점점 더 많은 사람이 포함된다. 당신이 자신과 어떤 사람들을 동일시할 때는 배려와 관심과 도덕적 포용의 자세로서 그들을 대할 것이다. 당신은 본질적으로 당신이 자신을 대하는 것과 같은 방식으로 그들을 대할 것이다(즉, "네 이웃을 너 자신처럼 사랑하라").

하지만 당신이 자신을 그들과 동일시하지 않을 때, 그들이 '타자'이고 낯설고 자신이나 자기 집단과 어울리기에 적합해보이지 않고 도덕적으로 포용해줄 만한 가치가 없어 보일 때, 최악의 경우 그들은 다르고 타자이고 동일시할 만한 이들이 아니라는 이유만으로 공격하거나 살해할 만한 대상이 될 수도 있다.

앞에서 거듭 말해왔다시피 타인들과 동일시할 수 있는 능력은 분명 처음부터 단번에 얻어지는 것이 아니다. 그 마음은 느리고 힘겨운 성장 과정을 통해서 포용할 수 있는 능력을 자꾸 키워가야 한다. 그런 과정을 통해서 그런 능력이 조금 더 커질 때 자기중심적 단계에서 민족중심적 단계로, '나'에서 '우리'로 이동하게 된다. 거기서 그 능력이 조금 더 커질 때 민족중심적 단계에서 세계중심적 단계로, '우리'에서 '우리 모두'로 이동하게 되며, 다시 더 커지면 통합적 단계로 이동하게 된다. 통합적 단계에서는 다른 생물종까지도 포함하기 시작해서 '우리 모두'에서 '모든 실재reality'로 이동하게 되며, 결국은 '우주적 의식'에까지 이르게 된다.

이런 능력이 점차 커져가는 것은 마음이 처음에는 글자만을 쓸 수 있는 데서 단어, 문장, 문단을 쓸 수 있는 단계들로 발전해가는 것과 비슷하다. 마음은 그런 순서로 배워 나간다. 마음은 글자를 쓸 수 있는 정도에서 단어를 건너뛰고 곧바로 문장을 쓸 수 있는 단계로 도약할 수 없다. 그리고 단어만으로 문장이 될 수는 없다. 이 단계들은 한 번에 한 단계씩만 생겨날 수 있으며, 그 어떤 단계도 건너뛰거나 우회할 수 없다. 그런 점은 우리가 이미 언급했던, 쿼크에서 원자로, 분자로, 세포로, 유기체로 성장해가는 성장의 홀라키에서처럼 자연계 어디에서나 다 마찬가지다. 한 번에 한 단계씩 성장해가며, 어떤 단계도 건너뛰거나 우회할 수 없다.

2인칭의 민족중심적 단계에 이른 개인들은 3인칭 용어, 혹은 보편적이고 세계중심적인 용어로 분명하게 생각할 수 있는 인식 능력을 아직 발전시키지 못했기에(그들은 글자 단계에서 단어 단계로 나아가기는 했지만 문장 전체를 쓰는 단계에까지는 아직 이르지 못했다), 그들에게 참으로 중요한 것은 이미 틀을 잡아놓은 민족중심적 정체성들, 즉 가족과 국가와 자기네의 신에 대한 사랑 같은 것들이다.

하지만 그런 모든 실체는 다른 지역의 다른 사람들이 갖고 있는 것들과는 분명히 달라서, 이 가족 대 저 가족, 이 나라 대 저 나라, 이 신 대 저 신이라는 대립구도가 형성된다. 따라서 그들은 자기네가 소중히 여기는 정체성에 대한 이해할 만한 사랑에서 자기네의 정체성을 위협하는 것 같은 '타자들'에 대해 두려움과 분노와 증오심을 느끼는 경우가 적지 않다. 그리고 어느 의미에서는 그런 위협이 실제로 존재하기도 한다.

하지만 그들의 의식과 정체성이 다시 더 성장해서 2인칭의 민족중심적 영역에서 3인칭의 세계중심적 영역으로 확장되고 나면 그들로서는 그 새 영역을 위해, 곧 오늘날 참으로 모든 것을 포함하는 지구촌을 위해 열심히 싸울 수밖에 없을 것이다.

그들은 여전히 자기네 부류에 속하는 것들을 사랑할 것이다. 하지만 사랑할 수 있는 그들의 능력이 엄청나게 커져서 이제 그들이 참으로 마음을 쓰는 사람들의 숫자도 엄청나게 불어나 있다. 따라서 이 시점에서 그들은, 칸트의 말을 빌려 말하자면, 어딘가에서 누군가가 고통스러워할 때는 나도 고통스럽다는 것을 참으로 절실하게 느낄 것이다. 그리고 그렇게 느낄 수밖에 없다. 달리 선택의 여지가 없으니까. 그렇게 해서 세계중심적이고 국제적인 단계들이 출현한다.

그들이 과거 민족중심적 단계에 머물러 있었을 때 자기네의 글로벌한 사랑, 탈인습적 갈망, 세계중심적 능력을 짓누르거나 강압한 것은 아니었다. 그들은 그저 그런 것들을 전혀 알지 못했을 뿐이다. 그들은 아직 더 수준 높은 그런 글로벌한 능력을 갖고 있지 못했다. 그런 능력이 아직 나타나지 않았으니 그들로서는 그것과 동일시하려야 할 수도 없었다. 그들은 그런 능력을 분명히 알 수 없었기에 그런 것이 존재한다는 것조차도 부정했을 것이다. 지구온난화 같은 문제들과 접할 때 그런 일이 종종 일어난다. 민족중심적 단계에 머물러 있는 이들의 절반 이상이 지구온난화global warming 현상이 존재한다는 것조차도 부정한다. 그들이 부정하는 것은 '온난화warming'라는 부분이 아니다. 그들은 그저 3인칭의 글로벌한global 세계중심적 실체들을 제대로 보지 못하기에 그럴 뿐이다.

그러므로 그 시점에서 그들은 자기네가 볼 수 있고 동일시할 수 있는 영역만을 지키려고 할 수밖에 없었다. 자기네 가족과 자기 나라와 자기네 신만을 지키고, 아마도 자기네 인종과 성별과 언어만을 고수할 수밖에 없었을 것이다.

그들은 대단히 민족중심적이었지만, 세계중심적 실체들을 억압당해서 그렇게 된 건 아니었다! 그들은 세계중심적 실체들을 알지 못했다. 그들이 알고 있는 한 그런 실체들은 존재하지 않았다. 그들이 알고 있었던 것이라고는 오로지 자기네가 알고 있는 실체들을 위협하는 것들뿐이었다. 즉, 자기네 가족, 직장, 나라, 국경선, 신처럼 자기네 부류의 모든 것을 망라하는 자기네의 민족중심적 실체들을 위협하는 것들뿐이었다.

물론 그들이 자기네 부류에 속하는 그런 실체들조차도 알지 못했던 때가 있었다. 예컨대 그 무렵 다른 사람이 공의 초록색 부분과 마주하고 있었을 때 그들은 그 사람이 자기네처럼 붉은색을 보고 있다고 생각했다. 그 이기적인 단계들에서 그들이 참으로 본 영역은 자신의 영역, 즉 자신의 자기중심적 실체들, 자신의 즉각적인 욕구와 충족, 자신이 원하는 것들뿐이었다.

그러나 그들은 계속해서 성장하고 진화해나감에 따라 협소한 자기 한계 너머로 서서히 확장해갔고, 자기와 가까워지기 시작한 집단에 속하는 온갖 부류의 다른 사람들과 자신을 동일시하기 시작했다. 그들에게 이것은 실로 엄청난 확장이었다. '나'에서 '우리'로의 확장, 자유의 정도에서의 확장, 그들이 타인들에게 미칠 수 있는 사랑의 양에서의 확장, 사귈 수 있는 친구 유형과 숫자에서의 확장 등이다. 이것들을 모두 요약하면 자기중심적 단계에서 민족중심적 단계로의 확장이 된다.

그런 식의 확장이 이루어진 뒤에도 그들이 여전히 보지 못했거나 볼 수 없었던 것이 있었다. 민족중심적 단계에서 세계중심적 단계로, 신화적 수준에서 합리적 수준으로, 앰버색에서 오렌지색으로, 2인칭에서 3인칭으로, 지역에서 지구촌 전체로의 이동이 가져다주는 더 큰 확장이 바로 그것이었다.

그들은 오렌지색 수준에서 생각할 수도 있었을 것이다. 그들 대다수가 실제로 그렇게 할 수 있었을 것이고, 오렌지색 수준에서 매우 합리적으로 생각할 수도 있었을 것이다. 하지만 그들이 자신을 여전히 앰버색과 동일시하고 있다면, 그들의 중심적 정체성이 앰버색에서 오렌지색으로 아직 바뀌지 않은 것이다. 그들의 기본적인 정체성은 앰버색에, 민족중심적 단계에 머물러 있다. 그들은 특정 집단, 특정 종교, 특정 문화 편향적이고 아마도 특정한 성별과 인종 편향적일 것이며, 심지어는 특정 테러집단 편향적이기까지도 할 것이다. 앰버색인 그들의 이런 편향성을 일일이 열거하자면 한도 끝도 없을 것이다.

참으로 그렇다. 과거 30년 동안 테러 집단들의 90퍼센트 이상이 대체로 적색의 권력 충동을 동반한 매우 강고한 앰버색의 민족중심적인 주요 정체성을 갖고 있었으며, 이때의 앰버색은 거의 항상 다양한 형태의 근본주의적인 신화-직역적 종교 편향의 앰버색이다. 그리고 그들은 세계중심적인 서구를 '거대한 악마'로 보고 있고, 그것은 서구가 문자 그대로 영혼을 갖지 못한 이교도와 배교자로 가득한, 종교적 의미에서의 '타자'임이 분명하기 때문이며, 따라서 유일신의 이름으로 완전히 박멸시켜야 한다고 여기고 있다.

그들이 그런 일을 저지를 가능성은 본래부터 존재하는데, 그런 사람들의 범주에는 극단적인 이슬람 근본주의자들뿐만 아니라 대부분의 극단적인 앰버색 근본주의자들도 포함된다. 통계상으로 봐서는 그들 가운데 이슬람 근본주의자들이 차지하는 비율이 아주 높지만 말이다. 비록 비율은 낮지만, 미국 남부에서 낙태전문병원들을 폭파시킨 남부 침례교도들, 도쿄 지하철에서 사린가스를 살포한 불교도들[7], 국경전쟁을 벌인 파키스탄의 이슬람교도들과 인도의 힌두교도들, 북아일랜드에서 잔학행위를 일삼은 가톨릭교도들과 신교도들도 그 범주에 포함된다. 다시 말하지만, 여기서 더 깊은 문제가 되는 것은 이슬람 극단주의자들이 아니라 앰버색 극단주의자들이다.

---

7 정확히는 이시하라 쇼코가 세운 신흥종교 옴진리교.

그 단계들에 이른 성인이 수많은 다른 요인에 따라서 할 법한 일은 다른 민족중심적 집단들 모두가 다음의 더 높고 더 포괄적인 세계중심적 발달 수준을 향해 수직적으로 올라가게 하려고 애쓰는 대신에 그들이 자신의 생존에 얼마나 큰 위협이 되는지를 결정하는 일이다. 세계중심적 발달 수준에서는 집단들 간에, 사람들 간에 참된 관용과 상호간의 사랑이 가능하게 되는데도 말이다. 민족중심적 단계에 속하는 이들은 그저 자기네의 특별한 집단을 수평적으로 강화하기 위해서만 일하기로 결정할 공산이 크다. 그리고 자기네를 위협할 가능성이 있어 보이는 다른 집단이 누구든, 다른 직업 집단이든 다른 국가든 다른 군사집단이든 다른 인종·성별·경제적 계급·도시나 주州·교육수준·경쟁 기업 제품이든 뭐든 가리지 않고 무조건 제거하려들거나 심지어는 파멸시키기 위해서만 일하기로 결정할 가능성이 아주 크다.

모두가 여섯에서 여덟에 이르는 기본적인 주요 발달 수준 각자는 자연계 여기저기에 존재하는 다른 모든 홀론처럼 바로 아래 수준을 '초월하면서 포함한다.' 그것은 이 수준들에 속하는 각자가 자연의 확고한 습성(혹은 '온 우주의 관성 Kosmic groove')에 따라서 상대가 어느 발달 수준에 이르렀던 간에 상관없이 각자에게 늘 도움이 된다는 것을 뜻한다.

그런데 상황이 아주 어려워지면, 이런 연쇄적 흐름이 무너지면서 정확히 같은 길, 같은 단계를 따라서 퇴행하는 경향이 있다. 이번에는 정반대 방향으로, 위가 아니라 아래로. 과거에는 자기중심적 단계에서 민족중심적 단계, 세계중심적 단계, 통합적 단계로 진화해왔는데, 이제는 통합적 단계에서 세계중심적 단계, 민족중심적 단계, 자기중심적 단계로 퇴행해갈 것이다.

그리고 그것이 바로 오늘날 진행되고 있는 추세의 일부며, 우리가 앞에서 살펴봤다시피 트럼프를 대통령 자리에 오르게 해준 공(혹은 허물. 각자의 성향에 따라 둘 중의 하나를 선택해도 좋다)의 일부는 바로 그런 추세에서 비롯되었다. 혹심한 어려움이 순조로운 발달 과정을 무너뜨릴 때, 통합적 수준은 녹색이나 오렌지색의 세계중심적 수준으로 미끄러져 내려가고, 다른 모든 수준을 참다운 홀라키적 포용 속에 제대로 통합하는 데는 관심이 없고 오로지 국제 공조에만 신경을 쓸 것이다.

그리고 세계중심적 수준은 민족중심적 수준으로 미끄러져 내려갈 것이다. 녹색의 정체성 정치가 아주 심각한 인종·성 차별주의에 대한 포용의 태도로 전락해버린 경우가 그 예에 해당된다. 우리는 녹색과 관련된 데서 특히 더 그런 퇴행 현상을 목격했다. 많은 영역에서 녹색의 원래 '참되지만 부분적인' 생각들이 완강한 전제주의로 화했고 그것은 다시 앰버색을 완전히 활성화시키는 결과를 빚어냈다.

만일 퇴행이 더 지속된다면 그것은 이제 "내 나라, 내 종교, 내 가족을 구하자!"조차도 되지 못하고 "각자 자기 자신을 위해서!"로 전락해버릴 것이다. 원시적인 자기중심주의와 나르시시즘이 이 시대를 지배하듯이 말이다. 나르시시즘은 어떤 사회집단도 다 완전히 해체해버리기 때문에 아주 치명적이다. 진짜 나르시시스트라면 거리의 깡패들한테조차도 별 쓸모없는 존재가 될 것이다.

앞에서 길게 사설을 늘어놓았지만 내가 얘기하려고 하는 간단한 요점은 그저 다음과 같다. 이런 내적인 길^{path}들을 그저 완전히 부정해버리는 것으로 그친다면, 이런 길들은 제대로 다루어지지 않고 적절한 안내를 받아 앞으로 나갈 수도 없을 것이다. 그런 길이 점점 더 높은 수준으로 이동해서 더 다양하고 포괄적이고 통합적인 것이 되고 더 따뜻하고 더 많이 배려해주는 것이 되어갈 때 우리는 순조롭게 그 길을 따라 갈 것이다. 또 다른 경우 그 길은 더 횡포하고 강압적인 것이 되면서 내리막 길을 치달려가기도 할 것이다. 사회적 스트레스가 폭발적으로 증가하고 문화적 진화가 멈춰 설 때마다 그 길들은 그렇게 되는 경향이 있다.

사회적 스트레스가 폭발하든 문화적 진화가 멈춰서든(파탄난 녹색이 우리한테 제공해준 현실이 바로 그것이다), 혹은 두 가지가 한꺼번에 일어나든 간에 만일 우리가 애당초 그런 길들이 존재한다는 것을 완전히 부정해 버린다면, 그런 일이 일어날 때 우리는 그 길을 따라 앞으로 나갈 수가 없을 것이고, 참다운 지성이나 지혜의 힘으로 그 길을 적절히 조정해주거나 안내해줄 수도 없을 것이다.

한데 우리가 현재 딛고 서 있는 땅이 바로 그렇게 엉망진창이 되어 버렸다. 미국뿐만 아니라 세계 그 자체(경제에서 과학기술, 모든 환경 문제 등에 이르는)까지도 망가진 한 첨단에 의해서 빈사상태에 빠져버렸다. 그 첨단은 더할 나위 없이 중요한 이 내적인 흐름에 무지할 뿐만 아니라 그런 흐름이 눈에 띄기만 했다 하면 맹렬히 공격해서 해체시키려고 온갖 노력을 다한다.

불행히도 지난 몇 십 년 동안 녹색은 그렇게 해체하는 일에 참으로 성공적이었다. 녹색의 근본 바탕이 되는 믿음, 그 혹심한 무관점적 광기(모든 가치를 '동등한' 것으로 봐야 하고, 어떤 가치 체계도 '더 낮거나 높은 것'으로 '판단'하거나 '평가'하지 말아야 한다는 요구)는 녹색이 포용성과 배려는 점차 확장되고 억압과 지배는 점차 줄어드는 거대한 성장과 발달의 위계를 인정하는 것조차 허용해주지 않는다.

만일 녹색이 정말로 발달의 위계를 인정한다면, 녹색은 즉각 해당 문화를 참으로 세계중심적이고 통합적인 실체의 영역으로 안내하도록 거들 것이고, 그 영역에서는 진정으로 자유롭고 평등한 사회가 도래할 수 있을 것이다. 녹색은 모든 것을 포용한다는 정확한, 그리고 매우 고결한 목표를 갖고 있다. 하지만 그것은 우리를 실제로 그 목표에 데려다줄 단 하나의 길도 갖고 있지 못하며, 그것이 열렬히 희구하는 이상들에 도달하는 것을 가로막는 진짜 장애들을 제대로 처리할 능력도 없다.

녹색이 그 무관점적 광기를 점점 더 많은 영역으로 향하게 하고 점점 더 많은 실체의 측면들을 해체하면서, 그것은 마침내 저 자신에게도 파괴 광선을 쏘아댔고, 자신의 신조들을 해체했고, 자신이 말할 수밖에 없었던 모든 것을 믿을 만한 모든 이유를 사라지게 만들었다. 그렇게 해서 녹색은 진화의 첨단으로서의 기능을 상실하고 철저히 붕괴해버렸다.

그에 따라 시급하고 절박한 의문이 일어난다.

우리는 여기서 대체 어디로 가고 있는 걸까?

3부

가까운
미래

7

우리는 여기서
어디로 가고 있는가?

이 시점에서 결정적으로 중요한 문제는 "다음에 우리는 무엇을 할 것인가"이다. 지속적인 역학 속에서 의도적인 정지 상태를 취해온 진화가 그 토대를 훨씬 더 적절하고 정확하고 효과적으로 쇄신하기 위해서 표면상 완전히 멜트다운[1]된 것으로 보이는 상태(그 멜트다운 상태는 트럼프 당선이 가장 뚜렷하게 표현해주고 있기는 하나, 꼭 그 하나의 요인만으로 이루어진 것은 아니다)에서 어떻게 앞으로 나아갈 수 있을까?

발달의 모든 주요 수준(사실, AQAL 매트릭스 모형에서의 모든 주요 요소와 아울러)에서 반드시 밟아야만 하는 단계들이 있다. 하지만 여기서 우리는 이 멜트다운 현상의 주요 원인을 찾아보고 있는 중이다. 그 멜트다운

---

1 원자로의 냉각장치가 정지되어 내부의 열이 과도하게 상승하면서 원자로의 노심부가 녹는 사고. 여기에서는 본래 의미에 빗대어 그 중대함을 부각시키기 위해 사용된 표현이다.

은 녹색 첨단의 해체적 붕괴를 의미한다. 다시 말해, 자기 초월을 통해서 지속적으로 자기 조직을 할 수 있을 만한, 혹은 모든 전 단계들을 초월하고 포함할 수 있을 만한 더 튼튼한 기반을 찾아내기 위한 자기 교정적인 재조정 과정에서의 해체적 붕괴를 의미한다.

그런 문제의 첫째가는 근원(수백 가지의 부차적 근원들과 아울러)인, 기능 장애 상태에 빠진 녹색 첨단 자체의 경우, 그런 상태를 타개할 수 있는 두 가지 주요한 방법이 있으며, 둘 다 녹색 첨단에서의 교통체증을 완화시킬 가능성이 있다. 첫 번째 방법은 더 현실성이 있긴 하나 효과는 좀 떨어지는데, 그 방법에는 파탄 상태와 기능장애 상태에 빠진 녹색 첨단 자체의 치료가 포함되어 있다. 말하자면 자기 치료와 자기 교정을 목표로 한 녹색의, 녹색에 의한, 녹색에서의 움직임 같은 것이다.

앰버색과 오렌지색도 각자 자기네 수준의 한계(때로는 심각한) 내에서나마 자기네가 해야 할 일을 어느 정도 하려고 시도하고 있다. 둘 다 자기네 수준의 결함 때문뿐만 아니라 파탄 난 녹색의 과도한 개입 때문에도 어려움을 겪고 있는데, 녹색의 개입 문제는 녹색 치료의 일환으로 반드시 바로 잡아야 한다.

하지만 앞에서 살펴본 것처럼 녹색은 줄곧 비정상적이라고 할 정도로 과격하게 처신해왔다. 녹색은 심한 무관점적 광기 속에서 자신의 병폐를 강화시키고 부추겨왔으며, 가능한 사회의 모든 분야에 그 병을 퍼뜨려왔다. 그 첫째가는 증상은, 앰버색과 오렌지색은 물론이요, 녹색이 아닌 것이라면 뭐든지 비난하고 부정적으로 판단하는 것이다. 녹색은 존재와 앎의 각 수준들이 어떻게, 그리고 왜 인간의 전반적인 성장과 발달에 꼭 필요한 단계들인가를 전혀 이해하지 못하고 있다는 사실을 보여주고 있다. 녹색은 사람들이 우선 앰버색을 거쳐서 오렌지색으로, 다음에는 녹색으로 발달하기 때문에 비로소 녹색에 이르게 된다는 사실을 이해하지 못하고 있다. 앰버색이 없으면, 오렌지색이 없으면 녹색도 없다. 당신은 앰버색과 오렌지색을 싫어하는 녹색의 자멸적인 광기를 알고 있는가?

다시 말해서, 녹색에게 앰버색과 오렌지색의 이 두 큰 덩어리(녹색에게는 개인의 발달 단계에 대한 개념이 전혀 없으므로 대체로 그 둘은 하나로 뒤엉겨 있다)는 곳곳에서 녹색 사람들을 '희생자들'로 만들고 있는 온갖 억압 세력의 거대한 원천이다. 녹색은 공세적인 정치적 공정성에서부터 자기네가 상상할 수 있는 온갖 '미세한 공격'을 범죄시하는 것, 이 나라의 구석구석을 죄다 민족중심적 성향을 강화시켜주는 '안전지대'로 변화시키려는 것을 포함한 모든 수단을 총동원해서 그런 세력들을 말살하려 하고 있다.

녹색은 집단들 사이에서 드러나는 '모든 차이'는 차별과 억압의 근원이 되며, 차이라고 하는 것은 단지 '사회적 구성물'에 불과하므로 애당초 어떤 차이도 인정해서는 안 된다고 여긴다. 하지만 일부 차이들은 사회적 구성물임이 맞으나 그렇지 않은 것들도 있는데, 녹색은 곳곳에 더 많은 희생자들이 있다는 상상만 할 뿐이다. 녹색은 희생자들을 비난하지는 않는다. 하지만 여기저기 너무나 자주 희생자들을 만들어낸다.

트럼프의 당선에 대한 정상적인 반응 행동은 바로 모든 성인들에게서 발견되는 주요한 발달 단계들 간의 마음 열기, 의도적으로 이루어지는 더 다정한 포용이다. 이것은 녹색 버전의 포용이 아니라 진정한 포용에 대한 요청이다. 녹색 버전의 포용은 녹색이 아닌 모든 것을 한심한 것으로 여기면서 적극적으로 배제하는 것이기 때문이다. 녹색은 포용적인 자세로 나서고 싶어 한다. 녹색은 이론상으로는 모든 배제와 배척을 비난하며, 녹색 옹호자들의 일부는 그렇게 하는 것을 '통합적 문화'라고 부르기까지 한다.

그러나 녹색은 실상 오렌지색과 앰버색을 싫어한다. 그리고 2층의 통합적 수준은 두 배로 더 싫어한다. 왜냐하면 통합적 수준은 건강한 성장의 홀라키들을 비롯해서 녹색이 맞서 싸웠던 모든 것의 건강한 버전들을 다시 들여오고 있기 때문이다. 녹색은 통합적 수준이 발견하고 조화시킨 차이^{distinction}인, 지배자 위계와 성장 위계를 완전히 혼동하고 있는 탓으로 성장의 홀라키야말로 지배의 핵심이라고 여긴다.

하지만 지금 우리는 녹색이 스스로를 치료하고 재조정해서 참으로 주도적인 진화의 첨단으로서 다시 제 역할을 할 수 있을 가능성을 살펴보고 있는 중이다. 이런 형태의 회복 혹은 치료는 실제로 2층의 통합적 수준 자체로 도약하지 못한 상태에서도 참으로 통합적인 많은 생각들을 거의 확실하게 포함하는 형태가 될 것이며, 이것이 바로 우리가 곧바로 검토해볼 두 번째 주요 방법이다.

유명한 여론조사 전문가인 프랭크 런츠^{Frank Luntz}는 이렇게 말했다. "트럼프의 승리는 정부와 관련된 모든 사람에게 잠에서 깨어나라고 촉구하는 충격적인 사건입니다. 주지사, 상원의원, 시장 할 것 없이 모든 이가 다 합심해서 대중에게 평화를 가져다줄 수 있게끔 조용히 성찰해보는 시간을 가져야 합니다. 중요한 것은, 이렇게 하는 것이 정부 관리들이 서로 화합하기 위한 것이 아니라는 점입니다. 물론 그렇게 하는 것도 그 자체로 필요한 일이기는 하죠. 하지만 그것은 유권자들이 서로 화해하도록 돕기 위한 일입니다. 그것은 사람들이 서로 화해하게 하고 서로의 경계선들에 다리를 놓아주고 서로의 상처를 싸매주기 위한 일입니다. 진정한 리더십이란 바로 그런 것입니다."

사실, 첨단이 수행해야만 하는 과제들 가운데 가장 중요한 과제는 효과적인 교육의 틀을 정하는 것에 더해 실질적인 리더십을 제공해주는 일이다. 특히, 진실이 존재하지 않고 따라서 참다운 리더십을 위한 어떤 실질적인 토대도 존재하지 않는 무관점적 광기의 세계에서는 오로지 첨단만이 제대로 전진할 수 있는 방법을 제공해주는 리더십이 될 수 있다. 첨단만이 어디로도 가지 못하는 현재의 지배적인 흐름에 과감히 맞서는 리더십이 될 수 있다. 진정한 리더십은 진실도 없고 방향도 없고 가치도 없는 세상을 정면으로 노려보면서 이렇게 말한다. "진실이 존재하지 않는다는 말은 전혀 진실이 아니다. 진실은 더할 나위 없이 분명히 존재한다. 진실은 바로 이 방향에 있다." 그리고 그런 리더십은 눈부시도록 참되고 매혹적인 것이어서 불확실한 미래에 믿을 만한 길을 제공해주고, 수많은 사람의 기운을 북돋워줘 그 길을 따라 앞으로 나아가게 한다.

진화와 발달의 이 지점에서 리더십은 참된 실체를 기반으로 한, 참으로 효과적인 것이 되기 위해 포스트모더니즘 자체의 '참되지만 부분적인' 진실들에 주의를 기울여야 하지만(다른 한편으로, 전통주의와 모더니즘에 대해서도 역시 그렇게 해야 한다), 온건하고 효과적이고 극단적이지 않고 모순되지 않은 녹색 본래의 형태로 그렇게 해야 한다. 원래 그런 형태들에는 관점은 증가시키고 배척하는 행태는 감소시켜줄 참으로 효과적인 수단들이 포함되어 있었기 때문이다.

사실, 전체적으로 볼 때 녹색은 현재 크게 분리되어 있는 가치 체계들을 철저히 보살펴주는 것을 통해서만, 그중에서도 특히 세 가지 주요 가치 체계, 곧 전통적인 앰버색, 근대적 오렌지색, 건강한 형태의 탈근대적 녹색 자체를 보살펴주는 것을 통해서만 진정으로 치유될 수 있다. 왜냐하면 이 세 가치 체계 모두가 현재 격렬하고 악의적인 형태로 완전히 핵무장한 문화전쟁들 속에 포함되어 있기 때문이다.

녹색은 오로지 그 세 가치 체계 각각을 진심으로 포용하는, 근본적으로 따뜻한 접근방식을 통해서만 참으로 치유될 수 있으며, 그에 따라 녹색 첨단은 다시 효과적인 자기 조직을 위한 진정한 지도 체계로서 제 기능을 하기 시작할 수 있다.

그 점에 관해서는 앞으로 진행해나가면서 더 자세히 살펴볼 것이다. 여기에서는 아주 짧은 곁가지에 해당되는, 포스트모더니즘의 이론적인 주요 신조 세 가지, 곧 맥락주의contextualism, 구성주의constructivism, 무관점주의aperspectivism가 어떻게 해서 더 온건하고 효과적이고 모순되지 않으며,

'참되지만 부분적인' 형태들로 재배치될 수 있는가를 잠시 훑어보고 지나가기로 하자.

이 세 가지 신조 각자는 원래 '참되지만 부분적인' 중요한 개념들로 출발했으나 나중에 극단적인 형태로 변질됨으로써 수행 모순을 빚어내는 직접적인 결과를 빚어냈으며, 이런 모순 때문에 우리는 무관점적 광기와 그것에서 비롯된 니힐리즘과 나르시시즘에 빠져들었다.

더 적절한 이런 형태들은 현재 기능장애를 겪고 있는 녹색이 스스로를 치료하고 더 건강하고 기능적인 자세로 돌아오는 과정의 주요 부분으로서 충분히 포용될 수 있고 또 마땅히 그렇게 되어야 한다. 요컨대 녹색은 인간의 주요 발달 단계들(앰버색, 오렌지색, 녹색) 각자를 따뜻하게 감싸 안아야 한다는 전반적인 필요성의 일환으로 극단적이고 자기모순적이고 해체 지향적인 형태에서 벗어나는 일로부터 시작해야 한다는 것이다.

결국, 녹색은 자기 구조의 뿌리 깊은 특징들을 변화시키지는 못한다. 그것은 스스로와 더불어 살아갈 수밖에 없다. 녹색이 할 수 있는 일이라고는 그것의 더 건강하고 기능적인 형태들은 포용해주고, 부서지고 극단적이고 병적이기까지 한 일탈 요소들은 놓아주는 것뿐이다. 설령 녹색이 더 큰 연민의 마음으로 다른 가치 체계들을 감싸 안으려 하지는 않고 그저 자체의 행위들만을 조직하고 이끌어가고 싶어 하기만 한다고 해도, 아무튼 녹색이 해야 할 일은 그런 것들이다. 만일 녹색이 현재 거의 완전히 무너진 상태인 자기 집을 제대로 정비할 수 없다면, 어느 누구를 위해서도 앞으로 나갈 수 없을 것이다. 그리고 가장 중요한 것은 그 자신을 위해서도 그렇게 할 수 없을 것이라는 점이다.

하지만 녹색은 과거에 불건강한 녹색이 극도로 경멸했던 앰버색과 오렌지색 체계들을 포용하는 쪽으로 이동할 수 있는 때가 오기에 앞서서 우선 그런 작업부터 해야 할 것이다. 따라서 이 문제에 대한 짧은 학문적 여행이 끝난 뒤 나는 이 문제가 뭘 뜻하는 것인지를 간명한 영어로 서술하는 작업에 곧장 들어갈 것이다. 설령 여러분이 이론적인 여행을 과히 좋아하지 않는다 해도 부디 내 이야기를 들어으면 한다. 이 얘기의 어떤 것도 기억해둘 필요가 없으며, 이번 절을 가급적 짧게 마무리하겠다고 약속드린다.

다음에 이어지는 내용은 포스트모더니즘의 세 가지 주요 신조, 그리고 그런 신조들을 어떻게 그것들의 더 건강한 버전의 형태로 포용할 수 있는지(따라서 초월하고 포함할 수 있는지)에 대한 짧은 개요다.

맥락주의: 보편적 진실은 없다. 모든 진실은 맥락에 의지한다

모든 진실은 정말로 맥락에 의지한다. 하지만 어떤 맥락들은 그 자체로 보편적이며, 따라서 보편적 진실은 실제로 존재한다. '모든 진실은 맥락에 의지한다'는 사실이야말로 그 자체로 보편적인 맥락이다! 우리가 '다이아몬드' '자른다' '유리'를 가리키는 말로 어떤 문화권의 용어들을 쓰든 간에 상관없이 다이아몬드는 유리를 잘라낼 것이다. 비교문화적인 모든 내용을 무조건 억압적인 것들로 취급하는 일을 그치고, 상호 연결 되어 있는 많은 공통 패턴을 찾아보기 시작하라. 그런 작업은 또 자칫 더 분열되어 가기만 하고 자꾸 더 무너져내릴 가능성이 있는 세계로부 터 빠져나올 길들을 알려주기도 할 것이다. (우리가 지금 조사해보고 있는 포스트모더니즘의 세 가지 주요한 주장이 하나같이 보편적인 진실이라고 주장되 고 있다는 것은 새삼 말할 필요도 없다. 그리고 그런 주장들은 진실이다.)

구성주의: 모든 진실은 그냥 주어지는 것이 아니라 공동구성된다

이 말은 진실이다. 하지만 여기서 말하는 공동구성은 윌프리드 셀러 스[2]Wilfrid Sellars가 그 구성의 토대가 되는 다양한 '본질적 특징들'을 포함 하는 것이라고 인정한 공동구성을 말한다. 셀러스는 "소여의 신화myth of the given", 곧 사실들의 세계가 그저 자기 스스로 그리고 따로 동떨어져 존 재하면서 모두가 발견해주기를 기다리고 있다는 신화에 대한 가장 성공 적인 비판자다. (근본적으로 포스트모더니즘 자체는 진실reality이 맥락에 의지하 고 공동구성 된다고 주장하면서 주어진 것의 신화에 대한 비판으로 시작했으나 그 뒤 그런 개념들은 극단화되었다.)

---

2 미국의 철학자이자, 비판적 리얼리즘의 주요 주창자로서 미국에서 철학의 방법과 내용 모두 에 대혁신을 일으킨 인물.

셀러스는 세계의 본질적 특징들이 존재하며, 그런 특징들은 보편화의 바탕(지식의 '공동구성'에서 '공동^{co}' 부분)을 제공해준다고 주장했다. 요컨대 '리얼리티의 사회적 구성'이란 '참된 진실은 존재하지 않는다'는 것을 뜻하는 것이 아니라 아는 자^{knower}의 본성과 맥락들(성별에서 문화에 이르는)이 아는 과정의 본질적인 한 부분이라는 것을 뜻한다.

더 나아가(그리고 가장 중요한 것은), 셀러스의 이런 주장은 각기 다른 계보적 발달 수준이 각기 다른 세계(예컨대, 적색 세계, 앰버색 세계, 오렌지색 세계, 녹색 세계, 통합적 세계 등)를 '공동구성'할 것이라고 하는, 대단히 정교하고 세련된 세계의 상태로 우리를 인도해준다. 이런 견해는 어떠한 포괄적인 지식추구에서도 모든 발달의 세계관을 포함시킬 것을 요구한다.

여기서 챙길 수 있는 일반적인 것은 이렇다. 즉, 당신이 도달할 수 있는 가장 높은 발달 수준에서 생겨나는, 공동 창조되는 세계(따라서 리더십)를 만들어 가도록 하는 것. 왜냐하면 각각의 더 높은 단계는 그 이전 단계를 '초월하면서 포함'하므로 각각의 더 높은 수준들은 '진실 부재'가 아니라 '더 나은 진실'을 포함하고 있기 때문이다. (포스트모더니즘의 이 세 가지 주장이 단순히 사회적 구성물이나 허구에 그치는 것이 아님은 새삼 말할 필요도 없다. 그 주장들은 진실에 대한 그것들의 암묵적인 주장을 든든하게 고정시켜주는 역할을 하는 실제^{real} 세계의 다양한 '본질적 특징들'을 기반으로 하고 있다. 통합적 메타이론은 그 세 가지 진실이 주로 진화의 녹색 수준에서 출현해서 곧이어 지속적인 습성들이자 본질적인 특징들이 된다고 주장한다. 맥락을 설정하고 이 녹색 주장들의 진실을 공동구성하는 것을 돕는 것은 사실 녹색과 그 관점들에 의해서 드러나는 이런 실체들[3]이다. 그렇다. 이런 진실들은 적색이나 앰버색 수준들에서는 깨닫지 못한다. 이런 진실들을 드러내주는 더 높은 수준, 곧 녹색 수준이 그런 주장들을 다른 진실들에 못지않은 참된 것이 아니라 더 참된 것으로 만들어준다. 바로 이것이 계보적 홀라키에서의 맥락과 공동구성의 본질이다.)

무관점주의: 몰역사적이고 미리 주어진 특권적 관점은 어디에도 존재하지 않는다

이것은 무관점주의의 참된[true] 대목이며, ('참되지만 부분적인[true but partial]'에서처럼) 부분적인[partial] 대목은 각각의 새로운 발달 수준이 나타나면서 앎이 가질 수 있는 관점의 숫자가 늘어난다는 것이다. 일테면, 적색의 1인칭 관점에서 앰버색의 2인칭 관점, 오렌지색의 3인칭 관점, 녹색의 4인칭 관점, 통합 전기의 5인칭 관점, 통합 후기의 6인칭 관점 등으로. 이런 각각의 단계는 그 전 단계를 '초월하면서 포함한다.' 그리고 그렇게 하는 것은 진화 그 자체의 일반적 충동 혹은 에로스, 자기 초월을 통한 자기 조직화의 충동이다.

따라서 어떤 관점도 특권을 갖고 있지 않다. 새롭게 나타나는 진화의

---

3 지속적인 습성들이자 본질적인 특징들.

각 단계들은 점차 더 큰 관점 능력을 낳기 때문이다. 그러므로 헤겔의 어법을 빌려서 말하자면, 각 단계는 온당하며, 더 높은 각 단계는 '더 온당하다.' 각 단계는 참되지만 더 높은 각 단계는 '더 참되다.' 혹은 스스로 더 나은 진실을 드러내는 더 나은 관점을 포함하고 있다. 사실 부재가 아니라 더 나은 사실들이 존재한다.

다시 얘기하지만, 계보적 혹은 진화 발달적 견해의 장점들이 무질서한 녹색 포스트모더니즘의 무관점적 광기에 아주 강력한 해답을 제공해주는 것은 바로 그 때문이다. 그러므로 포스트모더니즘의 '참되지만 부분적인' 진실들은 부정될 수 없고, 따라서 모든 전 단계들과 마찬가지로 그것들도 역시 '포함되어야' 한다. 우리가 늘 더 크고, 늘 더 포괄적인 관점의 더 높은 통합적 발달 과정 속에서 그 진실들을 극적으로 '초월하기도' 하는 것처럼 말이다.

"진실은 없고, 있는 것은 사회적 구조들뿐이다"라는 견해에 더해 포스트모더니즘의 거의 모든 것을 간단히 요약하는 방식들 중의 하나는 "존재하는 것은 역사뿐이다"이다. 이런 견해는 "진실은 없다"는 견해와 같은 것이기도 하다. 왜냐하면 거기서 파생된 요점이 "미리 주어진 영속적인 진실은 없고, 있는 것은 역사뿐이다"라는 것이기 때문이다.

인간 진화의 앰버색 신화시대에서 신화는 영원히 참되고 중요하며 토대가 되어주는 것이기까지 하는 '진리들'을 제공해준다고 주장했다. '옛날 옛적에'는 '영원히'를 의미했다. 합리성이 등장하기 시작했을 때 형이상학이 이 '영원히 참된' 탐구를 접수했고, 형이상학의 목표는 주제에 관한 결정판임이 논리적으로 입증될 수 있는 실재에 관한 설명을 제공해주자는 것이었다. 영원히 '정말로 참된' 것을 제공해주자는 것으로, 말하자면 "이것은 실재의 진정한 구조다, 이것은 참된 것이다, 이것은 선한 것이다, 이것은 아름다운 것이다, 이 설명은 세계의 참된 본성에 관한 유일무이한 참으로 실제적인 설명이다"와 같은 것들을 제공해주자는 것이었다.

철학을 하는 전체적인 목표는 모든 것을 최종적으로 파악하자는 것, 곧 결정판을 만들어내자는 것이었다. 단지 한두 해 동안만 진실이고 그 다음에는 영원히 사라질 것이라고 생각하는 것에 관해서 글을 쓰는 철학자는 아무도 없었다. 형이상학은 항상 참되고 주제에 관한 영원한 결정판에 해당하는 것을 찾아내는 것을 뜻한다. 형이상학자들이 그렇게 하는 것이 실제로 가능하다고 생각하지는 않았다 할지라도 그들의 거의 모두가 원했던 것은 바로 그런 것이었다.

세계는 '진화'라고 하는 작은 항목이 등장한 뒤에야 비로소 원래의 모습을 되찾았다. "견고한 모든 것은 녹아서 대기 속으로 사라져버렸다.[4]" 철학은 독일 관념론자들을 기점으로 해서 발전하는, 혹은 진화하는 철학이 되었다. 철학은 실재가 고정된, 미리 주어진, 변하지 않는 일련의 진리들이라고 가정하지 않았다. 그보다는 차라리 실재 자체가 전개되고 발전하고 진화하는 것이라고 여겼으며, 다윈은 그런 생각을 생물학에,

---

4 마르크스의 《공산당 선언》에 나오는 한 구절.

프로이트는 심리학에, 마르크스는 사회학에 적용시켰다. 그리고 우리의 발밑에서 모든 땅이 녹아들어가기 시작했다.

근대성^{modernity}은 모든 것을 진화론의 맥락에서 재해석하도록 했다. 탈근대성^{postmodernithy}은 모든 것을 논리적인 결론에 이르기까지 밀고 간 뒤 그 결론을 뛰어넘어 비논리적인 극단에까지 밀고 나갔다. 그리고 거기서 탈근대성은 "진리는 없다"는 것 외에는 아무 것도 없는 땅에 불시착 해버렸다.

그 견해는 빅뱅으로부터 시작해서 존재하는 모든 것은 진화의 전개 과정을 거쳤고, 따라서 미리 주어진 것이거나 영원히 참된 것은 하나도 없다, 오로지 진화만 존재하며, "역사 외에는 아무 것도 없다"는 것이었다. 포스트모더니스트들은 하나같이, 몇 백 년 전 일들을 돌이켜보면서 한때 사람들이 열렬히 신봉했으나 나중에는 멍청한 헛소리(솔직히 말해, 과거 인류가 믿었던 거의 모든 것이 그런 범주에 포함된다)에 불과한 것으로 치부된 경우들을 열거하는 데서 기쁨을 맛봤다.

푸코는 다른 많은 주장들 가운데서, 정신이상, 처벌, 악, 성적인 관습, 학교 교육과 같은 것들을 둘러싼 주요 믿음의 계보학(혹은 발달사)을 제시했으며, 그런 믿음들의 대단히 비합리적이고 어리석고 저열하기까지 한 유래를 보여주고, 거기에 더해 오늘의 세계에서는 그런 것들이 도저히 이해불가임을 보여주는 것에서 즐거움을 맛봤다.

어느 한 정신병 학자는 광기의 역사에 관한 푸코의 책을 읽어보고 이렇게 말했다. "이 책이 참된 것이라고 한다면, 〔정신의학이라고 하는〕 우리의 직업 전체가 완전히 무가치한 것에 지나지 않을 것이다." 그 책 자체의 역사가 아주 선연하게 보여주듯이 거기에 신뢰할 만한 진실은 존재하지 않는다. 그리고 존재하는 것이 오로지 '역사뿐'일 때 참된 진리는 존재하지 않는다.

토머스 쿤 Thomas Kuhn이 《과학혁명의 구조 The Structure of Scientific Revolutions》를 발표하면서 등장했을 때 이 책이야말로 포스트모더니스트들이 '있는 것은 오직 역사뿐'이고 따라서 참된 진리는 어디에도 없다는 자기네의 주장을 완성하는 데 꼭 필요한 것이었다. 쿤은 (모든 포스트모더니스트들이 해석한 것처럼) 과학이 사회의 인습적 구성물에 불과하다는 것이 아니라 과학이 사회의 인습적인 관례들에 부분적으로 의지해서 발전해나간다는 것을 입증했으며, 그는 이 전형적인 사회적 관례를 '패러다임'이라고 불렀으며, 그가 말하는 패러다임은 사실들을 조작해내는 초이론 supertheory 이 아니라 사실들을 드러내는 데 도움이 되는 모범적 관례를 뜻했다.

그런데 포스트모더니스트들은 그 의미를 극단적인 형태로 받아들였다. 즉, 쿤은 과학이 지속적인 진리를 발견하는 학문이 아니라 그저 '역사에 불과한 것'(따라서 역사적 창안에 불과한 것)을 발견하는 데 지나지 않는 것임을 입증했다는 식으로 받아들였다. 이것은 과학 자체가 다른 많은 것들 가운데서 인습적인 해석에 불과한 것(과학은 그저 발견되는 패러다임이 아니라 추정되는 패러다임을 근거로 한 것일 뿐이다)이요, 자신이 만들어낸 해석이 다른 해석들보다 더 낫거나 선호할만한 것임을 입증할 수 있는 어떤 방법도 갖고 있지 못한 학문임을 뜻했다.

그렇게 해서 표준적인 탈근대적 주장은 이내 "과학과 시^{poetry}에는 어떤 차이도 없다", 즉 사실과 허구에는 어떤 차이도 없다는 것이 되었다. 요컨대 "진리는 없다"는 것이다. 만일 과학 자체가 진리 같은 것을 발견하는 학문이 아니라면, 진리 자체가 존재하지 않는다는 것이 분명했다. 그리고 포스트모더니스트들에 관한 한 바로 그런 것이 그런 주장의 절대적인 목적이었다. 그 후로 "진리는 없다"는 반박의 여지가 없는 탈근대적 도그마가 되었다.

쿤 자신은 자기 책을 이렇게 잘못 읽는 것에 몹시 분개한 나머지 '패러다임'이라는 용어의 사용을 완전히 중단하고 그것을 '이그잼플러$^{exemplar\,5}$'로 바꾸면서 분명히 이렇게 말했다. "나는 과학의 참된 진보를 확신하는 사람입니다." 이 말은 곧 과학이 점진적으로 밝혀내는 참된 진실을 믿는다는 말이다. 하지만 얼빠진 고양이는 이미 가방에서 나왔고,[6] 그 후로 곳곳의 포스트모더니스트들에게 "역사뿐이다"라는 말은 "진리는 없다"(이것으로 끝)를 뜻하는 말이 되었다.

그럼에도 '역사뿐'이라고 하는 견해들 가운데서 덜 극단적이고 더 균형 잡히고 공정한 것이 존재했다. 이 대안은 항상 어딘가에 존재했다. 단지 푸코를 포함한 대다수 포스트모더니스트들의 배후에 존재하기는 했지만 말이다. 흔히 미국의 가장 위대한 철학적 천재로 일컬어지는 찰스

---

5 본보기, 전형, 표본을 뜻한다.
6 중세 유럽의 양심 없는 일부 돼지고기 상인들이 새끼돼지를 봉투에 넣어서 팔 때 길냥이를 대신 집어넣어서 판 데서 유래된 영어 표현으로 '고양이가 가방에서 나왔다는 것'은 비밀이 드러났다는 뜻이 된다.

퍼스Charles Peirce의 말마따나 우리가 '자연법칙' 같은 것은 존재하지 않는다(영원히 주어지거나 결코 변하지 않는 엄정한 우주의 법칙 같은 것은 존재하지 않는다는 뜻)고 말해도 괜찮다. 한데 퍼스는, "자연의 습관"은 존재한다고 말했다. 그 말은, 설령 오로지 역사만 존재한다고 할지라도, 역사의 상당 부분은 습관적이 되거나 지속적으로 반복되는 규칙적 패턴들의 되풀이를 실제로 포함하고 있다는 얘기다. 결국 원자 같은 단위들은 130억 년 이상 스스로를 되풀이 하면서 존재해왔다. 이것은 흡연보다 훨씬 좋지 않은 습관이다.

그러므로 우리는 인간사를 살펴보고 우리 조상들이 아주 흔하게 갖고 있었던 과거의 모든 생각과 믿음을 더듬어 보면서 그 모든 것을 단지 "역사에 지나지 않는" 무질서하고 무작위적이고 우연한 것들로 여기는 대신에 그것들의 계보를 추적해볼 수도 있다. 역사를 제대로 들여다보면서 반복되는 어떤 패턴을 찾아볼 수도 있다. 예컨대, 천재인 장 겝서가 했던 것처럼 우리가 조심스럽게 그런 작업을 해볼 때면 오늘날까지도 습관으로 남아 있는 계보적 패턴들의 연속적인 전개 양상 같은 것을 발견하게 된다. 즉, 겝서가 태고적·마법적·신화적·합리적·다원적·통합적이라고 불렀던 단계 같은 것들을 말이다.

사실, 이것들은 발달 심리학자들이 일부 사례들에서 경험적으로 발견해온 반복되는 단계들이며, 아마존 홍수림 부족들과 오스트레일리아 원주민들과 인디애나폴리스의 가정주부들과 하버드대 교수들을 포함한 40개 이상의 서로 다른 문화들에서 어떤 큰 예외도 없이 작동하는 단계들이다. 이 단계들은 내가 언급했던 백여 개의 서로 다른 발달 모델들의 토대가 되었으며, 그것들에서 우리는 거듭 반복되는, 여섯 개에서 여덟 개에 이르는 동일한 단계들을 볼 수 있었다. 그런 모델들 가운데서 "오직 역사뿐"의 원칙들을 침해하는 것은 전혀 없을 뿐만 아니라 역사의 중요한 부분들이 사실상 반복되고 있다는 점을 지적해주기까지 한다. "오로지 역사와 그 습관들뿐"이라는 이야기다.

되풀이되고 신빙성 있고 규칙적으로 반복되는 이런 실상의 패턴들은 진실의 참된 토대가 될 수 있는 실질적 요소들(혹은 본질적 특징들)이다. 인간 영역에서든, 혹은 생물학적·물리학적·사회학적·기술적·경제적·지리적 영역 등에서든 간에 말이다. 그리고 이런 습관들의 발달/역사적 수준들 각자는 다른 맥락, 현상학적으로 다른 세계의 다른 공동구성, 그리고 다른 실상reality과 진실truth을 제공해준다. 진실에 대한 참으로 포괄적이고 정확한 전체상을 얻으려면(우리가 여기서 하고 있는 일이 바로 그런 것이다) 그 모든 것들을 참조해봐야 한다. 바로 이런 것이 "역사와 그 습관들뿐"의 진정한 결론이다.

물론, 자연발생적이고 갓 생겨난, 반복되지 않는 사건들도 역시 무수히 많이 있다. 하지만 그것들은 반복되지 않으므로 그 어떤 것도 '지속적인 진실'이라고 주장할 수 없다. 그리고 또 의외의 새로운 사건들, 부분적으로든 전체적으로든 간에 생전 처음으로 나타나는 사건들('초월하고 포함하는'에서 '초월하는'에 해당하는 부분)도 있다. 그런데 만일 그런 것들이 반복된다면, 퍼스가 말한 식의 지속적인 습관의 영역으로 들어갈 것이고, 따라서 참된 진실의 토대가 되어주기 시작할 수도 있다. 이렇게 반복적인 패턴의 일부 측면을 정확히 반영해주는 어떤 것이라면 합당한 재현적^{representational} 진실이라고 할 수 있다.

진·선·미를 포함한 다른 유형의 타당성을 내세우는 주장들도 있으며, 이런 것들은 단지 창발적 진화^{emergent evolution}[7]의 진행형 반복 패턴들의 다른 차원들을 반영하는 것들일 뿐이다. 달리 말해, 합리적 타당성을 내세우는 모든 주장의 본래 가치를 회복시켜주는 방식들이 존재한다.

그러므로 "오로지 역사뿐"에서조차도 합당한 진실임을 내세우는 주장들이 있다. 이것은 분명 우리가 생각하고 있는 진실의 의미를 엄청나게 확장시켜준다. 예컨대 진실에는 감각운동적 진실만 있는 게 아니라 적색 진실, 앰버색 진실, 오렌지색 진실, 녹색 진실, 터콰이즈색 진실 등도 있다. 그리고 이렇게 확장된 진실은 '가짜뉴스' 같은 문제들을 다룰 때 단순히 감각운동적 사실들만을 지적하고 모든 것을 거칠고 생경한 물질적 실체들에 고정시키려고 하는 것보다 좀 더 정교하고 세련된 방식으로 다루게 한다. 이것은 이런 문제에 대해 탈근대적 맥락주의와 구성주의와 무관점주의라는 부분적인 진실들을 허용해주면서 참으로 '통합적이거나 포괄적인' 접근법들을 택하는 것이 절대로 필요하다는 점을 보여준다.

우리는 이런 접근법 덕에 전형적인 형이상학의 어떤 시도로부터도 벗

---

7 '발생진화'라고도 한다.

어난다. 이것은 최종적이고 결정적인 말씀^{Last Word}을 찾아 나서지 않고 그저 첫 말씀^{First Word}만을 찾으려고 할 뿐이다. 또한 우리는 이런 접근법 덕에 자체의 수행 모순에 걸려 좌초해버린 극단적인 포스트모더니즘("어떤 말씀도 존재하지 않는다^{No Word at all!}")에서도 해방된다.

"오로지 역사뿐"을 극단적인 형태로 적용할 경우에는 그런 믿음 자체가 그저 역사적인 우연에 지나지 않는 것이어서 영속적인 진실이라고 주장할 수 없다. 따라서 그 어떤 것도 믿을 만한 강력한 이유가 없으며, 언제나처럼 포스트모더니즘은 그 자체를 해체해버린다.

우리는 통합운동에서 이 전체적인 접근법을 '통합적 탈 형이상학'이라고 부른다. 그 접근법의 전체적인 요지는 포스트모더니즘의 주요 신조들(맥락주의, 구성주의, 무관점주의)을 그것들 특유의 극단적으로 해체적인 형태들로 몰아넣는 대신 수용하고 포용할 방법이 참으로 존재한다고 하는 것이다. 그렇게 극단적으로 해체적인 형태에서 그 주요 신조들은 그저 온 세계를 파괴하기만 할 뿐이고, 결국은 자기네의 주장 자체도 무너뜨리는 것으로 끝날 뿐이다. 달리 말해, 우리는 포스트모더니즘을 '초월하고 포함할' 수 있으며, 2층의 통합적 단계가 실제로 하는 일이 바로 그런 것이다.

곧, 실제로 희망이 있다는 이야기이다. 이것은 분명히 진실이다.

지배자 위계와
성장 위계

—

—

자, 이제 실제^{real} 세계로 되돌아가보자. 여기서 가장 간단한 요점 하나
는, 녹색이 그 극단적이고 역기능적이고 불건강하고 병적인 상태에서
건강하고 생기발랄하고 참된 첨단 능력들의 상태로 이동하려면 반드시
지배자 위계와 실현 ^{actualization} 위계 간의 엄청난 혼동 상태를 바로잡아야
한다는 점이다. 실현(혹은 성장) 위계는 배타적이거나 횡포한 것이 아니
라 포괄적이고 통합적이다.

앞에서 살펴봤다시피 지배자 위계에서는 인도의 카스트 제도, 마피아
같은 범죄 조직의 경우에서처럼 수준이 더 높아질수록 억압과 지배의
강도도 더 심해진다. 성장 위계(혹은 홀라키)에서는 그 정반대가 된다. 성
장 위계에서는 각 수준의 전체가 다음으로 높은 수준 전체에 포함된 일
부가 된다. 진화과정에서 쿼크 전체가 한 원자의 일부가 되고, 원자 전체

가 한 분자의 일부가 되고, 분자 전체가 한 세포의 일부가 되고, 세포 전체가 한 유기체의 일부가 되는 것처럼 말이다.

각 수준은 부분이자 전체, 곧 '홀론'이다. 홀론과 홀라키의 지속적으로 증가하는 참된 포용성은 자연 속에 터 잡고 있으며 빅뱅의 첫 순간부터 작동해온 한 방향, 진화 자체의 가장 중요한 충동인 자기 초월을 통한 자기 조직의 방향을 입증해주고 있다.

'초월하고 포함한다'고 말하는 또 다른 방식은 '구별하고 통합한다'이다. 발달의 각 단계는 그 전 단계를 구별한 다음 새로 나타난 부분들을 더 높은 수준의 질서로 통합하며, 그 질서는 대체로 아주 지속성 있는 습관이 되는 경향이 있다. 그러므로 단세포의 접합자는 처음에는 두 개의 세포로 분열하고 다음에는 넷, 그 다음에는 여덟, 열여섯, 서른둘 등으로 계속해서 분열하고, 그렇게 선보인 것들은 포괄적 시스템들, 곧 신경계, 근육계, 소화계 등으로 통합되며, 그 모든 것은 전체적인 유기체로 통합된다. 이 성장 과정의 각 단계는 전前 단계를 넘어서지만(혹은 초월하지만), 그와 아울러 전 단계를 포함하거나 감싸 안으며, 각 단계는 전 단계를 구별하고 통합하는 방식으로 그렇게 한다.

녹색의 성취는 녹색이 오렌지색의 3인칭 시스템들(많은 초기 과학들을 포함한)을 성찰할 수 있는(따라서 비판할 수 있는) 4인칭 관점을 도입함으로써 오렌지색의 고정되고 투과할 수 없는 단일한 시스템들을 구별하고, 미리 주어진 단일한 세계 시스템이 아니라 거의 무한히 다양하게 분화된 시스템들의 풍요로운 다문화적 표현을 낳기 시작하는 형태로 이루어졌다. 그것이 바로 '참된^{true}' 부분이다.

'부분적인^{partial}' 부분은 이 많은 시스템들을 구별할 수는 있으나 아직 통합할 능력은 없는 부분에 해당된다. 그 부분은 요란하고 다채로운 문화적 차이만 봤을 뿐 어떤 홀라키 혹은 참으로 증대되는 포괄성 혹은 통합도 볼 수 없었기에 그 모든 것이 절대적으로 동등하다고 생각했을 뿐이다. 그러므로 녹색 '평등주의'는 녹색이 상호 연관된 더 깊고 수준 높은 패턴들을 발견하거나 다양한 세계 시스템들을 서로 묶어주고, 처음부터 그것들의 상호작용을 진정으로 허용해주고 촉진해주는 통합적 홀라키를 발견할 능력이 없다는 것을 의미했다.

마지막으로, 사소한 학문적 요점 하나를 간단히 소개하고 넘어가기로 하자. 물론 우리는 녹색이 이런 평등 개념을 진심으로 믿지는 않았다는 것을 알고 있다. 녹색은 이런 상황에 대한 자신의 견해가 그 상황을 자신과는 달리 보는 그 어떤 견해보다 훨씬 더 낫다는 것을 분명히 느꼈기 때문이다. 즉, 우월한 것이 없어야 하는 세계에서, 녹색의 그런 견해는 우월한 것이었다. 평등주의의 경우에서는 정말로 그랬다.

하지만 녹색은 자신의 견해가 예컨대 오렌지색의 근대적 견해보다 더 수준 높다는 것을 공식적으로 인정할 수가 없었다. 녹색은 모든 위계를 공식적으로 부정했기 때문이다. 그것은 지배자 위계뿐만 아니라 성장 위계도 함께 부정했고, 따라서 위계적 견해를 직접 표현하면서도 그와 동시에 모든 위계적 견해를 부정하는 수행 모순을 빚어냈다.

실현(혹은 성장) 위계가 실제 세계의 '본질적 특징들'의 표준적이고 인정받는 부분이 되려면 오로지 통합적인 2층으로의 '엄청난 도약'이 이루어져야만 한다. 성장 위계에 대한 이런 본질적인 알아차림은 달리 말해 '터콰이즈색 진실', 즉 터콰이즈색의 통합적 수준에서만 처음으로 출현하는 진실이었다. 따라서 예컨대 녹색 통신사는 그 진실을 보도하려고 애쓴다고 해도 정확하게 보도할 수 없었을 것이다.

계보적 수준 level들의 홀라키 세계에서 가짜뉴스가 어떤 것인가를 결정하는 것이 미묘하고 까다로운 문제가 되는 것은 바로 그 때문이다. 그 홀라키 세계에서 각각의 더 높은 수준은 '더 나은 진실'을 보고 더 낮은 수준들은 그런 진실을 볼 수 없으므로, 더 낮은 수준들이 더 높은 수준의 진실과 뉴스들을 정확히 보도하려면 어떻게 해야 할까? 녹색 언론사에서 과연 터콰이즈색 진실을 정확하게 보도할 수 있을까?

그 답은 '보도할 수 없다'는 것이다. 한 가지 예로, 위계가 성장을 실현시키고 촉진시켜주는 경우가 꽤 많은데도 녹색이 위계는 항상 횡포하고 억압적이라고 주장하면서 위계에 대한 모든 보도를 거듭 왜곡하는 경우를 우리가 지속적으로 봐온 이유는 바로 그 때문이다. 그리고 그 결과로 가짜뉴스가 판을 친다.

터콰이즈색은 지난 몇 십 년 동안 녹색이 전해주는 가짜뉴스들, 그것도 참으로 비열한 뉴스들을 참고 견뎌왔다. 물론 이것은 앰버색 통신사가 녹색 진실을 정확히 볼 수 없었거나 보도할 수 없었다는 점도 역시 의미한다. 이 대목에서 폭스뉴스가 떠오르는가?

하지만 "진실은 없다"가 아니라 '더 나은 진실'이라는 특징을 지닌 각각의 더 높은 수준들과 아울러 진실과 사실의 발달 수준들이 실제로 존재할 때, 당신은 '가짜뉴스'라고 규정하는 일의 미묘함과 까다로움을 이해할 수 있을 것이다. (앰버색은 적색보다 더 잘 보고, 오렌지색은 앰버색보다 더 잘 보고, 녹색은 오렌지색보다 더 잘 보고, 터콰이즈색은 녹색보다 더 잘 본다. 그리고 우리는 그런 점을 입증해주는, 압도적으로 많은 사실적 증거를 갖고 있다.) 오로지 모든 홀라키적 발달 수준들을 조심스럽게 고려해야만 참으로 가짜뉴스들을 피할 수 있을 것이다.

그것이 엄청나게 복잡한 문제라는 점은 새삼 말할 필요도 없다. 그러므로 우리는 이 책에서는 그 문제를 직접 다루지는 않고 있으며, 그것에 관해서 자세히 알아보려면 앞에서 말한 대로 통합적 메타이론에 관한 책을 읽어보기를 권한다. 여기서는 진실과 사실 부정이라는 훨씬 더 근본적이고 더 단순한 문제를 다루고 있는 중이다. 진실과 사실 부정이야말로 우리가 지금 다루고 있는 재앙의 정체다. 우리는 높은 수준이든 낮은 수준이든 간에, 아무튼 모든 사실을 부정하고 진실 자체를 부정하는 관행에 초점을 맞추고 있다. 그것이 바로 '탈진실post-truth' 세계의 재앙이요 우리의 핵심적인 초점이다.

우리 이야기로 다시 돌아가보자. 중요한 것은 녹색(건강한 녹색)조차도 저 밖에 있는 참으로 저열한 모든 지배자 위계와 이 실현 홀라키들을 혼동하지 않는 법을 배울 수 있다는 점이다. 이것이 중요하다는 것은 아무리 반복해서 이야기한다 해도 지나치지 않다. 그런데 지배자 위계와 성장 위계의 차이를 아는 것은 대단히 어려운 일이지 않을까?

사실, 그 둘이 다르다는 것을 제대로 짚어내기만 한다면 그건 전혀 어려운 일이 아니다. 하지만 그걸 발견하는 것 정도로는 녹색이 현존하는 모든 형태의 홀라키적 깊이(그리고 모든 유형의 위계)를 부정하는 것을 막지 못했다. 그러므로 녹색은 진정한 방향에 대한 어떤 개념도 갖고 있지 못하다. 녹색의 입장에서는 어떤 관점도 다른 관점보다 더 높거나 포괄적이지 않으며, 따라서 어떤 진실도 다 전혀 쓸모가 없다. 그렇게 해서 녹색 첨단은 그것을 무관점적 광기 속에 빠져들게 한 수행 모순으로 완전히 붕괴되어 산산조각 나버렸으며, 그리고 나서 무관점적 광기는 세계가 점점 더 가볍게 미쳐 돌아가는 것을 목격했다.

성장의 홀라키를 문자 그대로 참된 성장과 발달이 일어나고 있는 모든 영역에 도입할 때, 녹색은 방향^{direction 1}이 대체 뭘 뜻하는지에 관한 실질적인 개념, 곧 모두를 위한 적합성^{aptitude} 면에서의 수평적 증대뿐만 아니라 모두를 위한 높이^{altitude} 면에서의 수직적 증대에 관한 실질적인 개념을 다시 얻을 수 있을 것이다.

그리고 미래를 제대로 열어나가려고 할 때 성장의 홀라키가 아주 중요한 그리고 참으로 단순한 한 가지 이유가 있다. 녹색은 지배자 위계를 우려하고 경계하고 있으며, 이것은 타당한 일이다. 한데 연구 결과들은 지배자 위계와 관련된 이들은 성장 위계의 가장 낮은 수준에 위치해 있는 이들 뿐이라는 점을 아주 극명하게 보여주고 있다. 애당초 지배하거

---

1 흐름 혹은 추세라는 의미도 아울러 갖고 있다.

나 억압하고 싶어 하는 이들은 길리건이 제시한 이기적(자기중심적) 단계 혹은 특정 집단에 대한 배려(민족중심적) 단계에 있는 이들뿐이다.

그런 반면에 지배자 위계를 비판하고 거부하며 과거 역사에서 그런 위계를 무너뜨리기 위해 투쟁했던 이들은 성장 위계의 더 높은 수준, 즉 오렌지색, 녹색, 통합적 수준에 이른 이들이다. 길리건이 제시한 보편적 배려 단계, 혹은 세계중심적 단계에 이른 이들은 인종과 피부색과 성별과 신앙의 차이에 개의치 않고(통합적 단계에 이른 이들은 더더욱 그러하다) 모든 사람에게 마음을 쓴다. 그러므로 녹색이 모든 위계를 거부할(지배자 위계건 성장 위계건 가리지 않고) 때, 녹색은 문제를 제대로 발견하기는 하지만, 그와 동시에 문제를 치유할 수 있는 길은 완전히 망치고 마는 결과를 빚어낸다.

요컨대, 위계 전반에 대한 녹색의 가짜뉴스는 그들의 참으로 비열하고 횡포한 형태들뿐만 아니라 그들의 진정한 성장과 실현 형태들도 함께 파괴한다. 이것은 악명 높은 문화적 재앙이요, 무너진 녹색의 문설주에 가로 놓인 허물이다.

그러므로 우리는 무관점적 광기가 우리에게 안겨준 가장 광범위하고 파괴적인 최대의 재앙들 중의 하나와 직면해 있다. 곳곳의 사회적 전사, 소외와 배척으로부터의 해방을 추구하는 이, 다양한 페미니스트, 전반적인 진보주의자, NGO들을 총망라한 전반적인 녹색이 어떤 영역을 공격하면서 "모든 위계를 무너뜨리자!"고 격렬하게 외치기 시작했을 때, 적어도 처음에는 많은 문화적 억압 사례가 타격을 받고 해체되었지만, 그와 동시에 억압받았던 그런 영역을 재건할 수 있는 참으로 효과적인 성장 수단들도 아울러 공격 받고 해체되었다. 녹색은 모든 성장 홀라키를 죽임으로써 모든 성장도 죽여버렸다.

즉, 녹색은 점진적인 내적 성장과 발달의 형태형성적 바탕을 제거하면서 소외받고 배척받는 모든 집단이 다 특별하다는 공허한 주장만 하는 처지로 전락해버렸다. 하지만 그저 "나는 특별해, 나는 특별해"라고 거듭거듭 주장해봤자 억압적인 힘의 진정한 원천을 근절하는 데는 아무 효과가 없으며, 그런 것이야말로 녹색 첨단의 또 다른 참담한 실패에 불과하다.

아무튼, 오로지 소외된 집단들만이 자기네에게 쓸모 있는 것이 될 수 있는, 참으로 변혁적인 방식의 성장 수단들을 필요로 한 것은 결코 아니었다. 억압적인 모든 힘의 원인은 특히나 더 자기네를 자기중심적 단계에서 민족중심적 단계, 세계중심적 단계, 통합적 단계로의 지속적인 성장 과정에 진입하게 해줄 효과적인 수단에 노출될 필요가 있었다. 내적인 성장과 진화를 촉진시켜준다는 것이 입증된, 문자 그대로 수백 가지에 이르는 성장 기법과 연습, 훈련을 통해서 말이다.

한데 녹색은 억압적 충동의 실질적 원천(즉, 정지 상태에 머물러 있는 발달의 내적 혹은 좌측 차원들)에 접근할 생각은 하지 않고 그 징후들(압제자들의 외적 혹은 우측 행위)만 공격했다. 그 때문에 녹색은 진짜 문제는 전혀 뿌리 뽑지 못하고 그저 지하에 숨어들게 하는 데 그쳤으며, 그 때문에 문제가 곳곳에서 형태를 바꿔서 되살아나거나 튀어나오곤 한다.

참으로 효과적인 접근법은 분명, 억압이 사분면 전체와 모든 수준, 즉 AQAL에서 나타날 때 그것을 공격할 것이다. 한데 그 조건들의 반가량을, 그것도 가장 중요한 반에 해당되고 억압의 내적 충동 자체의 원천이나 원인이 되는 것을 완전히 빠트리고 넘어가는 접근법은 조만간 아무 효과도 없는 것으로 끝나는 말 것이다.

앞에서 우리는 특히 억압, 우리 대^對 그들 간의 악의적 대립, 증오범죄, 온갖 종류의 인종차별주의와 성차별주의, 동성애 혐오증과 외국인 혐오증과 관련된 믿음들을 살펴볼 때, 그저 외적인 면들만 살펴보고 내적인 면들은 전혀 고려하지 않는 데서 비롯되는 진짜 문제에 관해서 이야기한 바 있었다. 이런 문제점은 발달의 모든 수준에서 다 나타나지만, 지금 당장 우리는 녹색에 관해서 집중적으로 이야기하고 있으니 녹색과 관련된 예를 하나 들어보기로 하자.

녹색 활동가들이 시회의장에 모인 100명의 시민들을 바라보고 있다고 치자. 그들은 그 시민들이 다양성과 포용성을 진심으로 아우르는 의견을 표명하기를 바라고 있다. 따라서 그들은 진정한 평등을 반영하고, 방아쇠 경고^{trigger warning}[2], 안전한 공간, 미세한 공격[3]에 관한 가르침으로 충만한 방식으로 행동하는 법에 관한 강의나 설교를 제공한다. 그 녹색 활동가들은 청중에게 이렇게 말한다. 일부 사람들에게는 약간의 학습이

---

[2] '연상반응 주의'의 개념으로 콘텐츠에 성폭력·전쟁·자살·학대 등처럼 트라우마를 유발할 수 있는 내용임을 미리 알려주는 문구.
[3] 혹은 차별. 일테면 남이 말할 때 웃는 경우처럼 남의 감정을 자칫 상하게 할 가능성이 있는 지극히 사소한 행위들.

필요할 테지만 "우리는 여러분을 주시하면서 적절하지 않은 행동을 할 경우에는 비판할 것이고, 그러다 보면 여러분은 이내 적절하게 행동하는 법을 배우게 될 겁니다"라는 식으로 이야기한다. 우리는 이 나라 곳곳에서 사회정의와 관련된 일을 하는 사회 활동가들이 그 같은 방식으로 행동하는 경우를 쉽게 찾아볼 수 있다.

그런 접근법들이 전적으로 잘못된 것은 아니다. 대체로 잘못된 것들일 뿐이다. 아무튼 그런 식의 접근법들은 대체로 불완전하다. 이제 백 사람의 겉 드러난 행동을 주의 깊게 살펴보는 것으로만 그치는 것이 아니라 그들의 내면도 역시 살펴보고 그런 점을 고려하는 식으로 해서 이 상황을 바라보도록 하자.

우리는 로버트 케건의 연구 덕에 평균적으로 보아 미국인 다섯 명 중에서 세 명은 발달의 민족중심적 단계나 그 아래 단계에 머물러 있다는 것을 알았다. 그것은 그 100명의 시민들 중에서 60명은 민족중심적 단계나 그 아래 단계에 머물러 있다는 것을 뜻한다. 그리고 그 60명의 시민들은 사실 평등과 관련된 어떤 일도 하고 싶어 하지 않는다. 그들은 인종과 피부색과 성별과 신조의 차이에 전혀 개의치 않고 모든 사람을 대하고 싶어 하지 않는다. 사실 그들은 제각기 깊은 민족중심적 믿음을 갖고 있다. 그들은 인종차별주의자나 성차별주의자들일 수도 있고, 근본주의적인 신앙을 갖고 있을 수도 있고, 정치에 열광할 수도 있고, 극단적인 백인 지상주의자일 수도 있고, 극단적인 페미니스트이거나 극단적인 과학 신봉자일 수도 있고, 극단적인 애국자일 수도 있다. 그들은 자기네의 특정 집단만을 특별 대우해주기 바라고, 그와 같은 특별대우를 모든 사람에게 확대 적용하려는 모든 노력과 싸우려 들 것이다.

만일 그들이 이런 믿음을 떠올려주는 행동을 했다고 해서 적발되어 처벌받는다면, 자기네의 행동방식을 바꾸는 것을 통해서 그런 믿음을 위장하는 법을 재빨리 배울 것이다. 그러면서도 다른 한편으로는 전보다 더 강한 열정을 갖고서 민족중심적인 믿음을 계속해서 끌어안을 것이다.

하지만 이 모든 것은 녹색 활동가들의 머리 너머로 완전히 지나가버린다. 그들은 아무것도 알지 못한다. 더 고약한 것은 그들이 그 어떤 것도 알아보려고 하지 않으리라는 점이다. 그들은 이러한 발달의 내적 단계들에 대해 대체로 무지하기 때문이다. 그들은 대체로 성장 홀라키와 지배자 위계를 혼동해왔고 양쪽 모두를 이미 철저하게 비판해왔기 때문에 그런 발달 단계들에 관해 무지할 수밖에 없다.

따라서 이 100명 가운데 40명은 대체로 그 사회정의활동가[4]들의 뜻에 동조할 테지만, 60명은 그런 어떤 활동도 하고 싶어 하지 않을 것이다. 그리고 그 60명은 자기네를 '길들이려고' 하는 그 엘리트들에게 분개하는 마음이 내면에서 무성하게 자라나면서 자기네의 열광적인 믿음과 민족중심적인 헌신의 자세를 은밀히 다잡을 것이다. 그 '엘리트들'이 애쓰면 애쓸수록 분노하는 마음은 더욱더 깊어진다. 상황은 대단히 빠르게

---

4 Social Justice Activist. 또는 Social Justice Warrior라고도 한다.

파국으로 치달려간다. 녹색 다원론자들이 민족중심적인 사람들에게 원래부터 품고 있던 자연스러운 혐오감이 그런 상황과 겹치면서 이내 청중의 반이 다른 반을 속속들이 미워하는 결과가 빚어진다. 그 두 집단 사이에는 증오심의 깊은 골이 파인다.

그러므로 만일 우리가 녹색 활동가들이고 다양성을 포용하고 싶어 하고 '모든 것을 다 완벽하게 품어 안는' 사람이 되고 싶어 한다면, 그것은 그 100명 가운데서 60명에 해당하는 인종차별주의자들에게도 동등한 발언권을 준다는 것을 의미하는 것일까? 60명의 성차별주의자들에게도 동등한 발언권을? 나치나 KKK단원이나 광적인 파시스트에게도 동등한 발언권을? 여러분은 이 지점에서 근본적인 문제점을 알아보았는가?

만일 우리가 다양성과 포용성을 그저 사람 숫자만을 의미하는 것으로 여긴다면, 그 자리에 참석한 모든 사람에게 동등한 발언권과 가치를 부여해주고 무조건 포용하는 마음가짐으로 대해줘야 한다는 것(그들도 역시 다양성과 포용성을 실제로 원하는지, 그렇지 않으면 다양성과 포용성을 부정하고 철저히 훼손하기를 원하는지를 제대로 알지 못하거나, 그점의 여부에 전혀 신경 쓰지 않은 채)을 뜻한다면, 그리고 우리가 그런 목소리들을 동등하게 중시한다면, 우리는 분명 엄청난 말썽에 휘말려 들어가게 될 것이다. 우리는 그 세계중심적인 활동가들이 민족중심적인 근본주의로 퇴행하기 시작했는지 여부를 알아보기 위해 그들을 자세히 살펴볼 수조차도 없을 것이다. 지난 몇 십 년 동안 민족중심적 요소들을 강화시켜주는 정체성 정치의 예에서 볼 수 있듯이 너무나 많은 녹색이 그런 과정을 밟아왔다.

만일 당신이 '다양성과 포용성'을 입에 올릴 때 그 속셈이 '나치들과 KKK단원들을 반드시 포함시키도록 하자'는 것이라면, 당신이 이미 하고 있는 일들이나 그냥 계속 하도록 하라. 단지 외면만 좇고 내면은 완전히 무시하는 관행을 계속하도록 하라. 그러면 인종차별주의와 성차별주의, 온갖 종류의 자기중심적이고 민족중심적인 배타성들을 포용하고 중시하는 사회가 대번에 도래할 것이다.

알다시피 민주주의 제도 아래서 우리는 실제로 범죄행위를 저지르지 않는 한 내면적 성향이 어떤지 여부를 따지지 않고 누구에게나 한 표씩을 주며, 나는 우리가 그렇게 하는 것을 중단해야 한다고 주장할 생각이 전혀 없다. 누구도 법 위에 있지 않고, 누구도 법 밑에 있지 않으니 1인 1표는 당연하다.

하지만 나는 앞에서 말한 내면적 실재들을 완전히 무시하는 관행을 중단해야 한다고 주장하고 있다. 적어도 우리의 교육 시스템에서 이 내적인 면들을 고려해주기를 바라며, 각 개인이 자기중심적인 가능성에서 민족중심적 가능성, 세계중심적 가능성, 통합적 가능성으로 성장하고 진화하고 발달해가도록 제대로 도와주기를 기대한다. 법과 민주주의의 관점에서 100명 모두를 동등하게 셈에 포함시킬 뿐만 아니라, 우리가 이 문화에서 옹호하고 성원하는 것들의 관점에서 그들의 내면도 역시 살펴보는 것을 잊지 말아주기를 바라고 기대한다.

만일 우리가 그 100명을 바라보면서 "괜히 수선 피우지 말고 저 사람들 모두를 동등하게 포함시키자"라고 말한다면, 우리는 자기네와 다른

40명을 포함시키기를 절대로 원치 않는 60명을 동등하게 포함시키는 결과를 빚고 말 것이다. 그리고 그렇게 하는 것은 우리 자신의 가장 깊은 소망과 가장 높은 이상들을 심하게 훼손하고 크게 약화시키고 말 것이다. 사실, 민주주의 제도 아래서 그것은 곧장, 제임스 매디슨 James Madison [5] 이 "다수의 횡포"라고 부른 것 같은 결과를 빚어낸다. 만일 인구의 60퍼센트가 민족중심적인 단계에 머물러 있다면, 그 민주주의는 기꺼이 트럼프에게 표를 던질 것이다. 사실, 히틀러도 민주주의적인 방식으로 권좌에 올랐다.

이것은 또 사회정의활동가들이 실제로 옹호하는 것들에서의 완전한 혼란이나 마비 상태도 역시 설명해준다. 공식적으로 그들은 자기네가 '완전한 다양성과 포용성'을 원한다고 주장한다. 하지만 그들은 명백한 인종차별주의자와 성차별주의자와 동성애 혐오자 등을 보면 요란하게 비난하고 항의조로 비명을 질러댄다. 그들의 공식적인 입장은 우월한 견해는 없다. "네게 진실인 것은 네게 진실이고 내게 진실인 것은 내게 진실이다"라고 하는 것이다. 하지만 그들은 분명 그걸 믿지 않는다. 그들은 "네게 진실인 것은 네게 진실이고 내게 진실인 것은 내게 진실이다"라는 걸 절대로 믿지 않는다. 만일 그들이 그걸 믿었다면, 어째서 인종차별주의자나 성차별주의자에게 그렇게 악을 써대고 있을까? 그 사람들은 '자기네에게 진실인' 진리를 갖고 있을 뿐인데?

---

5 미국 4대 대통령.

사실, 이 녹색 활동가들은 한 가지 가치 위계를 갖고 있기 때문에 그렇게 하고 있다. 그들이 최상의 상태일 때 그들의 내면에서는 지배자 위계가 아니라 참된 성장 위계가 작동하며, 그 위계는 세계중심적인 포용성을 민족중심적인 억압과 배제 위에 올려놓는다. 하지만 이번에도 역시 공식적으로는 모든 위계와 모든 '저급한 서열'을 완전히 부정한다.

여기서는 어느 쪽으로 돌아서도 수행 모순이 존재한다. 그들은 우리한테는 무관점적 광기를 부정하거나 자기네가 평등하지 않은 우월한 견해라고 여기는 것을 포용해줘서는 안 된다고 주장해놓고는, 정작 자기네는 말로나 행동으로 무관점적 광기를 부정하고 우월한 견해를 포용해준다. 이렇게 모순된 언행을 할 때, 그들은 "네게 진실인 것은 네게 진실이고 내게 진실인 것은 내게 진실이다"라고 말하지 않는다. 그 대신 그들은, "아니, 이 경우 내게 더 진실인 것〔세계중심적인 것〕이 네게도 역시 진실이야, 이 인종차별적인〔민족중심적인〕 녀석아. 그렇지 않다면 우리는 곤란한 입장에 빠지고 말거야!"라고 소리친다.

하지만 녹색은 자기네의 신념 체계 어디에서도 그런 믿음을 정당화할 수 없다. 공식적으로는 오로지 무관점적 광기와 진실 부재(어떤 위계도, 서열도, 평가도 없다)라는 입장만 있기 때문이다. 과학조차도 허구보다 더 진실하지 않다면, 그런 '우월한 가치들'은 설 땅이 없을 것이다.

우리는 수행 모순이 그 얼마나 곤혹스럽고 혼란스러운 입장인지를 깨달아야 한다. 수행 모순은 자기 존재의 그 어떤 실상^{reality}도 완강하게 부정한다. 누군가가 "어떤 가치도 다른 가치들보다 더 낫다고 말할 수 없다"라고 진심으로 선언할 때, 그 진술 자체가 그것이 믿을 만한 진술이라는 점을 부정한다(만일 누군가가 어떤 믿음도 다른 믿음들보다 더 낫지 않다고 믿는다면, 그런 믿음 자체가 다른 어떤 믿음보다 더 낫지 않을 것이고, 따라서 그런 믿음을 받아들일 만한 어떤 참된 이유도 존재하지 않을 것이다).

그 진술이 자기모순에 빠지는 데는 두 문장도 필요 없다. 단 한 문장만으로 그 진술은 완전한 모순이 되어버렸다. 그 진술 자체는 자신이 다른 대안들보다 더 낫다고 주장하지만, 자기가 우월하다는 그런 주장이야말로 그것이 전적으로 부정하는 것이다. 그 진술의 존재가 자신의 존재를 부정해버린다.

그런 믿음을 갖고서 돌아다니는 사람은 깊은 실존적 불안정으로 고통받는 걸어 다니는 자기 부정 기계요, 영원한 자기 해체 장치다. 우리가 끊임없이 목격해온 바와 같이 그런 견해를 공언하는 포스트모더니스트들이 실제로 그런 견해를 믿지 않는 것은 바로 그 때문이다. 그런 견해들에 대한 그들의 포용 자체가 사실 그 견해들이 진실이고 자기네가 그것들을 포용한 것은 바로 그 때문이라고 하는 주장임에도 실제로는 그런 견해들을 믿지 않으니, 포스트모더니스트들은 입만 열면 자기네의 믿음을 무너뜨리는 짓을 하고 있는 셈이다.

한데 지금 그에 못지않게 명백해 보이는 것은 철학과 인간학의 역사 전체가 바로 그런 수행 모순에 정신없이 빠져들었던 역사라는 점이며, 그런 역사가 다른 많은 재앙과 아울러 탈진실이라는 현재의 우리 문화를 빚어냈다는 것을 명심해야 한다.

이제 얘기를 아주 분명히 하도록 하자. 세계중심적이고 통합적인 입장일 때 우리는 명실상부한 다양성을 진정으로 원하며, 참다운 포용성을 원한다. 하지만 그런 바람이 이루어지려면 그저 100명 전부를 가리키면서, "우리 모두는 하나입니다! 우리 모두는 서로를 사랑합니다! 모두가 다 들어갈 공간을 만들도록 합시다! 누구나 다 환영합니다! 미국은 그 국민 누구에게나 다 두 팔을 활짝 벌리고 있습니다!"라고 말하는 것만으로는 부족하다. 그저 그 100명을 가리키면서 그들 모두가 다 하나라는 감성적인 선언을 하는 것만으로는 부족하다.

그 사람들 모두가 다 하나같이 내적인 성장과 진화와 발달을 이루어야 한다. 모두가 다 가장 수준 낮은 자기중심적이고 나르시시즘 적인 충동들(우리 모두가 다 그런 단계에서 태어난다)에서 민족중심적이고 배타적인 충동들(우리가 성장기에 거치는 한 단계고 많은 이가 이 단계에 그대로 머물러 있다)을 거쳐서 세계중심적이고 통합적인 가능성에 이르러야 한다. 그리고 그런 가능성이야말로 세계 곳곳의 선하고 훌륭한 사람들의 가장 깊은 소망과 가장 높은 이상(오늘날에 이르기까지 줄곧 진화해온)을 대표하는 것이다.

의식과 문화에서의 그런 내적 성장은 참된 다양성과 포용성이라는, 우리가 소중히 여기는 목표들에 이르는 실질적인 길이다. 그에 미치지 못하는 것들은 다양하고 포괄적인 목소리들에 미치지 못하는 천박한 버전들만 낳을 뿐이다. 만일 그런 천박한 목소리들을 원탁회의에 무턱대고 포함시킨다면, 우리는 우리의 이상에 결코 도달하지 못할 것이다. 여기서 중요한 것은 그런 이상이나 목표가 아니라 그런 목표들에 이르는 참된 내적인 길의 결여다. 아니, 참된 길의 결여조차도 아니다. 그보다 더 우려할 만한 것은 참된 길이 '지배자 위계^{dominator hierarchy}'에 불과하기라도 한 것처럼 그런 길을 사납게 공격하는 것이다! 이 무슨 자멸적인 짓인지.

그러므로 다시 얘기하지만 녹색 활동가들의 그런 핵심적인 믿음이 잘못됐다는 건 아니다. 문제는 그들이 자기네가 진화시키려고 애쓰고 있는 이들의 내면에 완전히 무지하다는 점이다. 당연히 그들은 자기네의 내적 발달에 대해서도 알지 못하고 있으며, 그것은 분명 도움이 되지 않는 일이다.

하지만 내가 말하려고 하는 바는 간단하다. 녹색이 참으로 선도적인 첨단의 역할과 같은 것을 다시 하려면 적어도 성장 위계와 지배자 위계를 혼동하는 일은 멈춰야 한다는 것이다. 물론, 내면이 참으로 실제적인 것이라는 점을 기꺼이 받아들인 뒤 이런 내적 단계들에 관해서 쏟아져 나온 엄청나게 많은 양의 연구결과들을 공부하고, 따라서 사람들이 더욱더 다양성을 포용하고 서로 배려하고 사랑하는 발달 단계로 성장 진화하도록 진심으로 도울 방법을 창안해내는 전문가가 된다면 더 좋을 것이다.

그런 내적 발달에 미치지 못하는 그 어떤 것도 민족중심적인 억압과 불화를 실질적으로 멈추게 하는 역할을 하지 못할 것이다. 그러기는 고사하고 그런 역할을 하려고 시도하는 사람들을 사납게 공격하고 악의적으로 비난하는 짓을 멈추게 하기도 어려울 것이다.

우리 문화가 대체로 발달적 관점의 전반적인 기본 원리를 이해하는 것이 아주 중요한 역설적인 이유들 중의 하나는 사람들이 그런 이해 덕에 자기네가 우선 서로의 의견에 동의할 수 있는 능력 자체에 한계가 있다는 사실을 깨닫게 되리라는 점이다. 앞에서 이미 살펴봤듯이 1층의 모든 단계(크림슨색, 마젠타색, 적색, 앰버색, 오렌지색, 녹색)는 자기네의 진실과 가치가 참으로 실제적이고 중요한, 현존하는 유일한 진실과 가치라고 생각한다. 그런 현실이 근본적으로 변화할 성 싶지는 않다. 이런 특징이 존재해온 지난 십만 년 동안 그런 변화는 일어난 적이 없었다.

하지만 그런 믿음을 신봉하는 정도, 그런 믿음을 지키기 위한 공격성은 줄어들고 누그러질 수 있으며, 약간의 호의와 연민의 감정이 깃들 수 있다. 그리고 그런 본보기는 첨단이 제시해야 한다. 첨단이 하는 일 중의 하나가 그런 것이다. 첨단은 본질적으로 그 시점에서 진화의 '가장 높은' 수준이기 때문에 모든 수준을 지도하고 이끌어준다. 첨단은 인구 전체를 활성화시킬 수 있는 지침을 제공해주며, 그렇게 하는 데 실패할 때는 지도하는 역할도 하지 못한다.

결국 녹색 붕괴가 초래한 문제들 중의 하나가 바로 그런 것이다. 녹색은 다른 모든 가치들을 너그러운 연민의 마음으로 대하지 않고 적극적으로 '해체시켰고', "한심한 무리들"이라고 비하했으며, 그런 가치들을 계속해서 믿는 사람은 누구나 다 거칠고 시끌벅적하고 무자비한 조롱의 대상으로 삼았다. '문화전쟁'이란 바로 앰버색과 오렌지색과 녹색 간의 전쟁이요, 전통적인 신화적 종교와 근대 과학 및 비즈니스와 탈근대적 다문화주의 간의 전쟁이지만, 녹색의 '리더십' 아래서 문화전쟁은 극렬한 양상을 띠었다.

유감스럽게도 녹색이 이 문화에 실제로 가르치고 있었던 것은 자기네와 의견을 달리하는 이들을, 잘못을 저지르고 있을 뿐만 아니라 모든 억압과 불의와 예속의 주요한 힘의 원천이라고 해서 정교한 방식으로 능멸하고 해체하자는 것이었다. 녹색은 이해심을 갖고서 그들을 다정하게 포용하고 싶어 하지 않는다. 녹색은 문자 그대로 그들을 해체시키고 싶어 한다. 게다가 녹색은 무관점적 광기 속에 빠져 허우적거리면서도 다른 이들을 자기네와 똑같이 그런 광기에 감염되도록 돕는 일에 성공할 때마다 환호한다.

발달과 진화의 관점을 통해서 반드시 이해해야 할 필요가 있는 것은 각각의 주요 발달 단계가 사람들이 멈춰서는 인생에서의 한 정거장 같은 것이 된다는 점이다. 이런 현실은 피할 방도가 없으며, 따라서 그저 그 이상으로 발달할 수 있는 모든 수단이 폭넓게 열려 있다는 것을 확신하게 해주는 것 외에는 달리 방법이 없는데, 그렇게 해주는 것이 바로 첨단이 해야 할 핵심적인 과제다. 그리고 그에 못지않게 중요한 것은 삶의 각 정거장(적색, 앰버색, 오렌지색, 녹색, 혹은 통합적 단계)에 이른 개인들을 위한 사회적 공간을 마련해주는 것이고, 좋은 본보기 삼아 매사에 더없이 따뜻한 자세로 임하는 것이다.

녹색은 또 다시 건강한 본보기를 통해서 지도하는 역할을 과연 해낼 수 있을까? 이 사안에 모든 사람의 이해관계가 걸려 있다. 오바마가 대통령이건 트럼프가 대통령이건 상관없이 싫든 좋든 둘 다 우리 대통령인 것처럼 말이다. 이와 마찬가지로 우리가 녹색을 좋아하든 싫어하든 상관없이 그것은 우리의 첨단이며, 녹색이 가까운 장래에 그런 역할을 어떻게 해내느냐 하는 것은 우리 모두에게 엄청난 영향을 미칠 것이다. 우리 중의 누구도 그런 영향권에서 벗어나지 못한다.

그러므로 유능하고 건강한 방식으로 진정한 지도력을 발휘할 수 있는 녹색의 가능성을 제대로 이해하기 위해서 녹색이 부정하고 해체해왔던 다른 것들을 간략하게 살펴보고, 거기에 제대로 다루고 포함시킬 필요가 있는 다른 중요 요소들이 있는지 알아보도록 하자.

요컨대, 녹색이 또다시 첨단에서 활기 넘치는 빛나는 역할을 제대로 하기 위해 반드시 이해해야 할 것으로 다른 어떤 점이 있을까? 그리고 그것이 현재 트럼프와 '싸우고 저항하기'만 하는 사람들에게 어떤 식으로 직접적인 영향을 미치게 될까?

9

녹색이 배워야 할
교훈

———

———

핵심적인 메시지를 정말로 갖고 있는 것 같은, 많지는 않지만 상당히 주목할 만한 숫자에 이르는 녹색의 목소리가 실제로 있어왔다. 나는 믿을만한 많은 녹색 개인green individual들이 이번 선거를 통해서 얻은 가장 중요한 교훈은 자기네가 트럼프를 얼마나 싫어하고 그의 추종자들을 얼마나 경멸하느냐(그런 반응이 대단히 일반화되어 있고 아마도 다수를 이루고 있겠지만) 하는 것이 아니라, 트럼프를 대통령 자리에 앉혀준 그 거대한 집단에게 자기네가 다가갔어야 했다는 점이라는 얘기를 들어왔다. 다시 말해, 그들이 성인이 된 뒤 기본적으로 그런 사람들을 아래로 내려다보고 놀리고 조롱하면서 지내왔지만, 이제는 그들을 진정으로 이해하고 대화에 포함시켜주고, 그들의 관점에서 세상을 볼 수 있도록 스스로를 열고, 이세상에서 그들을 위한 공간을 마련해주는 일이 필요하다고 하는 얘기를 들어왔다는 뜻이다.

진화가 찾고 있는 자기 교정을 포함하고 있는 참된 치료 유형이 바로 이런 것이다. 만일 녹색 첨단이 자기네가 이끌어줘야 할 사람들을 경멸한다면 이끄는 역할을 할 수 없다. 그 첨단은 참다운 '발전'이 뭘 뜻하는 것인지 전혀 모르고 있다면 한 발짝도 앞으로 나갈 수 없다. 그것이 '진실' 그 자체에 대한 믿음을 갖고 있지 않다면 그렇게 할 수 없다. 그것이 '더 큰 것'과 '더 작은 것'(성장의 홀라키)을 완전히 무시하고 그 대신에 모든 가치를 절대로 동등하다고 여기고 있다면 더 근사한 내일을 향해 나아갈 수 없을 것이다. 우리는 녹색첨단이 자기네 가치가 더 우월하다고 믿고 있기 때문에 모든 가치가 다 동등하다는 주장을 진심으로 믿고 있지는 않다는 것을 알고 있다.

녹색이 특히 더 이해해야 할 것은 녹색 가치들을 포용할 수 있는 능력 자체가 발달이나 성장 홀라키의 몇몇 단계의 소산이라는 점이다. 따라서 녹색은 그저 더 많은 녹색 '다양성과 포용성'을 낳는 것만을 원한다 할지라도, 계보적 혹은 성장의 홀라키를 다원론적 탈근대 세계 속에서 앞으로 나아갈 수 있는, 정말로 쓸모 있는('참된') 방법으로 여기고 단호히 지지하고 지원해줘야 한다.

이 전향적인 길에는 또 다른 모든 1층 단계들(적색, 앰버색, 오렌지색, 건강한 녹색 자체)을 공격해온 극단적이고 엉망인 녹색 요소들을 말끔히 청소하는 일도 역시 포함될 것이다. 녹색 단계에서 '무관점적 광기'라는 병 전체를 다시 생각해보고 다양한 방식으로 물리쳐야 한다. 우리가 앞에서 다룬 짧은 학문적 곁가지에서 살펴봤듯이 모든 지식이 맥락에 의지한다고 하는 것은 진실이다(하지만 일부 맥락들은 보편적이며, 따라서 일부 지식도 역시 그렇다). 모든 지식이 구성된 것이라는 것도 진실이다(하지만 모든 지식이 현실 세계 속에 내재된 본질적인 요소들로 구성되므로 그저 '조작된 것'만은 아니다). 그리고 특권적 관점은 없다는 것도 진실이다(그것은 사실 우리가 더 많은 관점을 포함하면 할수록 우리의 지도^{map}는 더 적절하고 정확한 것이 된다는 것을 뜻한다).

기술적인 면에서 볼 때, 정보화시대(좌하 사분면에 포함된 문화적 발달의 녹색 파동과 우하 사분면의 사회적 상관관계)는 너무나 신속하게 무관점적 광기 자체로 감염되었다. 그리고 우리가 앞에서 목격했듯이 정보화시대는 진, 혹은 선, 혹은 미를 위해서 선택해주는 알고리듬을 더 이상 갖고 있지 않으며, 그 대신에 그저 사람들 각자의 나르시시즘적인 성향들만을 피드백해준다.

그런 풍조에 대해 〈타임〉지는 이렇게 지적했다. "인터넷 인간성은 변했다. 예전에 그것은 정보의 자유로운 흐름이라는 고상한 이상을 품고 있었던 괴짜였다. 한데 이제는 우리가 업로드 속도를 높이기 위해 도움을 필요로 할 경우 인터넷은 여러 가지 기술적 설명을 통해서 도와주려고 애쓰지만, 우울증으로 고통 받고 있다는 얘기를 하면 자살하라고 부추기려 들 것이다. 심리학자들은 이런 것을 온라인 탈억제 효과^{online} $^{disinhibition\ effect}$라고 부르며, 그런 효과가 작동하는 데서는 실시간 대화가 아닌 특성, 익명성, 불가시성,[1] 권위의 결여 같은 요소들이, 세우는 데 몇천 년이 걸린 도덕적 관례의 사회를 무너뜨리고 있다. 그리고 그런 효과는 우리의 스마트폰에서 우리 삶의 모든 측면으로 스며들고 있다."

그런 풍조는 너무나 악화되어 종종 민족중심적 단계를 넘어 자기중심적이고 나르시시즘적인 열광으로의 깊은 퇴행을 초래한다. 그리고 이때의 '나르시시즘'은 건강하고 자부심 넘치는 자기 평가가 아니라 다른 모든 사람을 희생시켜서 자기를 띄우는 것을 뜻한다.

모든 정보의 완전히 자유로운 흐름, 그것에 대한 완전히 자유로운 접근이라고 하는 것은 고상한 이상이다. 하지만 그것은 단지 하나의 가치, 이상에 불과하다. 자료의 자유로운 흐름뿐만 아니라 '높이 평가받고 있는' 색인 작업indexing 능력도 역시 '가치중립적' 시스템들만큼이나 유효한 것이 되어야 한다. 여기서 색인 작업 능력이란 깊이의 정도, 관점의 폭(따라서 진실의 '양'), 높이 평가받는 그 밖의 판단들(진, 선, 미 같은 것들)과 같은 항목들을 다룰 수 있는 능력을 말한다.

우리는 구글이 주로 인기를 바탕으로 한 정보를 검색해주고, 따라서 그것이 찾아주는 정보가 기본적으로 대다수 사람들의 편견을 반영해준다는 것을 알고 있었다. '가장 인기 좋은' 결함 있는default 정보들뿐만 아니라 '가장 인기 없는' 것들을 찾아볼 수 있는 선택권을 제공해주는 것조차도 하나의 출발이 될 것이다. 하지만 온라인 세계가 실제로 매우 다

---

1 눈에 보이지 않음.

양한(그리고 매우 편협한) 가치 시스템들을 사람들의 마음에 심어주거나 퍼뜨리는 방식들에 대해서는 더 많은 문제제기가 이루어져야 한다. 더글러스 러시코프가 《구글 버스에 돌을 던지며 Throwing Rocks at the Google Bus》라는 제목의 책을 쓸 수 있다고 할 때, 우리는 뭔가가 대단히 잘못되었다는 것을 알게 된다.

붕괴된 녹색 broken green 이 단지 그 자체를 보살피고 그것의 극단적이고 해체 지향적이고 아주 비열한 무관점적 광기를 치료하는 것(예를 들면 그것의 세 가지 주요 신조를 더 온건하고 건강한 형태로 표현하고, 지배자 위계와 성장의 홀라키를 구분하고, 따라서 참다운 리더십을 확립하기 위한 방향을 제대로 찾는 식으로 해서)에 더해, 더 낮은 단계들을 공격하면서 입힌 피해를 회복시켜주기 위해서 어떤 조처들을 취할 수 있을까?

오렌지색 경제의 경우, 그것을 분석하려면 책 한두 권 분량의 서술이 필요하겠지만(사실, 여기서 다루고 있는 모든 요소가 다 그렇다), 우리는 연간 보증소득 guaranteed annual income에 대한 경제적 개념에 관한 논의로 얘기를 시작해볼 수도 있다. 앞에서 살펴봤다시피, 기술적인 면에서 세상은 참으로 유토피아적인 상황, 참으로 노동에서 해방된 상황을 향해서 나아가고 있다. 그런 상황에서 모든 사람은 제대로 사는 데 꼭 필요한 기본적인 것(물질적인)들을 이런저런 방식을 통해서 받도록 보장받을 것이다. 그리고 그런 상황은 빨리 도래하면 할수록 좋을 것이다.

하지만 이것은 경제 이론과 실천의 면에서 상당한 재검토를 거쳐야만 할 개념일 것이다. 부분적으로, 오늘날 대부분의 경제이론들이 안고 있는 근본적인 문제의 하나가 그런 이론들이 본질적으로 그것들이 처음 태어난 18~19세기의 과학적 유물론을 아직까지도 반영하고 있기 때문에 그렇다. 요컨대 그런 이론들은 내면 의식과 문화는 도외시한 채 단지 외적이고 물질적인 돈과 부만 좇고 있다.

돈이 안고 있는 문제는, 우측 사분면들에 속하는 거의 모든 물건(물질적이고 물리적인 모든 항목들)은 돈으로 살 수 있지만 내면적 혹은 좌측 사분면들에 속하는 거의 모든 것(의식, 사랑, 배려, 연민, 지능, 가치, 의미, 목적, 비전, 동기, 영성, 정서적인 면과 관련된 물건들, 정신적인 개념들)은 살 수 없다고 하는 점이다. 따라서 개인들의 삶의 전반적인 성공을 재는 지표로 자주 쓰는 GDP를 계산할 때, 그렇게 참으로 중요한 항목들은 전혀 고려 대상에 들어가지 않는다.

오늘날의 각종 경제 지표나 지수들에 보살핌, 자녀양육, 가족 및 친척과 관련된 진실들, 삶의 모든 가치 같은 것들이 전혀 포함되어 있지 않다는 것을 지적하는 불만의 목소리들이 점차 높아져 가고 있으며, 오늘의 이런 현실은 그런 지표들에 포함되어 있지 않은 것들의 통합적 목록 작성의 시작에 불과하다. 우리가, 사회는 완전한 삶에 필요한 모든 요소를 반드시 제공해줘야 한다는 결정을 내릴 때(우리는 그런 모든 요소를 추적하기 시작하는 이론과 모델과 통계 자료들을 갖고 있다), 그것들은 정확히 어떤 요소들이 될까? 그런 질문에 답하려는 노력을 가장 하고 싶어 하지 않을 파동은 바로 붕괴된 녹색 파동이다.

인간의 평균수명이 백 살에 도달하고 얼마 후 다시 백 살을 훨씬 더 넘어섰는데 일할 필요가 없다면 인간은 대체 무엇을 할까? 이것은 모든 문화가 참으로 효과적인 방식으로 답해야 할 문제며, 그렇지 않았다간 진짜 재앙과 맞닥뜨리게 될 것이다. 여기서도 다시 내가 말하고자 하는 요지는, 무관점적 광기는 그런 답을 찾아낼 책임을 지고 싶어 하지 않으리라는 것이다.

내가 《모든 것의 목격자Boomeritis》[2]에서 처음 제시한 나 자신의 견해는 인류가 자기네가 원하는 우측 사분면들의 모든 물질적 재화를 제공받은 뒤, 특히 그들이 백 살이나 이백 살이 될 때까지 살기 시작하게 될 때, 그들이 하고 싶어 할 만한 것으로는 뭐가 있을까, 하는 것이다. 그들이 그 모든 시간 동안 대체 뭘 할 수 있을까?

그 답은 그들의 탐구와 답사가 순전히 외적인 세계에서 드넓은 내면세계와 거의 무한한 내적 지평들로, 좌측 사분면들에 속하는 모든 것을 향유하는 것 쪽으로 향할 것이라는 점이다. 즉, 몇 백 년씩이나 사는 사람들을 효과적으로 관리할 수 있는 사회라면 사람들이 의식의 많은 내적 수준과 상태에 관한 지식에 쉽게 접근해서 활용할 수 있게 해줘야 할 것이라는 것.

그렇게 될 때 사람들은 존재와 앎의 더 높은 상태와 단계들의 거의 무한한 조망이 제공해주는, 믿을 수 없으리만치 광대하고 엄청나게 색다른 내면세계들을 추구해 들어가기 시작할 수 있을 것이다. 그리고 더 높

---

2 김훈 옮김, 2016년, 김영사.

은 그런 상태와 단계들이 안겨줄 수 있는, 어마어마하게 풍요로운 의식 증대, 지복, 자각, 사랑, 연민, 환희, 행복을 즐길 수 있게 될 것이다. 이런 가능성들은 대체로 통합적 관점의 영역에서 시작되지만, 건강하고 개방적인 녹색에 의해서도 접근 가능한 것들이 되기 시작할 수 있다. 그리고 통합적 관점의 영역에 관해서는 곧이어 논의할 참이다.

아무튼 오렌지색 기업이 지금 당장 활용할 수 있는 작은 기술적 아이템 하나는 과민한 녹색이 제정해 놓은 엄청나게 많은 규제를 완화하는 것이다. 피고용인들이 '희생자'로 전락하는 것을 예방하려는 녹색의 시도가 건강한 기업의 운영 능력의 상당 부분을 거의 마비시키다시피 해서 특히 중소기업의 도산 비율이 기록적으로 높은 수치를 보이고 있다.

이런 것은 우리가 여기에서 전체적으로 이야기하는 것의 일반적인 한 가지 사례에 지나지 않는다. 건강한 녹색의 배려와 과민한 녹색의 강박적 망상 간의 차이가 바로 그런 것이다. 과민한 녹색은 삶의 모든 조건에서 모든 고통을 제거하려고 시도하다가 사실상 조건들 자체를 제거하고 있으며, 그 과정에서 의도하지 않게 고통을 더 증가시키는 결과를 빚어내고 있다. 때로는 고통을 어마어마하게 증가시키고 있고, 그 때문에 녹색은 엄청난 혼란에 빠져 있다.

극단적인 정치적 공정성이야말로 과민한 난동이 초래하는 부작용들을 좀 더 자세히 알아야 할 필요가 있는 전형적인 것이다. 녹색의 평등 충동이 오렌지색의 표현 자유의 충동과 부딪친 것은 '초월하는 일'은 과다하게 하고 '포함하는 일'은 제대로 하지 않은 데서 비롯되었다. 자유를 초월하면서 포함하지 않고, 초월하면서 짓밟아버리고, 초월하면서 부정하고, 초월하면서 심지어 범죄시까지 하는, 전면적인 평등과 집단의 권리만 옹호하는 과민한 녹색 때문에 개인의 언론 자유와 무제한한 지식 획득을 중시하는 오렌지색 가치들은 힘을 잃었다.

이에 대한 치유책이 뭔지는 너무나 분명하기에 나는 그저 한 가지 예만 들 것이다. 이런 문제는 우리 시대의 위대한 코미디언들이 다시 대학 캠퍼스에서 공연할 마음을 먹을 때 적절하게 제시될 것이다. 미세한 공격, 방아쇠 경고, 안전한 공간[3]의 경우에도 마찬가지다. 그런 것들은 코미디언들이 자유롭게 코미디 소재로 다룰 수 있을 때만 존재하도록 허용해줘야만 한다.

녹색의 무관점적 광기가 앰버색의 민족중심적 단계에 미친 영향에 관해서 얘기하자면, 녹색이 그 비열함(알다시피 통합 이론가들이 "저열한 녹색 밈"이라고 부르는)을 조금이라도 치료하고 또다시 첨단에 어울리는 것이 되고 싶어 한다고 할 때, 녹색 쪽에서의 의식적인 지향과 노력을 참으로 필요로 하는 것은 바로 앰버색 단계다. 그럴 때 필요한 것은 앰버색의 의견에 동의해주고 앰버색이 하자는 대로 하고 앰버색의 모든 행위를 다 받아들여주는 것이 아니라 인간적인 이해와 연민, 따뜻한 마음으로 다가가는 것이다(그러면서도 세계중심적 안녕을 해치는 앰버색의 민족중심적 행위들에는 이런 저런 제재방법을 통해 여전히 책임을 물으면서). 그리고 그런

---

3 모두가 녹색의 과민성에서 비롯된 것들이다.

노력에는 앰버색은 본래 '한심하다'고 하는, 널리 퍼져 있는 견해가 기승을 부리지 않게 하는 것도 포함된다.

"그것들은 한심한 것들이다"라는 견해는 앰버색의 결정이 적극적인 자유 선택이라면 용납될 수도 있겠지만, 대체로 그렇지는 않다. 사람은 발달의 어느 한 단계나 그런 단계의 특징들을 선택하지 않는다. 그것들은 그저 그 단계 자체의 영역에 딸려 있을 따름이며, 그런 특징들은 그 단계가 지나가기 전까지는 당사자가 좋아하든 싫어하든 상관없이 지속될 것이다. 우리가 '판단'의 방식으로 하는 일의 대부분은 발달상의 분별 지혜developmentally discriminating wisdom[4]를 통해서 모든 성장 수단을 최대한 활용하려고 하는 것이고, 다른 한편으로 민족중심적 단계들에서 나오는 과도한 행동(인종차별, 성차별, 동성애 혐오, 여성 혐오와 관련된)에는 여전히 제재를 가하려는 것이다.

하지만 거기에는 민족중심적 단계에 머물러 있는 사람들을, 마치 그들이 자기네의 그런 특징들을 자발적으로, 아주 기꺼이 의도적인 도덕적 선택지로서 고르기라도 한 것처럼 판단하는 경우는 포함되어 있지 않다. 그것은 마치 누군가가, "자, 거래를 해보자. 당신은 자신의 특정한 집단만을 공정하게 대해주는 편을 선택할 수도 있고 인종과 피부색과 성별과 신앙이 뭐든 상관없이 모든 집단을 공정하게 대해주는 편을 선택할 수도 있어"라고 말하는 것 같은 경우가 아니다. 그런 경우에서라면

---

4 책머리의 해제 참조.

그 사람은 완전히 자유로운 입장에서 둘 중 하나를 고르고는, "아, 나는 내 특별한 집단하고만 동일시하고 싶어. 그 외의 모든 사람들에게는 손톱만큼도 관심 없어"라고 말할 것이다.

십중팔구 그런 일은 일어나지 않는다. 민족중심적인 성향의 사람들은 그런 식의 복잡한 선택을 할 수 없는 처지다. 그들은 세계중심적인 공간에서 벗어나 편파적인 민족중심적 태도를 의도적으로 선택하는 것이 아니다. 만일 일부러 선택했다면 그들은 정말로 '한심한 것들'일 것이다. 대체로 그들은 자기중심적인 태도에서 벗어나 자기 자신뿐만 아니라 자기 집단 전체를 포용하는, 더 확장된 관심과 배려의 태도로 이제 막 올라가고 있는 중이다. 그들은 '이기적인' 단계에서 ('보편적 배려'의 단계와 '통합적' 단계로 나아가는 경로에 있는) '배려'의 단계로 나아가고 있으며, 이런 것이야말로 진정한 상승이다.

그런 개인에게 우리가 보일만한 적절한 반응은 도덕적 우월감으로 득의만면해 하는 것이 아니라 믿을 수 없으리만치 옹색하고 답답하고 고통을 유발하는 단계들에만 갇혀 사는 사람들에 대한 참으로 깊은 연민이다. 통합적 관점에서 볼 때 우리가 판단하는 자세로서 허용 받는 것은 오로지 연민 하나뿐이다.

하지만 망가진 녹색이 학계와 언론계와 연예계와 진보적인 정계에서 열심히 과시해온 것은 바로 연민과 배려와 이해심의 결여다. 트럼프에게 상상조차 할 수 없었던 승리를 안겨준 거대한 분노의 저장소를 만들어낸 것은 다름 아닌 이 저열한 녹색 밈의 자세였다. 스스로를 "성나 있다^{angry}"고 표현한 이들의 81퍼센트가 트럼프에게 표를 던졌다. 열 명 가운데 무려 여덟 명이 말이다! 성난 사람들의 집단에서 트럼프를 지지한 사람들의 비율이 그 어떤 집단에서의 트럼프 지지율보다 더 높았다. 백인 집단, 혹은 남성 집단, 혹은 저학력자 집단, 혹은 저소득층 집단에서의 지지율보다도 훨씬 더 높았다. 그런데 그 사람들은 대체 누구한테 성나 있는 걸까? 이런 얘기하기는 싫지만 아마도 여러분 때문일 것이다.

(오케이, 그 명단에는 나도 역시 포함될 것이다. 그러니 '우리'라고 해두자. 중요한 것은 이 나라의 꼬박 50퍼센트에 해당하는 사람들이 나머지 50퍼센트의 사람들에게 성나 있다. 그러니 자신이 어느 쪽에 속하는지 알아 맞춰보라. 우리가 가끔 언급했다시피 그런 현실은 지속될 수 없으며, 그대로 방치했다간 이 나라가 문자 그대로 둘로 쪼개질 것이다.)

내가 말했다시피 결국, 과도하게 자기중심적인 태도는 따로 설명이 필요 없을 만큼 자명한 것이다. 여기서 나는 내가 부머리티스^{boomeritis 5}라는 개념으로 소개했던 생각을 그저 덧붙이기만 할 작정이다. 나는 그런 제목의 책에서 부머들이 비록 '미^{Me} 세대⁶'와 '나르시시즘의 문화'로 알려지기는 했지만, 그들은 단지 나르시시즘 그 자체로 특징지을 수 있는 젊은이들의 세대인 것만은 아니었다. 부머 세대는 아주 낮은 발달 수준으로 오염된 아주 높은 발달 수준을 갖고 있었으니, 그것은 곧 적색의

---

5 boomer에 '이상하거나 지나친 상태 및 상황, 버릇'을 뜻하는 itis라는 접미어를 결합시켜서 만들어낸 합성어.
6 자기중심적인 사고를 갖고 있어 자기주장이 강하고 자신의 이익 외에는 무관심하고 자신의 욕구 충족만을 바라는 현대의 젊은 층.

나르시시즘과 자기중심주의로 오염된 녹색 다원론이었다.

부머리티스는 광범위한 '전후 오류(전초 오류)pre/post fallacy'[7]가 빚어낸 상태로, '미 세대'의 원조격인 부머 세대가 주로 그런 특징을 보이긴 했지만 꼭 부머들에게만 국한된 상태는 결코 아니었다. 이런 오류는 자기중심주의 같은 전pre 인습적 실재들과, 자주성과 개인주의 같은 탈post 인습적 실재들 양쪽 모두가 비non 인습적인 것들이고, 따라서 사람들은 자주, 그리고 쉽게 그 양쪽을 혼동하고 같은 것들로 여긴다.

그 바람에 전 인습적 실재들이 탈 인습적 진실들로 승격되고, 따라서 나르시시즘적이고 자기중심적인 태도가 자주적인 개성의 아주 고상한 표현으로 여겨진다. 그런가 하면 또 탈 인습적 실재들이 전 인습적인 유치한 유행들로 격하되고, 따라서 관행을 따르지 않는 탈 인습적인 개인들이 자기중심적이고 자기 홍보에 열을 낸다고 해서 비난받는다. 부머리티스는 전자 혹은 뻥튀기의 한 변종이다. 그런 상태에서는 바로 무관점적 광기의 다원론적이고 상대주의적인 태도 때문에 모든 태도가 다 동등하게 받아들일 수 있는 것들로 여겨졌고, 따라서 아주 저급한 나르시시즘이 매우 고상한 자주적autonomous 개인주의 속에 숨어들어갈 수 있었다.

우리는 예컨대 일부 베트남전 반대 시위에서 그런 사례들을 목격했다. 버클리 대학에서 시위가 벌어졌을 때 그 학생들은 이구동성으로 자

---

7 책머리의 용어/개념 해설 참조.

기네가 보편적인 도덕 원칙들을 근거로 해서 반대하는 것이라고 주장했다. 베트남전은 도덕적으로 잘못된 전쟁이고, 따라서 마땅히 항의 시위를 해야 한다고. 하지만 그 시위 학생들을 대상으로 한 도덕 발달 테스트 결과는, 그중의 소수는 정말로 도덕 발달의 보편적인 탈 인습적(혹은 세계중심적) 단계들에 도달해 있었지만, 70퍼센트 이상의 대다수 학생들은 도덕 발달의 전 인습적이고 자기중심적인 단계들에 속해 있었다는 사실을 보여줬다.

그들은 그 전쟁이 도덕적으로 잘못된 것이어서가 아니라 "내게 뭘 해야 할지 알려줄 자는 아무도 없기!" 때문에 그 전쟁을 원치 않았다. 그리고 그것이 바로 부머리티스다. 그것은 나르시시즘의 문화였다. 하지만 그 나르시시즘은 아주 높은 수준으로 발달한 이상들 속에 숨어 있는 나르시시즘이었다. 그것은 그냥 적색이 아니었다. 적색으로 오염된 녹색이었다.

녹색의 병적인 차원들은 이미 그 앞에 존재하는 모든 것을 감염시키는 부작용을 일으키기 시작하고 있었으며, 녹색이 첨단이 된 이래 우리는 그 나르시시즘적인 약점이 문화에 어떤 짓을 자행해왔는지를 목격했다. 붕괴된 녹색 첨단은 여기저기에서 나르시시즘과 자기중심주의가 창궐하게 했다. 특히 교육이 나르시시즘의 이런 약점으로 혹심한 타격을 받았으며, 그때 이래 교육은 사실 제 기능을 하지 못했다.

교육의 파행은 그 극단적인 사례들, 곧 성적 매기기를 완전히 없애 버리고 모든 학생에게 우등상을 주는 것, 스포츠 행사에서 승자나 패자를 가리지 않고 참여한 모든 선수한테 똑같은 메달을 주는 것, 문자 그대로 책도 읽지 못하는 아이들에게 대학입학을 허용해주는 것(대체 누가 그런 학생들의 능력을 평가할 수 있을까?)에서만 그치지 않았다. 그런 흐름은 모든 수준의 교육 전체에 영향을 미쳤다.

'자부심' 교육 운동이라는 것 전체가 하나의 고전적인 예다. 그것은 (진실이 존재하지 않으므로) 진실을 알 수 있는 능력을 키워주지 말고, 내가 얼마나 특별한 존재인지(나다움의 경이로움)를 가르치도록 하라는 식의 교육이고, 그런 교육은 우리가 앞에서 살펴봤던 것처럼 나르시시즘 테스트가 시작된 이래 그 수치가 가장 높은 졸업반 학생들을 배출하는 결과를 빚어냈다.

어떤 가치도 참으로 진실이 아니므로 모든 가치가 다 동등하게 참되다(동등하게 거짓이기 때문에)는 녹색의 믿음은 그저 치료해줘야만 하는 병적인 무관점적 광기며, 따라서 분별지혜를 다시 도입해야 한다. 우리가 배출하고 있는 모든 학생이 그저 집단적으로 자기 위상을 높이는 데만 열을 내는 나르시시스트들뿐이라고 한다면 보편적인 무상교육을 실시하는 것은 아무 도움이 되지 않을 것이다. 그런 것은 사실상 진정한 사회적 재앙을 부르는 처방이 될 것이고, 나르시시즘을 배양하는 기계 장치 속에 더 많은 사람을 포함시킴으로써 그 재앙을 더욱더 가속시키는 결과만 빚어낼 것이다.

녹색이 현재의 어정쩡한 모조^{ersatz} 첨단으로서 미국 인구의 25퍼센트를 차지한다는 점을 감안해볼 때, 그 엄청난 숫자만으로도 녹색을 이런 변화 자체를 만들어내는 데 책임이 있는 유력한 후보자로 보기에 충분하다. 게다가 현재 녹색이 그동안 자기네가 해온 일에 뭔가 아주, 아주 큰 잘못이 개재되어 있다는 것을 광범위하게 의식하고 있다는 점에서도 그렇다. 그리고 트럼프의 당선은 이런 의심을 결정적으로 굳혀줬다. 모든 녹색이 대체로 트럼프를 비난하고 미워하기만 하고 있으나, 또 다른 녹색은 자기네가 대체 무슨 짓을 했기에 이런 일이 일어났는지를 물어보기 시작했다.

사람들은 농촌의 민족중심적인 앰버색뿐만 아니라 도시의 녹색 엘리트들도 트럼프를 대통령으로 만드는 데 기여했다는 사실을 서서히 깨닫고 있다. 그런 사실은 사전에 거의 누구도 알아차리지 못했고, 트럼프가 당선되고 나서 모든 사람이 충격을 받은 것은 바로 그 때문이었다. 녹색으로서는 그런 변화를 이해하기가, 아니 받아들이기가 여간 어려운 것이 아니었다. 이 점에 관해서는 잠시 후에 다시 다룰 것이다.

진화 자체의 자기 교정 움직임이 낳은 즉각적인 효과의 하나는 트럼프가 당선되고 나서 불과 몇 주 밖에 지나지 않았을 때 세계 전역의 거의 모든 사람에게 '진실 부재'에 대한 믿음이라는 것의 진짜 실체가 충격적이라고 할 만큼 명백하게 다가오기 시작했다는 점이다. 세계 전역의 거의 모든 녹색(그리고 그 밖의 모든 사람들)은 '가짜뉴스'에서 '대안적 사실'에 이르는 모든 것을 통해서 '진실 부재'라는 개념이 그 얼마나 멍청한 것이었는지를 확연히 알아차렸다. 녹색 자체의 진실들이 주기적으로, 그리고 요란하게 '가짜뉴스'로 매도되고 있는 현실에서는 특히 더 그

래보였다.

상아탑에서 어떤 참된 실상과도 괴리된 '진실 부재'의 개념을 아무 의심도 품고 있지 않은 순진한 대학생들에게 가르치는 것과 그런 개념이 현실에서 진짜로 작동하는 것을 보는 것은 별개의 문제다. 세계 전역의 현존하는 거의 모든 대학에서는 깊디깊은 침묵이 감돌았다. 이제 그 누구도 "진실은 없고 오직 사회적 조작만 있을 뿐이다"라고 말하지 않을 것이다. 그 어디에서도 "진실은 없다"라는 개념이 완전히 잘못된 것이라고 주장하는 것 말고는 그런 개념에 관해 일절 말하지도 않고 쓰지도 않고 인터넷에 올리지도 않고 책으로 발간하지도 않고 주위에 소곤대지도 않는다.

그것은 마치 지난 40년에 걸친 열정적인 탈근대적 철학 연구를 모조리 창밖으로 내던져버린 것과도 같다. 데리다, 푸코, 리오타르, 라캉을 비롯한 그들 모두가 사라져버렸다! 적어도 그 특정한 신조의 경우에는 그랬다. 트럼프 같은 사람들이 끊임없이 진실은 없다고 주장하고 자기네 의견에 동조하지 않는 모든 언론사의 뉴스들이 죄다 가짜뉴스라고 주장하는 소리를 들은 뒤 자존심 있는 학자라면 누구도 그런 말을 되뇔 수조차 없다. 그런 개념 자체가 엄청나게 곤혹스러운 것이 되어버렸다.

그 대신에, 모든 방면의 해설자들은 (자기네의 남은 진실들 중에서 얼마나 많은 것이 '진실 부재'라는 핵심 축에 여전히 자리 잡고 있든 간에) "진실이야말로 저널리즘의 본질이다, 우리가 보도하려고 열심히 노력하는 게 바로 그것이다, 우리가 여기 있는 이유가 바로 그것이다!"라고 애써 주장했다. 그들은 하나같이, 진실은 없다, 라는 개념을 비난하고 있고, '대안적 사실들'이 존재할 수도 있다고 하는 견해를 조롱하고 있다. 뉴욕타임스는, "진실은 이제 그 어느 때보다도 더 중요하다!"라고 당당하게 선언하는 백만 달러짜리 광고를 내보냈다. 망가진 녹색의 핵심적인 진리 부재 측면은 불과 몇 주 내에 대대적으로 버림받았다. 그건 아주 신경증적인 현상이다.

"진실은 존재하지 않는다"는 이런 개념 자체는 녹색이 소중하게 여기는 다른 모든 극단론들, 곧 극단적 평등주의, 정치적 공정성, 사회적 절대평등, 표현의 자유 부정 등과 같은 것들의 이론적인 토대다. 그런데 아주 놀랍게도, 진실은 존재하지 않는다는 말은 분명 참이 아니라고 하는 견해는 정말로 아주 명백한 것이 되었다. 트럼프의 입에서 무슨 말이 나올 때마다 즉각적으로 노골적인 조롱조의 반박이 쏟아져 나오다시피 하는 상황에서는 특히 더 그랬다.

지난 40년 이상에 걸쳐서 제아무리 위대한 철학자라 해도, 하버마스건, 테일러건 누구건 간에 절대로 할 수 없었던 일을 도널드 트럼프가 불과 한 달 안에 해치워버렸다. 맙소사, 진화가 자기 교정을 할 때는 정말 제대로 해낸다!

하지만 진실 부재 이외의 녹색 극단론들은 설사 치료 된다 해도 시간이 더 오래 걸릴 것임이 거의 확실하다. 지금 우리가 논의하고 있는 것은 현재 명백히 드러난 '진실 부재'라는 어리석음을 알아차리고, 더 나아가 그것과 관련된 많은 극단적인 믿음의 비슷한 어리석음을 알아차리는 정도를 넘어서서 그런 치료의 행로를 어떻게 밟을 것인가 하는 것이다. 그리고 그렇게 해서 녹색이 진화의 참다운 첨단 역할로 돌아가도록 하는 것이다.

그런 일이 제대로 이루어지고 있는지 여부는 '진실 부재'라는 핵심 축이 지탱해주고 있는 저열한 녹색 밈 극단론들(극단적인 정치적 공정성, 외면적인 것에 불과한 평등주의, 사회적 절대 평등, 표현 자유에 대한 부정, 대학 캠퍼스에서의 코미디 공연 억압, 맹목적으로 강요되는 안전공간과 방아쇠 경고 같은 것들)의 긴 목록이 줄어드는 정도에 따라서 측정될 것이다. 나는 이런 과정이 '진실 부재'와 관련해서 일어났던 것보다 훨씬 더 느리게 진행될 것이라고 생각한다. 하지만 적어도 진전이 이루어지고 있다는 징후들은 존재한다.

다음에 소개할 내용은 이에 관한 한 가지 예다. 앰버색의 민족중심적인 트럼프의 당선에 녹색이 연루되었다는 사실에 대한, 느리지만 폭넓게 확산되고 있는 깨달음의 한 예라고 할 수 있다. 그것은 진화의 자기 교정 충동이 정말로 작동하기 시작했다는 또 다른 징후이기도 하다. 앳 더 마진스At the Margins의 공동창설자요 아프리카계 미국인인 제레미 플러드Jeremy Flood는 〈절감해야 하는 혁명The Revolution Must Be Felt〉이라는 제목의 온라인 기고문에서 트럼프의 당선은 강력한 민족중심적 조류의 승리였다는 점을 강조한 뒤 다음과 같이 아주 예리하게 지적했다.

"하지만 똑같은 맥락에서, 우리〔진보주의자들〕[8]는 우리가 트럼프의 천박함에 대해 언급하는 방식, '대학졸업자가 아닌 이들'의 트럼프 지지를 강조하는 방식, 미국 농촌 백인들이라는 전제에 접근하는 일반적인 방식도 그와 똑같은 편견어린 추론에 의지하고 있다는 점을 인정해야 한다. **이런 사람들에 대한 우리의 혐오감은 본질적으로 계급차별주의다**〔볼드체 표기는 플러드가 한 것임. 이 얘기는 달리 말해 민족중심주의에 대한 민족중심적 혐오감이라는 것〕. 이런 점은 아무리 강조해도 지나치지 않다. '백인 촌놈'들에 대한 경멸감이 근대의 진보적 어휘사전의 구조에 끼워 넣어진 것이다. 우리는 그들을 대학 진보주의가 제거하려고 노력해온, 근본주의 종교로부터 시작해서 강압적인 국가주의, 과학에 대한 전반적인 불신에 이르는 모든 억압적 구성〔즉, 우리가 전에 살펴봤던 것처럼 모든 형태의 억압의 단일한 큰 원인〕의 토양으로 규정했다. 우리는 이 사람들을 야만적인 무지의 희극적인 전형으로 그려왔다. 그러고 나서 막상 표를 얻기 위해 그들을 찾아갈 때는 그들이 그런 점을 눈치채지 못했으면 한다. 우리는 우리의 적개심을 노골적으로 드러내면서도 이 사람들의 표를 당연한 것으로 여기는 식으로 해서 그들을 절벽 끝까지 밀어붙였다. 그래놓고는 그들이 막상 절벽에서 뛰어내리자 충격에 빠진 채 망연히 바라봤다." 사실 그들은 분노해서 뛰어내렸다.

　플러드는 이어서 다음과 같이 말했다. "만일 우리 자신의 계급차별주

8　대괄호는 저자 켄 윌버의 해설이다.

의가 우리가 한심하다고 조롱하는 이들의 정서적 요구에 마음 쓰는 것을 방해한다면, 우리는 진정한 진보주의자가 아니다." 그는 그 이유를 이렇게 설명했다.

당신은 이 이야기의 요지에 이의를 갖고 있는가? (그들의) 견해가 얼마나 오도된 것인지, 성차별주의의 부작용, 언론의 불공정한 장난, 이중적 기준들을 들먹이고 싶어 좀이 쑤시는가? 나도 그렇다. 한데 그런 것은 중요하지 않다. 우리가 수백만 명에게 팔아먹은 것이 바로 그런 얘기들이었다. 그리고 우리는 미시간을 잃었다. 펜실베이니아를 잃었다. 오하이오를 잃었다. 유니언랜드Unionland 9의 초토화된 폐허를 잃었다. 우리가 어쩌다 이렇게 되었을까?

참으로 어쩌다가? 플러드는 이렇게 말했다. "전문가들은 경제적, 혹은 인종적 불안감이 그런 식의 폭발을 불러일으켰는지의 여부를 두고 영원히 논란을 벌일 수도 있다. 하지만 핵심적인 요점은 여기에 있다. **좌파가 실패했다는 것에**(볼드체는 플러드가). 우리는 우리 편에게 유리한 팩트들을 갖고 있지 못해서, 우리의 정책이 노동자 계급들에게 더 나은 것이 되지 못해서, 트럼프를 지지하는 백인노동자들이 무지막지하게 인종차별적이어서 실패한 것이 아니었다. 좌파는 자기네가 내세웠던 스토리가 전혀 **새로운 것이 아닌** 이런 분노를 넘어설 수 있을 만큼 강력하지 못했

---

9 '노동자들이 많은 지역', 곧 러스트벨트를 뜻한다.

기 때문에 실패했다〔볼드체는 플러드가〕."

분노야말로 이 상황에 딱 맞아떨어지는 요소다. 플러드는 이렇게 말했다. "중요한 것은 결속이다. 결속은 우리의 행동과 진정성으로 이루어진다. 그것은 집단적〔세계중심적〕 정체성과 집단적 투쟁하고 관련된 것이다. 우리의 반이 '한심한 것들'일 때 우리는 '더 강력하게 결속하지' 못한다."

아멘, 형제여. 우리의 변함없는 논점은 사람들의 반이 다른 반을 미워할 때 우리는 하나의 나라로 전진해나갈 수 없다는 것이다. "우리는 학문적이고 비인간적인 정치 스타일〔탈근대적인 후기 구조주의〕을 받아들였으며, 우리의 논조와 담론을 통해서 민주당은 자기네가 마땅히 극복해야 할 종류의 엘리트주의 위계를 구현하는 처지가 되어버렸다."

딱 맞아떨어지는 얘기다. 녹색은 성장의 위계가 아니라 지배자 위계를 극복해야만 했다. 성장 위계는 우리가 지배자 위계를 극복하는 실질적인 방법이다. 앞에서 살펴봤듯이 이런 '좌파의 실패'가 일어난 주요 이유들 중의 하나는 우리가 성장 위계를 부정할 때마다 자동적으로, 불가피하게, 무조건, 지배자 위계를 강화하는 결과를 빚기 때문이다. 우리 모두는 본래 지배자 위계를 선호하는 성향을 갖고서 태어나기 때문에 그저 저절로 그렇게 되고 만다. 그런 성향을 상쇄해주는, 우리를 가장 수준 높은 세계중심적이고 통합적인 가능성들을 지향하면서 발달하게 해주는 흐름이 없다면, 우리는 우리의 가장 수준 낮은 공통분모들, 자기중심적이거나 민족중심적인 권력충동들에 빠져들 것이다.

그리고 원래 세계중심적이었던 개념들이 민족중심적인 표현들로 퇴행할 때면, 그런 개념들은 완전히 앰버색 단계의 것들, 곧 전체주의적이고 근본주의적이고 '한 가지 진리만을 고집하는' 태도의 색채를 띠게 된다. 그럴 때 우리는 무자비한 종교적 열정을 갖고서 그런 진리를 신봉한다. 과학이 앰버색의 과학적 유물론과 환원주의적 과학만능주의에 빠져 들어갈 때 우리는 과학 자체에서도 그런 일이 일어나는 경우를 목격하곤 했다. 페미니즘의 경우에도 절대적 종교로 전락하는 바람에 자기네와 약간만 의견을 달리해도 악마 같은 혹독한 성차별주의로 매도하는 경우가 흔했다. 마르크스주의가 수많은 사람에게 사실상의 광신적 종교가 되어버렸을 때도 우리는 그런 경우를 목격했다. 종교가 대중의 아편일 수도 있고 아닐 수도 있는 반면, 마르크스주의는 지식인들의 아편이 되었으며, 우리는 많은 정치이념에서도 그런 경우를 목격해왔다. 오렌지색이나 녹색인 사람들조차도 무조건적인 열광이나 절대적인 맹신에 사로잡힐 때면 가장 수준 낮은 민족중심적인 모습으로, 그리고 심지어는 자기중심적인 모습으로 전락해서 화를 자초하곤 했다.

그런 일이 일어날 때면 성장의 홀라키에서 지배자 위계로의 퇴행은 피할 도리가 없으며, 첨단 자체가 원인이 되어서 그런 일이 일어날 때는 파국적인 결과가 따라온다. 그럴 때 진화과정이 파탄상태에 빠진다 해도 전혀 놀라운 일이 아니다.

플러드처럼 과거에 기능장애 상태에 빠졌던 일부 녹색 사람들은 트럼프를 대통령 자리에 올려놓은 분노의 거대한 물결 속에서 과거에 자기네가 한 짓을 깨닫기 시작하고 있는 반면에, 그런 조류를 실질적으로 바꾸려면 성장의 홀라키가 필요하다는 사실을 제대로 이해하고 있는 이들은 아직 거의 없다. 녹색의 다원론적/상대주의적 파동은 본래 모든 홀라키를 거부하는 성향을 갖고 있다. 녹색 파동은 일부 입장^{stance}이 다른 입장들보다도 더 '높거나 낮거나 가치 있을' 수 있다는 생각만 접해도 놀라서 질겁한다. (앞에서 이미 살펴봤다시피, 녹색은 자체의 가짜뉴스를 이용해서 모든 위계에 대처한다.)

녹색은 그런 모든 '판단평가'와 '등급 매기기'를 모든 억압과 불의와 사악한 권력충동의 핵심으로 간주한다. 클레어 그레이브스는 녹색이 1층에서 가장 수준 높은 단계이기 때문에(그리고 중첩된 위계 혹은 홀라키가 2층의¹⁰ 통합적인 모든 단계의 근원적인 특징으로서 광범위하게 재도입되고 있기 때문에) 녹색은 모든 위계에 대해서 특유의 과민성을 갖고 있고, 따라서 통합적 단계에 도달할 때 새로 도입된 2층 위계들에 대해 적절한 주의와 경계의 태도로 접근할 것이라고 느꼈다. 지배자 위계가 모든, 혹은 많은 사회적 억압과 불의의 원천이므로 녹색은 모든 판단, 평가, 서열화를 경계하는 법을 배울 필요가 있으며, 또 그런 성향들이 보일 때마다 어디에서나 그것들을 해체할 자세가 되어 있다.

분별없고 극단적인 형태의 그런 견해는 단지 녹색 쪽에서의 오만하고 반사적이고 자동적인 반응에 불과하며, 우리가 종종 목격해왔다시피

---

10 책머리의 해제 참조.

사실 녹색 스스로도 그걸 액면 그대로 믿지 않는다. 녹색이 예컨대 가치판단은 나쁘다는 생각에 도달할 수 있는 유일한 방법은 가치판단에 관한 일련의 전체적인 가치판단을 내리는 것뿐이다.

이와 마찬가지로 녹색은 서열화하지 않는 것이 서열화하는 것보다 더 낫고 더 가치 있다는 식으로 등급을 매기는 서열화 시스템을 갖고 있으며, 그런 시스템 자체 역시 서열화라는 것은 두말할 필요도 없다. 녹색은 위계제를 가장 밑바닥 수준에 배치하고 '위계제 없음'을 최상위 수준에 배치하는, 매우 강력한 위계제 혹은 가치판단을 갖고 있는데, 사실은 그 자체가 위계제다. 내가 전에 간략하게 요약했다시피, 녹색은 그 어떤 것도 다른 것들보다 더 우월해서는 안 되는 세상에서 자신의 견해가 명백하게 우월하다고 믿고 있다. 그것은 '판단 없음'이 아니다. 그것은 아주 분명한 판단이요, 열렬하게 끌어안은 판단이다!

여기서 나는 같은 말을 되풀이하고 있는데, 그 요점을 정리하면 이렇다. (1) 녹색은 고도로 발달한 목표들을 갖고 있다. (2) 그런데 녹색은 자신의 목표들을 공식적으로 정당화할 수 있는, 혹은 그것들에 대한 믿을 만한 근거를 제시할 방법을 갖고 있지 못하다. (3) 더 고약한 것은, 녹색이 자신의 목표들에 도달할 방법이 전혀 없다는 점이다. 결론적으로 첨단으로서의 역할을 하는 데 엄청나게 실패했다.

따라서 모든 위계와 가치판단에 대한 애초의 경솔한 거부반응을 완전히 극복하고 난 뒤 녹색이 배워야 하는 것은 자신이 자체 버전의 가치판단과 위계적 태도를 갖고 있기 때문에 처음부터 그런 결론에 이를 수밖에 없다는 것을, 어떻게 해도 그런 결과에 이르는 것을 피할 수 없다는 것을 깨닫는 것이다.

그러므로 녹색은 모든 판단과 서열화와 위계제를 완전히 없애려는(그렇게 하는 것은 사실상 불가능하고, 녹색이 이런 것들의 자체 버전을 계속해서 표현하는 것은 바로 그 때문이다) 척하기보다는, 위계적 판단의 선하고 참되고 진실하고 윤리적인 형태의 것(녹색 이전 단계들과 비교해볼 때 그것들과는 달리 녹색은 갖고 있는 경향이 있는) 대對 위계적 판단의 부패하고 횡포하고 억압적이고 불의한 형태의 것(녹색보다 수준이 낮은 단계들이 갖고 있는 경향이 있는)을 구별해서 볼 줄 알아야 한다.

그리고 모든 점을 고려해봐서 세계중심적/통합적 가치들이 가장 수준 높은 이상들로서 자기중심적/민족중심적 가치들보다 참으로 더 낫다는 결론에 이르렀을 때, 녹색은 실현 혹은 성장 위계 대 억압적인 지배자 위계를 제대로 구별할 줄 아는 지점에 곧장 이르게 될 것이다.

성장의 홀라키는 여섯에서 여덟에 이르는 주요 단계들로서 펼쳐지는 진정한 계보와 진정한 진화의 흐름, 진정한 발달 과정이자 역사적 과정을 곧장 따라간다는 대단한 이점을 갖고 있다. 그런 흐름과 과정은 단계가 올라감에 따라서 점점 더 포괄적이고 애정 어리고 배려심 넘치고 전체적이고 의식적이고 복잡한 형태의 것들이 되어가고, 횡포하고 억압적이고 불의한 면은 점점 더 줄어든다. 우리는 그것들을 자기중심적 단계에서 민족중심적 단계, 세계중심적 단계, 통합적 단계로 계속해서 확장해가는 성장으로, 혹은 이기적 단계에서 배려의 단계, 보편적 배려의 단계, 통합적 단계로 줄곧 확장해가는 성장으로 요약하기도 한다.

이 성장의 홀라키를 사용할 때 건강한 녹색은 이것이 사실은 녹색의 원래 판단과 서열화의 실질적인 기반이었다는 것을, 녹색이 지배자 위계를 비난했을 때 실제로 염두에 두고 있었던 것이 바로 이 성장의 위계였다는 것을 즉각 알 수 있다. 녹색은 판단 내리는 일을 완전히 중단할 생각이 없었다. 녹색 스스로 좌와 우를 구분을 나누는 판단을 내리고 있었다. 녹색은 인종차별, 성차별, 여성 혐오, 동성애 혐오, 외국인 혐오를 비롯해서 그와 유사한 편견 어린 판단을 하는 짓을 그치려 했다. 즉 민족중심적 판단을 내리는 일을 중단하려고 했다. 그리고 세계중심적이고 모든 것을 포용하고, 탈인습적인 판단을 내리기 시작하려고 했으니, 그런 판단이야말로 우리가 마땅히 내려야만 할 것이었다(적어도 이상理想으로서)!

그리고 그런 판단은 성장의 위계에 기반을 두고 있으며, 만일 우리가 자신의 가장 참다운 잠재력과 가능성들에 도달하고 표출하려고 한다면 그런 위계를 통해서 민족중심적 단계나 그보다 더 낮은 단계들에서 세계중심적 단계나 그보다 더 높은 단계로 나아가야 한다. 따라서 억압적인 민족중심적 판단과 서열화와 위계를 지향하는 짓을 그치고 세계중심적이고 통합적인 판단과 서열화와 위계를 향해 나아가야 한다. 아, 이제야 모든 게 딱 맞아떨어지는구나!

더 나아가, 그런 목표를 실현하는 과정에서 녹색은 끝없는 수행 모순으로부터도 즉각 해방될 것이다. 중요한 예 하나만 들어보자면, 녹색은 보편적인 진실은 존재하지 않는다는 것이 보편적으로 참이라는 그 끝없는 주장으로부터 해방된다.

이제 녹색이 참으로 하려고 하는 것은 이런 것이다. 모든 진실이 역사적인 차원(이 차원 자체가 보편적인 진실이다)을 갖고 있으므로, 과거에 '진실'로 여겨졌던 것이 사실은 다양한 집단을 배척하고 억압한 부분적이고 편협하고 편견어린 진실인 경우가 적지 않았으므로, 우리는 이 저열한 가능성을 알아차리기를 원한다. 그렇게 해서 우리는 그 저열한 요소들을 짚어낼 것이고, 그렇게 할 때 우리가 의도하는 것은 우리가 하는 말이 모든 시간과 공간에, 모든 문화에 적용되도록 하자는 것이다. 그러므로 우리가 참으로 말하고자 하는 것은, 우리가 민족중심적이고 억압적인 진실들과 싸우고 그것들을 막아서도록 도와줄 보편적이고 세계중심적인 진실들의 일부가 여기에 존재한다고 하는 것이다.

그런 관점에서 모든 것을 바라볼 때, 민족중심적 진실의 고약한 실상에 대한 녹색의 모든 등급매기기와 가치판단들이 전혀 모순되지 않고 진실한 방식으로 쏟아져 나올 수 있다. 그리고 그렇게 할 때 녹색은 보편적인 진실(녹색 수준에서 유효한 것이 되고, 그 수준에서 처음으로 나타나는 관점들을 표현하는 진실)을 제대로 표현할 것이다. 녹색은 성장 위계의 아주 높은 수준에서 나오는 것이기 때문에 더 낮은 수준들에서 나오는 지배자 위계를 비판하거나 비난할 수 있다.

그것은 녹색이 자신의 부서지고 붕괴되고 절대주의적이고 모조ersatz 엘리트주의적이고 사실상 억압적인 요소들이 민족중심적이고 근본주의적인 이데올로기의 파괴적이고 자기모순적인 형태들로 전락하는 것을 치료하는 데 핵심이 되는 전면적인 깨달음이다. 다시 말해, 우리가 지배자 위계를 극복하는 방법이 바로 성장의 홀라키라는 깨달음이다. 그렇게 해서 녹색은 많은 사람이 자기 초월을 통해서 자기조직을 하도록 선도하면서 참으로 지도하는 첨단으로서의 순기능적 역할로 돌아갈 수 있을 것이다.

그러므로 붕괴된 녹색이 그 자신의 수준을 근본적으로 치료하고 그것의 핵심적이고 훨씬 더 건강한, '참되지만 부분적인' 신조들로 돌아가는 이런 과정은 앞으로 나가기 위한 하나의 기회가 된다. 그런 과정의 성사 여부는 첫째, 녹색이 그것보다 먼저 나타난 거의 모든 발달 단계에 대한 비뚤어진 적개심을 내려놓느냐에 달려 있다. 그 단계들을 한심하게 여기는 게 아니라 연민어린 공감의 마음으로 대하느냐에 말이다.

두 번째는 좀 더 어려운 과제인데, 그것은 그 전 단계들에 대한 녹색의 '부정적인' 판단의 실질적인 기초가 되는 것은 그 전의 모든 단계가 하나같이 성장과 포용성의 더 낮은 수준들이기 때문에 건강한 형태의 녹색보다 덜 포괄적이고, 덜 포용적이고, 덜 복잡하고, 덜 의식적인 것들이라는 점을 깨닫는 것이다. 그리고 그런 점은 더없이 확연한 진실이며 믿을 만한 계보학, 참다운 진화/역사적 전개를 바탕으로 한 것이다.

하지만 그런 실상들에 대한 건강하고 정확하고 정당한 반응은 지원과 포용과 연민과 배려의 태도다. 더 수준 높은 각각의 단계(이 경우에는 녹색 단계)는 본래 그 전 단계를 '초월하면서 포함한다.' 하지만 전 단계를 경멸하고 혐오하고 몹시 미워하는 것은 '초월하면서 억압하고' '초월하면서 배척하고' '초월하면서 조롱하는' 것이다. 녹색이 이제껏 해온 일이 바로 그런 것들이었으며, 바로 그 지점에서 진정한 첨단이 될 수 있는 능력과 권리는 상실되고 만다.

녹색의 자기 치유 가능성에 불리하게 작용하는 것은 어떤 형태의 녹색이든 간에 녹색 자체가 발달의 한 실제 단계라는 사실이다. 그것은 하나의 세계관이며, 그런 의미에서 그것은 토머스 쿤의 본래 뜻에 부합하는 패러다임처럼 작용한다. 그리고 패러다임이 안고 있는 문제는 그것이 기능적인 것이든 역기능적인 것이든 간에 없애기가 정말로 어렵다는 점이다.

막스 플랑크Max Planck('양자' 개념의 창시자로 양자역학 혁명을 선도한)는 "낡은 패러다임은 낡은 패러다임의 신봉자들이 죽을 때야 죽는다"는 점을 통찰한 최초의 인물이 아닌가 싶다. 나는 그 말을 다음과 같이 요약했다. "지식추구는 거듭되는 장례식을 통해서 이루어진다." 이 말의 요지는 솔직히 말해, 부머리티스는 부머들이 죽을 때야 비로소 죽을 것이라는 얘기다. 하지만 가끔 부머리티스보다 더 극단적인 형태의 개념들을 채택한 지난 수천 년 세월을 돌아볼 때 참으로 나쁜 것을 없애는 데는 죽음 정도로는 어림없는 것 같다.

녹색이 앞으로 나가고 진정한 자기 치료로 이어질 행동을 시작하려면, 내가 앞에서 요약한 두 가지 조치가 꼭 필요하다. 즉 녹색이 그 이전의 모든 가치 수준에 대한 반작용적인 미움과 적개심을 버리는 것, 그리고 지배자 위계와 본래 맞서는 성장 위계를 채택함으로써 그렇게 하는 것. 내 느낌상으로 첫 번째 조치를 취하기가 훨씬 더 쉬울 것 같고, 많은 경우들에서 그런 단계는 이미 시작되지 않았나 싶다.

하지만 녹색으로서 두 번째 조치를 취하는 것은 아주 버거운 일이다. 그리고 만일 이 두 번째 조치가 광범위하게 이루어지려면, 우리는 인류 발달의 다음의 주요한 가능성을 향해 그냥 움직여나가야 하지 않을까 싶다.

나는 어떤 진로가 가장 그럴싸한 것이 될까에 관한 내 생각으로 다시 되돌아올 것이다. 하지만 그 전에 우선 좀 더 앞으로 나가 트럼프 대통령 당선에 대한 효과적인 대응의 다른 주요 가능성을 알아보고, 어째서 그런 대응이 실제로 가능하고 당장 유용한 것인지를 살펴보도록 하자.

_10_

또 다른 길:
참된 통합

—

—

현 상태에서의 진화의 자기 교정 역학이 실제로 어느 정도 견인력을 얻도록 도와주는 작용을 할 다른 가능성으로는 건강한 녹색을 끌어들이는 것(그것이 늘 도움이 되기는 할 테지만)이 아니라 터콰이즈색의 통합 단계의 첨단(혹은 2층 전반)을 직접 끌어들이는 것이 있다. 무슨 일이 있어도 이런 일은 미래의 어떤 시점인가에 일어날 것이다.

현존하는 모든 발달 모델이 자체의 연구에서 다원론적 혹은 상대론적 단계들을 뛰어넘는 하나나 둘 이상의 통합적 혹은 조직적 단계들이 거의 예외 없이 존재하며, 이런 단계들이 녹색이 조각낸 차별과 차이들을 통합해준다는 사실을 발견해왔기에, 우리는 그런 일이 일어날 것이라는 것을 알고 있다. 그것은 통합적 단계들에 이른 사람들의 비율이 현재 단 5퍼센트 정도에 지나지 않긴 하지만, 그런 단계들이 이미 반복되는 습관이 되었으며, 따라서 성장과 발달을 지속하는 모든 사람에게 도움이 되는 온 우주의 관성 혹은 흐름으로서 이미 자리 잡았다는 것을 의미한다.

현재, 통합적 단계의 몇몇 측면이 현실에 뿌리내리는 일을 시작하지 못할 어떤 이유도 없다. 통합적 단계를 끌어들이는 것이 아주 효과적인 것이 되는 이유는, 녹색이 스스로를 열심히 다그쳐가며 사회에서의 삶의 정거장들로서 현존하는 그 전의 모든 수준의 사람들에게 더 개방적이고 사려 깊고 연민 어린 자세로 임하려고 노력할 수 있지만, 통합적 단계는 본래 저절로, 자동적으로, 훨씬 더 깊고 진실한 방식으로 그렇게 하기 때문이다.

우리는 통합적 단계가 모든 전 단계를 대단히 중요하고 의미 있는 것들이라고 여기는 역사상 첫 발달 단계라는 것을 알았다. 통합적 단계는 그 전 단계들에 반드시 동조하지는 않지만, 그것들이 지닌 한계들을 제외한 나머지는 완전히 받아들이고 포용한다. 적어도 각각의 전 단계는 인간발달 과정 전체 속에서의 한 단계며, 어떤 단계도 그 전 단계를 건너뛰거나 우회할 수 없다. 전 단계를 싫어하거나 혐오하는 것은 더없이 자멸적인 짓이다. 통합적 단계는 각각의 전 단계들을 중요하게 여기는 반면, 각각의 전 단계들 자체는 오로지 자기네만이 중요하다고 생각한다. 그러므로 통합적 단계로 도약하는 일이야말로 참으로 '엄청나고 기념비적인' 전환이다.

통합적 접근법^{Integral approach}(이것이 특정한 이론과 실천을 뜻하는 것일 때는 대문자로 표기함)이 거의 자동적으로 무관점적 광기라는 재앙에 종지부를 찍고 실질적으로 지도할 수 있는 첨단의 능력을 회복시켜주는 것은 바로 그 때문이다. 결국 이런 접근법이야말로 진화 자체의 자기 교정 움직임이 끌어들이려고 시도하고 있는 접근법이다. 통합적인 자세를 택하는 사람들은 진화의 첨단 자체와 아울러 그것의 모든 선함과 진실과 아름다움을 타고 가고 있다. 이것은 또 다른(하지만 '기념비적이라고 할 정도로' 새롭고 색다르고 더 위대한) 등급의 '혼돈으로부터의 질서'다.

통합적 첨단이 갖고 있는 또 다른 주요 이점은 그것이 녹색에게 강한 압력을 가해서 녹색의 파편화되고 붕괴된 방식들을 치료하게끔 해줄, 아래쪽으로 엄청난 압력을 가할 형태장을 조성해낼 것이라는 점이다. 이 첨단이 그 자체로서는 녹색의 모든 결함을 직접적으로 치료해주지 못할 테지만(녹색이 직접 나서서 협조해야만 그런 일이 이루어질 수 있다), 녹색의 역기능들을 상쇄해주고, 많은 경우에 녹색이 그런 역기능들을 직접 치료하도록 제대로 도와줄 강력한 회생의 장을 끌어들일 것이다.

대체로 이 두 번째 진로는 첫 번째 진로를 초월하면서 더더욱 포용적인 방식으로 그것을 포함함으로써 그 안에 첫 번째 진로의 상당부분을 포함하는 경향이 있을 것이며, 그것은 그 양자의 상당 부분을 포함하는 이상적인 진로가 될 것이다.

이것은 통합적 첨단이 이뤄낼 것들 중의 하나에 불과하다. 하지만 오늘날의 우리는 진정한 통합적 첨단의 놀랍도록 광범위한 효과들을 거의 어림잡을 수 없다. 인류가 전 역사를 통틀어 그와 같은 것을 결코 가져본 적이 없었다는 단순한 이유에서 그렇다. 우리는 모든 전 단계를 진정으로 포함하고 포용한 첨단은 결코 가져본 적이 없었다. 우리는 어떠한 그런 선례도 가져본 적이 없었기에 그것이 어떤 식의 것이 될지 전혀 알지 못한다. 그것은 과거의 그 어떤 상황과도 엄청나게 다르기에 거의 공상과학소설의 범주에나 속할 법한 것이다.

하지만 우리는 인구의 10퍼센트가량이 통합적 첨단 자체와 같은 수준에 도달할 때, 무엇인가가 티핑 포인트Tipping point[1]'에 도달하면서 첨단의 속성이 문화 전체에 스며드는 경향이 있다는 것을 알았다. 우리 사회에는 이미 통합적 단계에 이른 5퍼센트가량의 사람들이 존재하고 있으며, 그 비율은 일이십 년 안에 10퍼센트에 이를 것이다. 그때가 되면 내면적 영역에서 인류가 결코 알지 못했던 것 같은 유형의 변혁적 대전환이 이루어질 것이다. 전향적인 사고방식을 지닌 사회, 정치 이론가들이 오래동안 거의 유토피아적인 것으로 떠받들어왔던 진정한 포용성이 사실상 전 역사를 통틀어 처음으로 인류에게 매우 현실적인 가능성을 지닌 것으로 다가올 것이다.

이런 일은 우리가 기술적 특이점Singularity을 닮은 어떤 것에 도달하는 것과 거의 같은 시기에 일어날 것이다. 그리고 이런 상황은 우리가 과거에는 희미하게라도 알지 못했고 상상조차 할 수 없었던 것 같은 변화의 국면으로 세계를 몰아갈 것이다. 이것은 수준 낮은 여러 단계들이 빚어내고 있고 현재 심하게 탈선한 녹색 첨단이 실질적으로 이끌고 있는 오

---

1 작가 말콤 글래드웰Malcolm Gladwell이 자기 책에서 쓰면서 유명해진 용어로, 어떤 상황이 처음에는 미미하게 진행되다가 갑자기 모든 것이 급격하게 변하기 시작하는 극적인 순간을 뜻한다.

늘날의 타락하고 분열되고 퇴화되고 있는 많은 흐름들(오늘날의 그런 흐름들의 대표적인 것들로는 충동적인 테러, 격렬한 배척, 지구온난화, 환경악화, 밀매 같은 사회적 불의 같은 것들이 있다)과는 정반대되는 것이 될 것이다.

이런 현실이 횡행하는 시대는 참으로 위험한 시대다. 참으로 통합적인 시대의 서막(사분면 전체에서)이 빠른 시일 내에 쉽게 열리기 힘든 이유가 바로 그것이다. 나는 여기서 그에 관한 얘기를 끝없이 계속할 수도 있지만, 우리의 마음을 애타게 만들 그 가능성은 그저 여러분의 상상에 맡길 참이다.

나는 이 통합적 단계가 이미 세계 전역에서 대거 등장하기 시작했기 때문에 그 단계가 다른 많은 것들과 아울러 온갖 이론을 빚어냈다는 점을 지적하려고 한다. 이 새롭게 출현한 수준에서 비롯된 이론들 가운데 가장 효과적인 이론의 하나로 내가 그려낸 통합적 메타이론^{Integral}^{metatheory}이 있는데, 이것은 이미 60개 이상의 분야들을 통합적 렌즈를 통해서 완전히 재해석해놓았다. 즉, 통합 비즈니스, 통합 의학, 통합 예술, 통합 역사, 통합 영성, 통합 경제, 통합 교육, 통합 정치 등이 그것들이다. 그것들은 각자 자기 분야에 대한 훨씬 더 효과적이고 포괄적인 접근법이다.

그러나 우리의 주요 논점들 중의 하나는 본질적으로 두 가지 주요 진로 모두에 걸리는 것이며, 나는 그것을 다음과 같이 간략하게 요약할 참이다. 진화 자체의 녹색 탈근대적 첨단은 지난 몇 십 년 동안 극단적이고 병적이고 역기능적인 형태로 퇴화했다. 그 바람에 첨단은 문자 그대로 진정한 첨단으로서의 기능을 제대로 발휘할 수 없는 처지다. "진실은 없다"(그것의 많은 파생물과 더불어)는 그것의 근본적인 믿음과 '무관점적 광기'라는 그것의 기본적이고 본질적인 태도는 긍정적이고 건강하고 효과적이고 참으로 진화 지향적인 행동방침을 어떤 식으로도 선택하고 이끌어나갈 수 없다. 모든 성장 위계를 부정하고 해체해버리는 바람에 진화는 제대로 성장할 수 있는 어떤 방법도, 앞으로 나갈 수 있는 어떤 진로도 갖고 있지 못하며, 따라서 곳곳에서 지배자 위계가 출몰하고 희생자로 만들고 싶어 하는 개인들을 언제든 그런 처지로 전락시킬 뿐이다.

그 첨단은 붕괴해버렸다. 이제 그것은 진화 자체의 끝머리에서 몇 십억 명이 뒤엉킨 거대한 충돌사고, 엄청난 교통체증을 방불케 하는 것이 되어 진화가 시도하는 거의 모든 조처를 방해하고 있다. 진화 자체는 자신의 헤드라이트가 사실 어떤 것도 볼 수 없는 니힐리즘이라는 빛줄기를, 그리고 그 자체만을 볼 수 있는 나르시시즘이라는 빛줄기를 쏘아대는 것을 목격하고 있다.

이렇게 문화적으로 분열되고 조각난 힘(좌하 사분면에 속하는)은 낱낱이 분열되어 메아리 방이나 밀폐용기 속에 갇힌 것 같은 개인을 지향하는 기술적 충동 같은 다양한 조직적 힘들(우하 사분면에 속하는), 날로 심해지는 나르시시즘적 과시 성향을 지향하는 내면적 충동(좌상 사분면에 속하는)과 결합했다. 어떤 사분면들에서도 참으로 효과적인 방식으로 활용할 수 있는 결속, 화합, 자기 조직을 지향하는 지배적인 충동이 존재하지 않기에 본질적으로 그 사분면들 전체에서 역사적으로 거의 전례를 찾아보기 어려운 퇴행이 일어나고 있다. 진화는 자기 교정의 단호한 움직임으로서 제자리에 멈춰 선 뒤 더 건강하고 통합되고 더 나은 기능적 연속성을 지닌 것이 되기 위해 몇 걸음 뒤로 물러나 스스로를 재편성하고 재구성하는 과정을 거치고 있다.

거의 모든 이런 재편성의 가장 중요한 추진 주체가 되는 것은 붕괴된 녹색 첨단 자체에서 발산되어 나오는 형태장으로 작용하는 거대한 반녹색적인 힘이다.

이런 반 녹색적인 힘들에 제대로 편승하는 면에서는 도널드 트럼프가 타의 추종을 불허했으며(트럼프 자신은 물론이요 그 밖의 거의 모든 사람도 이런 사실을 알아차리지 못했다), 그는 그 덕에 대선에서 놀라운 승리를 거뒀다. 트럼프가 오렌지색과 앰버색과 적색에 해당하는 녹색 이전 단계들을 다양한 방식과 강도로 활성화시켜줬을 때 그 단계들은 한 가지를 공유하고 있었으니, 그것은 곧 반 녹색적인 힘이었다. 과거에는 사람들이 그 힘을 제대로 알고 있지 못했기에 거의 모든 사람이 트럼프의 승리를 놀랍고도 충격적인 사건으로 받아들였다.

트럼프 자신은 이런 세세한 문제들을 제대로 다루기 위한 어떤 노력도 하지 않을 테지만, 이런 각 단계들이 극단적인 녹색과 그것의 무관점적 광기 때문에 빚어진 불균형을 바로잡으려고 들 때, 최근에 일어난 이런 사건들이 미친 전체적인 효과는 아주 건강한 것임이 판명될 수도 있다. 그리고 그런 효과 덕에 진화는 전반적으로 자기 교정을 하고 실질적으로 지도할 수 있는 첨단을 택할 수 있게 될 것이고, 따라서 진화 자체가 '초월하고 포함하는' 진행형의 행진과 아울러 자기 초월을 통한 자기 조직화를 지속할 수 있게 될 것이다.

예상되는 미래

그런 일이 일어나기 위해서는 적색과 앰버색과 오렌지색 같은 녹색 이전 단계들이 불건강한 녹색이 해체 작업을 통해서 자기네한테 남겨준 잔해들을 떨쳐버려야 할 뿐만 아니라 녹색 자체도 스스로를 치유하고 다시 제대로 기능할 수 있게 되어야 하며, 자체의 니힐리즘과 나르시시즘을 물리치고 그 무관점적 광기와도 결별해야 한다. 그리고 녹색은 진화가 진정한 자기 조직화와 자기 초월의 방식을 통해 다시 나아갈 수 있도록 하기 위해 지배자 위계와 성장의 홀라키를 가려내는 법을 배우고, 발달을 기반으로 하는 분별 지혜를 받아들여야 한다.

앞에서 열거한 것들과는 약간 다른 한 가지 선택지는 진화가 그 새로운 첨단으로서 통합적인 한 전개 단계로 도약^{leapfrog}하는 것이고, 그 통합적 단계는 이제 쇄신된 녹색에게 꼭 필요한 모든 과제를 자연스럽게 수행할 것이다. 이 도약은 한 단계를 건너뛰는 것(그런 일은 불가능하다)이 아니라 병든 전 단계 위에 더 높은 한 단계를 건설하는 것을 뜻하며, 병든 단계 때문에 도약하는 과정은 애초부터 불리한 조건을 안은 채 이루어진다. 하지만 통합적인 자세는 그런 장애물을 효과적으로 탐지해내고 우회하도록 설계되어 있으며, 우리는 앞으로 그런 장면을 보게 될 것이라 기대하고 있다.

하지만 가장 가능성이 높은 수순은 그 두 가지 선택지가 혼합된 형태일 것이다. 책임지지 않으려고 발뺌하는 것이 아니라 정확한 예견이다. 만일 녹색이 계속해서 극단적이고 저열한 녹색 밈(앙심 어린 마음으로 곳곳에서 "한심한 것들"을 보는)으로서 일관한다면, 현재와 같이 과민하고 정치적 공정성을 과도하게 내세우고 역기능적이고 병적인 형태로 임한다면, 녹색 자체의 수준에서조차도 제 기능을 할 수 없을 것이다. 사람들은 녹색 본래의 모순을 점차 알아차리고 실감하고 있으며, 녹색의 부분적인 진실은 받아들여도 극단적이고 병적인 절대주의는 배격하는 방식 등을 통해서 그런 모순에서 벗어날 방법을 모색하고 있다.

우리는 트럼프 당선의 즉각적인 효과들 중의 하나로 이제는 대학에서조차도 "진실은 없다"는 말을 입에 올릴 사람이 거의 없으리라는 것을 이미 알고 있다. 찬동해서 그런 말을 하는 일은 없을 것이고, 그 말에 내재된 어리석음을 조롱하기 위해서 하는 경우는 종종 있을 것이다. 이런 것 자체가 이미 자기 교정이 깊이 진행되고 있다는 것을 말해준다.

나는 지난 40년 동안 과격한 '진실 부재' 이론가들을 상대해왔다. 한데 이제는 솔직히 말해 존경받는 학자치고 "진실은 없다"라고 주장하거나 글로 쓰는 이가 단 한사람이라도 있을지 의심스럽다. 다음 일이십 년 동안 우리는 '진실 부재'에 관해 자기가 쏟아낸 말을 철회하려고 애쓰거나 이상한 궤변을 늘어놓는 광경들을 보게 될 것이다. 이를테면 다양한 역사적 흐름들이 특정한 어떤 진실이 일정한 어떤 기간 동안에는 정당한 가치를 갖게 되는 상황을 조성할 수 있다는 식의 얘기를 통해서 '진실 부재'의 '참뜻'이 뭔지 설명하려고 애쓰는 광경 같은 것들을 말이다.

하지만 그 중심 개념 자체는 지난 반세기 가까이 누려왔던 가치의 무게를 완전히 잃고 말 것이다. 그리고 오랜 세월 그런 중심 개념[2]을 제외한 거의 모든 진실은 그들 발밑에서 진실의 깔개를 확 빼버리는 책략 하나만으로 간단히 도태되어버렸지만, 이제 그런 개념은 다른 모든 '진실'을 해체할 수 있었던 무소불위의 능력도 갖지 못하게 될 것이다.

포스트모더니즘이 끝없이 무엇 무엇의 '종말' 혹은 '죽음'을 선언한 경우에도 사정은 마찬가지다. 휴머니즘의 종말, 주체의 종말, 개성의 종말, 의식의 종말, 표상의 종말, 계몽주의의 종말, 가부장제의 종말, 객관론의 종말, 합리성의 종말, 모더니즘의 종말, 인간의 종말 등의 경우에도. 이제 우리는 이 목록에 포스트모더니즘의 진실 부재의 종말을 덧붙일 수 있으며, 그것에는 "도널드 J. 트럼프에게 감사하며"라는 당혹스러운 각주가 붙을 수도 있다. 본질적으로 어리석은 짓임이 분명한 것을 어떤 명분을 동원해서도 이제 더 이상 부정할 수 없는 방식으로 자명하게 만드는 데는 매일 매일 그런 개념의 부조리함을 생생하게 홍보해주는 화려한 어릿광대가 필요했던 것이 아닌가 싶다.

지난 40년의 대부분을 진보적인 탈근대적 평등주의의 다른 모든 주요

---

2 "진실은 없다"는 개념.

신조에 대한 믿음을 쏟아내 왔던 거의 모든 주류 언론매체들이 진실을 옹호하는 일에 기꺼이 뛰어들었다는 것은 특히 더 주목할 만한 현상이다. 그 매체들은 "이제는 그 어느 때보다도 더 진리가 중요하다!"고 선언한 타임스지에 못지않게 목청을 높여가며 진실이 자기네의 생존에 더없이 중요하다고 외쳐댔다.

지난 반세기 동안 학계에서 그런 정서가 포함된 말이나 글이 나온다는 것은 전혀 상상도 할 수 없는 일이었다. 적어도 트럼프가 대통령에 취임하고 나서 3주가량이 지나기 전까지는 그랬다. 그런데 이제는 곳곳의 모든 선남선녀들이 그런 기치 아래 모여 기꺼이 행진하려고 한다. 솔직히 말해, 내가 학자로 일해 온 오랜 기간 동안 그런 경우는 한 번도 본 적이 없었다. … 그렇게 섬뜩하고 괴이한, 그러면서도 다른 한편으로는 아주 쌍수를 들어 환영할 만한 것은 말이다.

더 나아가, 상당수의 녹색 개인들은 트럼프와 아울러 많은 트럼프 지지자들을 한심하게 여기거나 욕하는 대신에 이제는 자기네가 과거에 경멸했던 행동을 해야 한다는 것을 깨닫기 시작했다. 그 한심한 것들 전체에게 다가가서 그들을 이해하고 대화에 포함시켜주고, 일말의 연민과 배려, 심지어는 사랑까지도 베풀려고 애써야만 한다는 것을 깨닫기 시작했다. 그렇게 하려면 녹색 쪽에서 트럼프의 핵심적 지지자들이 드러낸 분노와 원한, 증오심을 불러일으킨 직접적인 주체가 바로 자기네였다는 것을, 그리고 트럼프를 대통령으로 만드는 데 직접적인 기여를 한 것이 바로 그런 감정들이었다는 것을 이해해야 한다.

그렇다. 트럼프에게 표를 던진 많은 사람들은 분명 앰버색의 민족중심적 색체가 짙은 사람들이었다. 하지만 전형적인 앰버색을 분노로 들끓게 하고 대단히 성나게 하고 심지어 깊은 적개심까지 품게 만들어 참으로 악의적인 앰버색으로 변모시키는 데 직접적인 원인이 된 것은 앙심 어린 마음에서 그들을 욕하고 조롱하고 경멸한 녹색의 태도인 경우가 너무도 많았다. 성난 대중의 81퍼센트라는 놀라운 수치의 사람들이 트럼프에게 표를 던졌다는 사실을 잊지 말기 바란다.

그러므로 우리가 이미 살펴본 바와 같이 앰버색뿐만 아니라 붕괴된 녹색도 트럼프를 대통령으로 당선시켜주는 역할을 했다. 다시 말하지만 어느 누구도 그런 역학을 미처 알아차리지 못했고, 선거 결과를 보고 대다수 사람들이 충격을 받은 것도 그 때문이었다. 그리고 녹색은 자기네가 트럼프 당선의 공범이라는 사실을 이해하는 데 큰 어려움을 겪고 있다.

하지만 이제 '반 녹색'의 메시지는 많은 녹색 사람들에게 전달되기 시작하고 있으며, 따라서 반 녹색 형태장이 그것이 의도한 효과를 미치고 있다. 그 형태장은 각 발달 단계들의 스펙트럼 전체에 걸쳐서 해당 단계를 더 유연하게 하고 더 넓게 포용하는 것을 지향하는 전반적인 충동이다. 그리고 각 발달 단계들 자체가 그런 포용의 자세를 어느 정도 입증해줘야 하지만, 만일 첨단 자체가 참으로 지도하는 역할을 하고자 한다면, 하나의 본보기로서 포용하는 삶을 실천해야 한다.

이 나라 인구의 50퍼센트가 다른 50퍼센트를 미워하고 있고, 그 두 주요 집단들이 근본적으로 앰버색과 녹색에 고정되어 있는 현 상황에서 문제는 그 미움이 완전히 상호적이라는 데 있다. 녹색은 앰버색의 한심한 것들을 미워하고 있고, 앰버색은 분명 그에 못지않게 녹색 엘리트들을 미워하고 있다. 따라서 항상 어느 집단이 먼저 미워하는 짓을 그치고 상대를 사랑하기 시작해야 하는가를 두고 논란이 벌어진다. 그리고 그것은 항상 열띤 논쟁이 된다. "왜 내가 먼저 그렇게 해야 해?" 하지만 사실 그 답은 아주 간단하다. 어느 쪽이 더 진화했지?

우리가 녹색의 필수적인 자기 치료에서의 '1단계'로 명명한 것의 골자는 그 전의 모든 발달 단계들에 대한 녹색의 전면적인 적개심과 앙심을 줄이자는 것이다. 이런 일이 시작될 가능성은 적어도 꽤 높아 보이며, 어느 정도 이미 시작되었다.

반면에 '2단계'(이것은 곧, 성장의 홀라키가 녹색이 이미 내리고 있는 가치 판단의 실질적인 토대를 제공해주고 있고, 또 이 성장의 홀라키가 녹색이 사회적으로 바람직한 것들의 목록 맨 밑바닥에 제대로 위치시키곤 하는 지배자 위계를 제거할 수 있는 유일한 효과적인 수단이라는 깨달음을 뜻한다)의 경우, 그것이 녹색 수준 자체에서 일어날 가능성은 좀 적어 보이며, 통합적인 2층으로의 전환 여부가 그 가능성을 크게 좌우할 것이다.

그러므로 나는 녹색이 자진해서 1단계의 상당부분을 수행할 것인지, 그렇게 하는 것이 문화 전반에 대단히 긍정적인 효과를 미칠 것인지에 강한 의구심을 품고 있다. 적어도 이 첫 단계가 제대로 이루어지지 않을 경우, 진화의 자기 교정 충동은 온갖 현안에 지속적으로 끼어들 것이고,

진화가 이 강고한 장애물들을 돌파해나가기 위한 노력을 배가함에 따라 트럼프 식의 더 많은 '재앙들'을 불러일으킬 것이다.

하지만 2단계의 경우 이번에는 통합적인 집단이나 사회들만이 그 단계를 밟을 것이며, 그렇지 않을 경우에는 인구의 10퍼센트가 통합적인 수준으로 성장할 때까지 기다릴 것이다. 통합적인 수준에 이른 그 정도 비율의 사람들은 티핑 포인트를 조성해낼 것이고 통합적 단계가 그 다음 첨단이 되도록 밀어붙임으로써 대단히 충격적인 반향을 불러일으킬 것이다.

다양한 통합이론과 메타이론들은 이런 성장과 참으로 포괄적인 앎의 증대에 기여하고 포스트모더니즘 '다음'에 올 것을 발견하고 싶은 충동에 따라 움직이면서 점차 지지기반을 넓혀 나갈 것이다. 그리고 그런 이론들은 어디에서 일을 하건 간에 녹색의 역기능을 발견할 때마다 자동적으로 그것을 교정할 것이다. 달리 말해, 통합적 앎은 그 자체의 작용을 통해서 진화의 자기 교정이 실현되도록 도울 것이다.

통합적 접근법에서 주요한 항목의 하나가 되는 것은 거기에 포함된 인간 발달 측면들이라는 실체다. 그것은 통합적 메타이론의 한 구성요소에 불과하지만, 내가 종종 이야기했던 것처럼 중요한 구성요소임에도 거의 항상 무시되거나 간과되곤 하며, 그 때문에 대단히 불행한 결과가 초래된다. 불행하다고 하는 것은, 이러한 발달 경로가 진정한 다양성과 포용성에 이르는 데 실질적인 경로가 되어주는 것들이기 때문이다.

지금은 요란한 구호나 표어 정도를 훨씬 더 넘어서는 것들을 갖고서 세계중심적인 다양성과 통합적인 포용성에 접근해야 할 때다. 우리가 만나는 모든 사람이 마치 그런 세계중심적 가치들을 포용하고 싶어 하고, 포용할 수 있고, 또 그러려는 성향을 본래부터 갖고 있기라도 한 것처럼 그들에게 접근하는 것은 그런 가치들에 이르는 참된 길을 끊어버리는 결과를 초래할 것이다. 외면만 보지 말고 내면을 보도록 하라.

내가 앞에서 이미 언급했던 하버드대학의 발달연구자인 로버트 케건은 많은 기관 및 기업과 함께 일하면서 그런 조직들이 자기네 구성원들의 발달을 촉진하게끔 하는 일을 돕고 있다. 말하자면 그들이 우리가 이야기해온 유형의 성장 단계들, 곧 자기중심적 입장에서 민족중심적, 세계중심적, 통합적 입장들로 적절히 이동하면서 발달하도록 도와주고 있다는 뜻이다. 이런 기업들이 거의 항상 생산성이 크게 향상되는 결과를 보여주고 있다는 것도 이 논점에 포함시켜서 살펴봐야 할 사실일 것이다.

케건은 이런 조직들을 "발달추구형 조직들 Deliberately Developmental Organizations" 혹은 줄여서 DDOs라고 부른다. 여기서 말하고자 하는 요점은 이런 개인들이 자기네의 참으로 더 수준 높고 폭넓고 포괄적인 능력들을 향해 나아가는 진정한 발달 전개과정을 실제로 밟고 있고 또 그런 전개 과정을 통해서 성장하고 있다는 것이다. 그 발달 전개 과정은 단순한 구호나, 주장, 열정적인 믿음에서 그치는 것이 아니라 진정한 성장과 발달을 보여주는 실체다. 그 과정에서의 변화도 그들의 외면적인 변화뿐만 아니라 내면에서의 실제적이고 지속적인 변화도 함께 아우르는 것이다.

만일 우리가 1층에 불과한 문화, 곧 앰버색 대 오렌지색 대 녹색의 문화전쟁으로 규정되는 사회, 궁극적인 가치를 주장하는 민족중심적인 열광의 사회, 탈진실의 혼란과 연결된 우유부단으로 좌초한 문화, 구성원의 완전한 반이 다른 반을 미워하는 사회, 가 빚어내는 온갖 재난이 종말을 고하는 것에 가까운 어떤 지점으로 가고자 한다면, 진리 부재의 문화에서 DDC, 곧 발달추구형 문화 Deliberately Developmental Culture 로 이동해야 할 것이다.

그것은 통합적 견해의 핵심 결론들 중의 하나에 불과하다. 하지만 그것은 우리가 이 책의 대부분에서 초점을 맞춰온 구성요소이기도 하다. 즉, 지배자 위계를 극복하고 탈진실의 문화를 치료하려고 할 때 성장의 홀라키가 중요한 역할을 한다는 것이다. 내가 그런 관점을 받아들일 준비가 된 분들에게 권하고 싶은 것은 통합적인 견해 전체다.

그러한 견해는 그것이 만나는 (문자 그대로) 모든 관점을 의도적으로, 의식적으로 포용한다. 따라서 그것은 분열되고 폐쇄되고 붕괴된 실재의 파편들과 조각들 때문에 살짝 미쳐버린 세계에 위안을 안겨준다. 그리고 다양한 사람들뿐만 아니라 진실 그 자체에 대한 다양한 접근법까지도 한데 끌어모아 진실眞과 선함善과 아름다움美에 대한 참으로 포괄적이고 통합적인 전체상을 그려낸다. 그런 견해는 새롭게 등장한, 가장 포괄적이고 통합적이고 포용적인 발달과 진화 단계들(각각의 그 단계들은 그 이전 단계를 '초월하고 포함하며', 따라서 진정한 포괄성을 보장해준다)에 근거를 두고 있다. 그리고 그것은 일테면 실용주의 같은 사상뿐만 아니라, 존재와 앎 그 자체의 한 발달 수준(즉 통합적 단계 혹은 단계들)이라는 실질적인 영역까지도 그 근거로 삼고 있다.

이 통합적 관점은 우리가 드러날 수 있는^{Show Up}(우리의 모든 차원 혹은 존재의 모든 사분면들에서), 성장할 수 있는^{Grow Up}(우리의 모든 발달 수준과 경로를 통해서), 깨어날 수 있는^{Wake Up}(깨달음, 자각, 변혁, 모크샤, 사토리, 대해탈이라고 부르는 것들을 포함한 우리의 모든 의식상태로), 정화할 수 있는^{Clean Up}(병적인 정서적 불안감을 부추기는 우리의 어두운 요소들을) 수단을 제공해준다.

그 관점은 모든 과거를 포용하면서 미래의 모든 것으로 나아갈 수 있는 길을 열어준다. 그리고 그것은 인류가 문자 그대로 전혀 본 적이 없었던 진화의 한 첨단을 제공해줄 것이다.

이것은 참되고 믿을 만한 다음번 첨단이다. 이것의 출현은 필연적이며, 그런 과정은 이미 시작되었다. 그 첨단은 문자 그대로 그 이전의 모든 발달 단계를, 그 단계들이 현재 머무르고 있는 삶의 정거장들을 '초월하고 포함하려는'(그 단계들 각자가 다른 단계들에게 느끼는 본질적인 적개심은 없는 상태에서) 가차 없는 충동을 동반하고 있다. 그 첨단은 '의미상에서의' 참으로 '가공할 만한 기념비적인 도약'이며, 우리 각자가 간절히 원하기만 한다면 당장 받아들이고 표현할 수 있게끔 지금 여기에 존재하고 있다. 그리고 그것이 확실하게 자리 잡기만 한다면 현재 세계가 빠르게 빠져들고 있는 고립되고 퇴행적이고 억압적이고 저급하고 조각난 상태에 대한 확실한 치료제가 되어줄 것이다.

우리는 이 더 큰 그림, 이런 통합적 전체상을 보는 것을 통해서 트럼프의 승리에만 초점을 맞추는 데서 비롯되는 숨 막히는 고통에서 벗어날 수 있다. 그런 반면에 트럼프의 승리에 절망하기만 했다가는 현 상황에서 작동하는 더 큰 흐름들을 보지 못하게 될 것이다.

무엇보다도 중요한 것은 이번 선거와 아울러, 현재 세계 전역에서 일어나고 있는 비슷한 사건들을 진화 자체의 자기 교정 충동의 드러남으로, 진화가 붕괴된 녹색 첨단을 우회해가서 제대로 지도할 수 있는 자체의 첨단 능력을 회복하려는 시도로, 진화가 통합적인 자신의 더 수준 높은 다음번 첨단을 탄생시키기 시작하려는 진지한 노력으로 이해하는 것이다. 그렇게 이해할 때 우리는 자칫 우울하고 절망적인 처지로 내몰릴 수도 있는 상황에서 참된 희망이 어려 있는 희미한 빛을 보게 될 것이다.

우리 자신의 존재의 가장 깊은 부분들에서 우리 각자는 무한과 영원을 향해 빛나고, 본래부터 넘쳐흐르는 풍성함으로 가득하고, 은총으로 넘쳐나고, 하늘에서 벼락처럼 떨어져 내리고, 하계에서 난폭하고 튀어 오르고, 그 무한한 사랑과 배려의 마음으로 모두를 무조건적으로 포용하는 이런 진화의 흐름, 이 에로스, 이 살아 숨 쉬는 영과 직접적으로 하나인 존재다.

그리고 더 위대한 내일을 위해 정치적으로 일하도록 허용해줘야 하고 따라서 실제로 일해야 할 유일한 사람들은 그렇게 할 필요가 없다는 것을 참으로 이해하는 사람들, 존재의 매순간마다 궁극의 경지^{great perfection} [3]의 더없이 충만함을 아는 사람들, 그럼에도 불구하고(이 영화롭게 현현된 우주에서, 늘 현존하는 지금 바로 여기에서) 진실과 선함과 아름다움이 더욱 더 현현되도록 리더십을 통해서 조정하기 위해 일하는 사람들이다. 그들은 이 모든 세계가 무한한 영^{infinite spirit}의 꿈에 지나지 않는다는 것, 그러나 사실은 우리 각자가 바로 우리 자신의 경이로운 세계를 꿈꾸는 이 영 자체라는 것을 아는 사람들이다.

우리는 끝없이, 지치지도 않고 이 꿈을 실현시키려고 애쓸 수도 있다. 혹은 그냥 깨어날 수도 있다.

또는, (이건 궁극적인 진짜 비밀인데) 우리는 꿈을 실현시키려고 애쓰거나 꿈에서 그냥 깨어나는 것 두 가지를 동시에 아우르는 통합적 포용을 발견할 수 있고, 따라서 그런 꿈을 꾸는 일을 끝냄으로써 자신을 완전히 해방시킬 수도 있고 그 꿈을 실현시킴으로써 자신의 바람을 완전히 성취할 수도 있다. 그런 두 가지 일이 기적과도 같이 동일한 순간에 더불어 완전히 이루어질 수 있다. 바로 지금, 끝없는 지금에…

---

3 티베트 불교에서는 대구경大究竟을 뜻하는 말인 '족첸^{Dzogchen}'이라고 부른다.

진실은 없다

지난 2016년 11월 8일은 미국 대선에서 트럼프가 대통령으로 당선된 날입니다. 그날 이후 지금까지도 전 세계는 트럼프 당선의 충격에서 좀처럼 헤어나오지 못하고 있습니다.

당선 뒤에도 트럼프는 많은 이들의 예상에 과히 어긋나지 않게 일반의 상식을 뛰어넘는 파격적인 언행으로 연일 뉴스의 헤드라인을 장식하고 있고, 선거 전후로 미국 여론은 트럼프를 지지하는 50퍼센트와 반대하는 50퍼센트로 갈라져서 서로를 맹렬히 공격하고 비난하면서 심한 분열상을 드러내고 있습니다. 그리고 반대하는 50퍼센트 중의 상당수가 트럼프 탄핵을 외치고 있고, 실제로 트럼프가 재선은 고사하고 과연 4년 임기를 무사히 마칠지에 대해서도 의구심을 품는 이들이 적지 않습니다.

그동안 많은 정치평론가나 학자, 정치가들이 이 놀라운 현상의 원인에 대해 수많은 분석 결과를 내놓았지만, 누구도 사람들의 마음에 확 닿을 만큼 시원한 답을 내놓지 못하고 있습니다.

켄 윌버는 누구도 잘 알지 못하고 있는 이 원인에 관한 정확한 답을 제시하기로 마음먹고 "긴 에세이이자 얇은 책 한 권 분량에 해당하는 글을 썼고 몇몇 온라인 공간에 글을 올렸는데, 그에 관한 소문이 널리 퍼지면서 거의 즉각적인 센세이션을 불러일으켰다"고 합니다.

이 책은 원제 그대로 트럼프 현상의 핵심에 해당하는 탈진실post-truth 현상에 대한 면밀한 해부이자 이 현상이 낳은 진실 부재의 개탄할 만한 현상에 대한 처방이요, 가까운 미래에 대한 전망을 주제로 한 글입니다.

저는 학창시절에 철학과 출신이 아니었지만 철학에 관심이 좀 있어 어느 날 철학과 강의실에 들어갔다가 우연히 논리실증주의자들의 진리관을 소개하는 젊은 시간 강사의 강의를 듣고 깊은 인상을 받았습니다. 미국 유학을 마치고 돌아온 지 얼마 되지 않은 그 시간 강사는 어눌한 우리말로 더듬거리며, 논리실증주의자들은 일상언어에 대한 분석을 통해서 진리truth가 과연 무엇인가를 밝혀냈다고 하면서 'It is true that~'이란 문장구조를 칠판에 적었습니다.

그러고 나서 그는 'It is true that~' 다음에 나올 여러 가지 절節의 예를 적었습니다. 일테면 영희는 여자다, 지구는 태양 주위를 돈다, 물은 높은 데서 낮은 데로 흐른다, 등등의 영어 절을 말입니다. 그러면서 그는 'It is true'는 결국 'that' 이하에 따라올 문장을 강조하기만 할 뿐 어떤 새로운 사실도 밝혀주는 것이 아니라고 하면서, 결국 논리실증주의자들에게 진리^{truth}란 보편적인 어떤 내용을 가진 것이 아니라 그저 사람들 각자가 자기의 생각이나 견해를 강조하기 위해서 쓰는 말에 지나지 않는다고 했습니다.

이런 논리실증주의자들의 견해를 바탕으로 해서 모든 진리 혹은 진실은 맥락^{context}에 따라 좌우되고 사회의 구성물에 불과하기에 진리는 존재하지 않는다고 주장한 이들이 저 유명한 포스트모더니스트들입니다. 포스트모더니스트들의 진리부재론은 서유럽보다 미국에서 더 큰 영향을 발휘해서 몇 십 년 동안 미국문화 전체를 휩쓸다시피 했습니다. 하지만 이런 지적^{知的} 트렌드는 트럼프 현상에서 멀리 떨어진 변방의 원인에 불과할 뿐 핵심적이고 근본적인 원인은 따로 있습니다.

트럼프 현상을 이해하려고 할 때 반드시 등장하는 것이 '정치적 공정성$^{political\ correctness}$'입니다. '정치적 공정성'이 낳은 부작용을 우리 사회 사람들은 좀 이해하기 어려운 면이 있습니다. 이것은 간단히 말해 미국 사회 일각에서 지나치게 과민한 '녹색 다원론자'들이 소수자들에 대한 정치적 공정함을 지나치게 중시한 나머지 발생하는 우스꽝스러운 행태들입니다. 일테면 미국의 상당수 중고교에서 미국 국적을 갖지 않은 소수 학생들의 불쾌감과 심리적 위축감을 배려하여 미국 국기 게양을 금지시킨 일, 그저 웃자는 뜻에서 다양한 캐릭터들을 풍자하는 코미디가 그에 해당하는 이들의 감정을 상하게 할 우려가 있다고 해서 자주 비판받고 결국 재능 있는 코미디언들이 견디다 못해 대학 캠퍼스 공연 중단을 선언한 일, 회사나 쇼핑몰 등에서 무슬림을 불쾌하게 한다는 이유로 '메리크리스마스'라는 말을 사용하지 못하도록 한 일 등이 그 예입니다

또 하나는 '정체성 정치identity politics'인데, 이 또한 녹색 다원론자들의 과민한 반응에서 나온 사회현상이며, 이것이 불러일으킨 역작용은 본문에 상세히 나와 있습니다.

하지만 이런 현상들 역시 표면적인 것이고 그 저변에는 더 큰 원인이 되는 흐름들이 내재해 있습니다. 켄 윌버가 이 책을 쓴 이유는 바로 그런 근본 원인들을 명료하게 드러내고 그에 대한 근본적인 처방을 내리기 위해서였습니다.

이 책을 번역하면서 조금 골치 아팠던 문제는 이 책에 무수히 나오는 'truth'를 '진리'로 번역할 것인가, '진실'로 번역할 것인가 하는 것이었습니다. 대체로 '진리'라고 하면 좀 고답적이고 종교적인 냄새가 많이 나기에 저는 현대에 가까운 사람들의 견해를 다룰 때는 대체로 '진실'로 번역했고, 18~19세기 사람들의 견해를 다룰 때는 '진리'로 번역했습니다. 하지만 둘 다 'truth'의 번역어라는 점을 생각하시면 별로 오해할 일이 없으리라 생각됩니다.

다음으로 신경 쓰였던 것은 'context'라는 단어였습니다. 포스트모더니스트들이 텍스트text 분석 중심의 비평가 혹은 메타이론가들이기에 'context'를 '문맥'으로 번역해주는 것이 타당하지만, 이것이 텍스트 속에만 갇혀 있는 단어가 아니라 사회현상들에도 널리 적용되는 단어이기에 저는 좀 더 적용범위가 넓어 보이는 '맥락'으로 번역했으니 참고해주

셨으면 합니다.

엄청난 양의 가짜뉴스 혹은 대안적 사실 alternative fact (좀 웃기는 표현이긴 합니다)을 쏟아내어 진실과 거짓에 대한 사람들의 도덕적 판단 기준 자체를 뒤흔든 트럼프, 그리고 가짜뉴스를 걸러내는 기능 자체가 아예 없었고 지금도 그런 알고리듬이 마련되지 않은 구글과 페이스북 같은 검색엔진들이 앞으로 미국 사회를 어떻게 이끌어나갈지 예측 불가능한 상태입니다. 그런 상황에서 이 책은 미국 사회, 더 나아가 전 세계의 현재와 미래를 제대로 분석하고 전망해볼 수 있는 좋은 가늠자이자 나침반 역할을 해줄 수 있으리라 생각합니다.

끝으로, 책 앞머리에 소개된 김철수 님의 해제는 켄 윌버가 지난 몇십 년간 23권의 책을 통해 제시한, 그리고 그간 줄곧 진화해온 그의 방대한 통합이론을 감탄스러울 만치 간결하면서도 명료하게 요약 정리해준 내용입니다. 그러니 본문으로 들어가기 전에, 혹은 본문을 읽는 과정에서 필요할 때마다 참조하면 켄 윌버 사상 전체와 아울러 이 책 내용을 이해하는 데 많은 도움이 되리라 생각합니다. 이런 좋은 글을 써주신 김철수 님께 이 자리를 빌어 감사드립니다.

2017년 12월

김훈

196, 209, 216, 217, 225, 239, 240, 245, 249, 254, 260

켄 윌버, 진실 없는
혼돈의 시대